금지된 신의 문명 2

인류 최초의 문명은 이집트 이전에 시작되었다

금지된 신의 문명 2

도서
출판 사람과사람

From the Ashes of Angels by Andrew Collins
Copyright ⓒ Penguin Books Ltd. 1996
Korean Translation Copyright ⓒ People & People Publishing Co., 2000

This Korean edition was published by arrangement with PenguinBooks Ltd.
through Shinwon Agency Co., Seoul

이 책의 한국어판 저작권은 신원 에이전시를 통해
저작권자와의 독점계약으로 도서출판 사람과 사람에 있습니다.
저작권법에 의해 한국내에서 보호를 받는 저작물이므로
무단전제와 무단복제를 금합니다.

금지된 신의 문명 2

제14장 하늘과 땅이 만나는 곳
에쿠르 니푸르판 11 | 신성한 종족 아난나쥐 16 | 크하르삭의 멸망 19 | 오브린은 옳았을까 21 | 크하르삭을 찾아서 25 | 영웅 길가메시 26 | 헤르몬산 논쟁 33 | 딜문을 찾아서 35 | 붉은 머리의 종족 39

제15장 신들과 함께 자다
에타나의 신화 45 | 신성한 결혼의 수수께끼 50 | 임두구드의 죄 56 | 콘도르 기념비 60 | 새의 몸통 63 | 우트나피쉬팀의 선물 68 | 에딤무의 영역 73 | 므두셀라만큼 오래 살다 74 | 씨를 보존한 사람 77

제16장 주시자들의 발자취에서
신석기 혁명 83 | 반 호수의 검은유리 86 | 천사의 동굴 90 | 샤먼의 날개 92 | 주시자들의 염소 의식 94 | 자르모 공동체 100

제17장 샤먼 같은 악마
우바이드의 소입상 107 | 인간 형태의 뱀 110 | 수사의 염소-사람 114 | 사악한 눈에 대한 두려움 118 | 네피림의 머리 120 |

제18장 불에서 태어나다
터키의 요정굴뚝 125 | 빙하 시대의 아나톨리아 129 | 최초의 대장장이들 131 | 프리지아의 카비리 133 | 정령들의 집 135 | 지하의 세계 142 | 데린쿠유 아래 깊은 곳 145 | 어둠의 집 149

제19장 지옥불과 대홍수
이마의 이야기 155 | 마지막 빙하기 158 | 햅굿의 해답 163 | 하늘에서 내리는 불 167 | 지옥의 불 171 | 두 번의 홍수? 174

제20장 이집트의 기원
이집트로 향하는 상상 181 | 예리고의 근원 184 | 물로써 멸망하다 188 | 이집트 선대문화 189 | 두상이 긴 종족 191 | 주시하는 신들 197 | 플라톤의 티마이오스 202

제21장 공포의 아버지
세계 최대의 불가사의 207 | 기자의 스핑크스 215 | 호루스의 지평선 219 | 가장 큰 수수께끼 223 | 바람인가 물인가 225 | 사자자리 시대에 만들어지다 230 | 오시레이온 신전의 비밀 236

제22장 코스모크라토르
알 마소우디의 기록 245 | 무시무시한 눈 249 | 구멍 속의 뱀들 253 | 무한한 시간의 수호자 256 | 사자머리의 신 261 | 운명의 도둑질 267 | 별들의 수 270

제23장 몰락의 비극
이집트의 선진문화 277 | 원시적 창조 신화 280

에필로그 집단적인 기억상실
신성모독과 이단 286 | 로실린의 타락천사 288 | 밀턴의 실락원 290 | 아틀란티스의 재현 291 | 숨겨진 신 292 | 잠자는 예언자 293 | 고대의 우주인들 294 | 지구 식민지 295 | 주시자들의 회귀 296 | 신의 지문 298 | 선조를 찾아서 300 | 새로운 세기를 맞이서 304

참고문헌 307

금지된 신의 문명 1

프롤로그 나에겐 기이한 아들이 있다

제1장 잃어버린 문명의 출처
두 개의 기둥 | 하느님과 함께 걷다 | 에녹서를 찾아서 | 유럽의 타락천사 열풍

제2장 악마적 교리의 충격
읽을수록 오싹한 내용 | 천상의 비밀 | 타락천사들의 최후 | 신화인가 사실인가 | 노아의 자손들

제3장 신성모독의 이단자들
시리아 교회의 해석 | 마니교의 이단 | 걷는 뱀들 | 변장한 악마

제4장 독사 같은 얼굴들
성서의 천사들 | 아무람의 증거 | 날개 없는 천사 | 나무만큼 크고 태양처럼 | 하얀 머리털 | 샤먼적 해답 | 주시자의 얼굴

제5장 거인들이 지상을 거닐던 때
대홍수에서 살아 남은 사람들 | 구약 시대 거인족 | 바산 옥왕의 출생 비밀 | 네피림의 근원 | 아자젤을 위한 염소 | 천사처럼 행동하는 날

제6장 추방된 타락천사들
구약성서의 주시자들 | 느부갓네살의 꿈 | 다니엘의 환영 | 외경 토비트서 | 마기들의 영향 | 조로아스터교의 천사들 | 진실과 거짓말 | 에녹서가 쓰여진 곳

제7장 무서운 거짓
런던의 사원 | 불을 숭배하는 민족 | 이란 신화와 유대 신화 | 조로아스터교의 창조 신화 | 조로아스터와 마니의 악연 | 야스나 축제

제8장 악마의 종족으로 태어나다
불후의 명작 '샤나마' | 노아와 닮은 잘의 출생 | 콘도르 시무르그 | 신화 속의 제왕절개 | 혈통의 진실 | 신의 영광을 지닌 존재 | 빛나는 얼굴들

제9장 죽음의 끝에서
성스러운 은둔자 | 불멸의 영약 | 콘도르와 조장 | 콘도르의 의식 | 사탈 휘익의 콘도르 벽화 | 콘도르 샤먼들

제10장 불멸자들의 왕국에서
콘도르의 신비한 능력 | 대천사 가브리엘의 깃털 | 이란 광원 | 마다이의 산 | 천사들 사이에서

제11장 동방의 에덴동산에서
에덴의 어원 | 에녹의 천국 여행 | 천국의 실체 | 낙원의 강들 | 내림의 장소 아라랏산 | 인류의 요람 | 거인들의 자손 님로드 | 화산을 주목하는 이유

제12장 쿠르티스탄의 공작천사
예지드족의 첫 유럽 손님 | 천사족 | 예지드족의 근원 | 검은 뱀들 | 사악한 눈의 힘 | 잠 축제 | 최고천사 | 노아의 후손들 | 비밀의 동굴

제13장 마귀의 자식들
야레산족 | 술탄 사하크의 자취 | 용왕의 후손 | 티그라네스의 이상도시 | 야레산족의 창조 신화 | 마귀에게서 태어나다 | 체인지링에 대한 두려움

고대 메소포타미아 문명에서는 하늘과 땅의 자손들에 대한 이야기가 전해지고 있다. 사진은 '나람신의 전승비'로 아카디 왕이 자그로스 산맥 북부에 사는 산림족과의 싸움에서 승리한 것을 기념하고 있다. BC 2230년. 수사 출토. 파리 루브르박물관 소장.

제14장
하늘과 땅이 만나는 곳

에쿠르 니푸르판

19세기를 마감하기 몇 년 전, 이라크 남부 니푸르. 기도 시간을 알리는 외침 너머로 돌투성이 땅을 내리치는 곡괭이 소리가 먼지 자욱한 뜨거운 공기를 가득 메웠다. 모자를 뒤집어 쓴 일꾼들이 저마다 깊이 파고 들어간 도랑에서 흙더미와 돌 조각들을 치우느라고 부산을 떨고 있다.

그들의 손길은 신바람 났으면서도 매우 조심스러웠다. 시간이 지날 때마다 새로운 유물이 하나씩 하나씩 발견되고 있었다. 잠시 후, 에쿠르의 기둥과 비슷한 것으로 보이는 유물을 발견했다는 소식이 퍼졌다. 에쿠르는 수메

이라크 니푸르에서 발굴된 BC 2254~2193년경의 수메르 점토판. 쿠르드 산맥에 있었던 신들의 거주지 크하르삭 쿠라에 대한 이야기가 적혀 있다.
앞 페이지 사진은 니푸르 에쿠르 사원 발굴 현장.

니푸르 이라크 남부에 있는 유적지. 수메르, 아카드 시대의 주신 엔릴의 성지였다. 현재의 누파르. 바그다드 동남쪽 150km 지점에 있다.

엔릴 수메르, 바빌로니아에서 대지와 대기의 신. 하늘의 신 '안'과 땅의 신 '키'가 결합되어 생겨났다.

지구라트 계단식 피라미드 형태의 거대한 신전 탑.

나람 신 메소포타미아 아카드 왕조의 제4대 왕(재위 BC 2331?~2294?).

르 만신전萬神殿의 최고의 신이자, 지금으로부터 5천 년 전에 강력한 도시국가를 창건했다는 전설적인 엔릴의 거대한 신전이었다.

미국 펜실베니아대학 교수로서 바빌로니아 원정팀을 이끌고 있던 J. H. 헤인즈 박사가 서둘러 달려왔다. 도랑과 도랑 사이의 미로를 헤치면서 민첩하게 달리는 그의 모습은 마치 미친 사람 같았다. 무너져 가는 진흙벽돌 지구라트 옆의 에쿠르 신전 유적에 도착한 그는 새로 판 구덩이를 조심스럽게 살펴보기 시작했다. 지구라트는 수메르인들에게는 두란키, 즉 '하늘과 땅의 접합점'이라고 알려진 것이다.

헤인즈 교수가 처음 본 것은 부분적으로 손상되긴 했어도 쐐기 모양의 문자(설형문자)로 된 새김글이 뚜렷한 찰흙 원주 조각이었다. 여덟 조각으로 부러진 상태였다. 에쿠르 유적에서의 위치로 보아, 그것은 왕조 나람 신의 통치(BC 2254~2218년) 혹은 그의 후계자 샤르 칼리 샤리의 통치(BC 2217~2193년) 시대 당시 신전을 보수할 때 넣어진 토대 기둥으로 추측되었다.

나람 신과 샤르 칼리 샤리는 셈족에서 유래한 아가데, 즉 아카드 왕조의 마지막 왕으로, BC 3000년대 후반에 수메르를 1백41년간 통치한 인물이었다. 그러나 헤인즈 박사는 이

이라크 북부에 위치한 님루드 유적 지구라트의 발굴 모습. BC 3100~2900년경으로 추정된다.

토대 기둥의 여덟 조각과 점토판에 담긴 엄청난 가치를 몰랐었다. 이 유물은 세 개의 상자에 흩어져, 원정팀 수석 고고학자인 H. V. 힐프레히트 교수에 의해 필라델피아대학 박물관으로 옮겨졌다. 그러나 포장도 벗겨지지 않은 채 박물관 지하실에 버려졌다가 1920년대에 필라델피아 브린 모르 대학의 조지 애런 바튼 교수에 의해 재발견되었다. 헤인즈와 힐프레히트의 발굴 작업에 관심이 많았던 바튼 교수는 이 토대 기둥에 새겨진 고대어를 판독하기로 했다.

판독은 쉽지 않았다. 그러나 시간이 흐르면서 그는 흥분하기 시작했다. 여덟 조각 위에 나열된 열 아홉 줄의 글은 수메르의 최고最古의 문헌이며, 아마도 세계 최고라는 생각이 들었다. 거기에는 수메르 신화에 나오는 대지의 신 엔릴을 비롯하여 물의 신 엔키, 그리고 어느 정도 알려진 뱀의 여신 시르 등 고대의 여러 신들이 등장했다.

바튼은 여신 시르가 엔릴의 배우자인 닌릴 혹은 닌크하르삭과 동의어라고 생각하여 토대 기둥이 발견된 니푸르가 한 때 이 고대 여신 숭배의 중심지였다는 결론을 내렸다. 그리

엔키 수메르에서 에리두의 물의 신. 수메르어로 '물의 주거住居'를 뜻하는 '에아'라 불린다. 바빌로니아에 전해져 하늘의 신 안, 대기의 신 엔릴, 대지의 모신母神 닌후르사와 함께 창조의 신이 되었다.

우르 제3왕조기(BC 2113~2006?)에 건축된 지구라트. 현재의 텔 알 무카야르에 있다.

고 나머지 판에 대해서는 하찮고 평범한 것이라고 생각하여 관심을 두지 않았다. 그 판들에는 수메르의 창조신화, 신으로 받들어진 왕이나 지방 신들에 대한 찬미가 등이 있었을 뿐이었다.

바튼이 내린 결론은 간단했다. 그는 니푸르 판들이 "비록 민주주의의 종교적 표현은 아닐지라도 … 바빌로니아 사유思惟의 특징은 강한 종교와 마법의 유연한 혼합"임을 보여준다고 했다. 처음 흥분했던 것과는 사뭇 다른 결과였다. 1918년 예일대학 출판부에서 『바빌론의 갖가지 비문들』이란 저서를 펴냄으로써 이 일을 마무리지었다.

그 후 60년간 아무도 이 토대기둥에 대해 관심을 기울이지 않았다. 그러다가 1970년대에 들어와 전 탐험지질학자 크리스튼 오브린이 우연히 바튼의 책을 읽고는 니푸르 판에 대해 흥미를 느꼈다. 그는 케임브리지의 크라이스트대학에서 자연과학을 공부했고, 이란에 있는 영국-이란의 석유회사에서 여러 해 동안 일한 경력이 있는 인물이었다.

설형문자에 대해 어느 정도 지식이 있었던 그는 바튼의 책을 읽고는 판독이 잘못되었음을 한눈에 알았다. 거의 80퍼센트 정도가 잘못 해석한 것이다. 그는 다시 판독해야 한다고 마음먹었다. 그리고 그가 찾아낸 것은 참으로 놀라운 것이었다. 거기에는 하늘과 땅의 자손인 왕자와 위대한 아들들인 신성한 종족 아난나쥐(혹은 아눈나키)의 이야기가 기록되어 있었던 것이다.

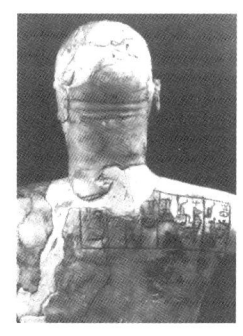

BC 3000년 말 수메르인들은 바빌로니아 남부(이라크)에서 인류 최고의 문명을 이룩했다. 왼쪽 페이지 사진은 수메르인들 사이에서 유행한 카우나케스(술이 달린 6단 주름의 옷)을 입은 이크 샤마간상. 오른쪽 위 사진은 이크 샤마간상의 뒷모습. 왕의 장수를 바라는 비문이 적혀 있다. 시리아 앨러 배스터 출토. 시리아 다마스커스박물관 소장.
아래 사진은 수메르인의 인장.

신성한 종족 아난나쥐

먼 옛날, 아난나쥐는 어느 산악지대 계곡의 비옥한 땅에 캠프를 세웠다. 그리고 그곳을 '고원' 또는 '대초원'을 뜻하는 아카드어 에딘(제11장 참조), 그리고 오브린에 따르면 '으뜸의, 울이 쳐진 곳' 혹은 '고원한, 울이 쳐진 곳'이라는 뜻의 가르삭 혹은 크하르삭이라고 불렀다.

그들 사회는 경작과 목축, 식물 재배, 그리고 관개수로와 도랑을 갖춘 농경사회로 발전했다. 양과 소떼들은 지붕을 덮은 우리 안에 두었고 깨끗한 나무집이 주거지로 지어졌다. 보다 발전된 형태의 관개를 위한 저수지와, 정착지 위의 바위언덕에 세워진 '엔릴의 장엄한 집'과 같은 거대한 건축사업도 시작했다. 문헌에는 '곡물창고' '도로의 건설' '어머니들을 위한 병원'과 '높은 곳에 있는 생명의 집'이라고 알려진 곳에 대해서도 이야기하고 있다. 정착지를 둘러싼 계곡에는 '고상한 조림지 稠林地' '높은 삼나무 울타리'와 '세 배나 되는

이라크 남부, 유프라테스강 가까이 위치한 고도古都 우르의 지구라트. BC 2200~2100년 달의 신 난나르를 위한 지구라트이다. 기단부는 가로 60m, 세로 45m, 높이 15m로 정면 계단 위에는 지금은 파괴되어 없어진 난나르 신전이 있었다.
오른쪽 사진은 공중에서 바라본 모습.

16

'열매가 열리는' 나무들이 심어진 과수원들도 있었다.

오브린은 그 판을 '크하르삭 판'이라고 불렀는데, 거기에는 그들 공동체가 한없이 긴 세월 동안 어떻게 번영했는지를 상세하게 적고 있다. 대개 수확은 풍성하여 곡식이 남아 돌 정도였고, 외부인들에 대해서도 동료이자 협력자로서 받아들여 '관대함을 나누었'던 것 같다.

정착지의 주요 창설자는 50명이었고, 중심 역할을 하는 지도자는 경작의 주인 엔릴과, 닌릴이라고도 알려진 그의 아내 닌크하르삭, 즉 크하르삭의 귀부인이었다. 그녀는 자주 '빛나는 귀부인' '뱀 귀부인'이라고 언급되는데, 바튼은 이 호칭으로 미루어 그녀가 니푸르에서 숭배되었던 뱀 여신의 하나가 아닐까 추측했다. 그들 무리에는 땅의 주인 엔키와 태양

닌릴 바빌로니아 신화에서 대기의 신 엔릴의 아내. 강에서 배를 젓고 있다가 엔릴에게 강제로 몸을 빼앗겼지만, 황천의 나라로 추방된 엔릴을 따라 아들 난나르(달의 신)을 낳는다. 난나르가 엔릴의 도움으로 지하세계를 탈출하면서 하늘에 오르게 되었다.

아누 바빌로니아 판테온의 최고 신. 수메르의 천신. 하늘의 화신 안An 을 계승한 신으로 '아누의 하늘'이라고 하는 가장 높은 곳에 산다. 수메르에서는 우루크, 아카드 지방에서는 데르가 중심지였다.

신 우투 혹은 우그마쉬도 있었다.

그들은 미래에 대한 중대한 결정을 내릴 때면 일곱 명으로 구성된 평의회를 구성하여 결정했는데, '하늘' 또는 '고원'을 뜻하는 최고의 신 아누가 참석하여 조언을 해주곤 했다. 문헌에는 그들 사회 내에서 일어났던 여러 사건들과 상황의 개요가 상당히 자세하게 기록되어 있다. 예컨대, 한 문헌은 크하르삭을 휩쓸었던 전염병에 대해 다음과 같이 적고 있다.

곡식을 넣어둔 돌 항아리들이 무게를 더하였다(풍성한 수확이 있었다는 말인 듯함). 뱀 귀부인은 위대한 지성소로 서둘러 갔다. 그녀의 남편 엔릴은 그의 집에서 병으로 고통받고 있었다. 귀부인 닌릴의 빛나는 집은 병으로 고통받고 있었다.

니누르타 수메르 신화의 전쟁의 신. 봄의 홍수와 뇌우雷雨를 주관하여 '쟁기의 주인'이란 성격도 갖고 있다.
아래 사진은 사자의 머리를 가진 폭풍의 새 안주를 죽이기 위해 활과 화살을 들고 있는 니누르타. 수메르 원통형 인장.

질병 … 질병 – 것은 (정착지의) 모든 곳에 퍼졌다. … 우리의 빛나는 어머니 – 그녀를 보호하소서 – 그녀가 쓰러지지 않게 하소서. … 그녀에게 생명을 주소서 – 질병의 고통에서 그녀를 보호하소서. … 이 뱀에게는 휴식이 없도다. 질병에서 신열까지….

문헌에는 엔릴과 닌릴의 아들 니누르타가 알 수 없는 병으로 몸져누웠음을 적고 있다. 이때 닌릴은 아들이 건강을 회복할 때까지 모든 빛을 차단하게 했다. 얼마 후, 병에 걸렸던 사람들이 회복되었는데, 그들은 알 수 없는 질병이 다시는 되풀이되지 않도록 새로운 엄한 법을 세웠다. 문헌에는 다음과 같이 설명되어 있다.

에덴에서 그대의 익힌 음식은 반드시 더 잘 익혀야 한다. 에덴에서, 그대의 깨끗한 음식은 반드시 더 깨끗해야 한다. 아버지여, 고기를 먹는 것은 가장 큰 적이옵니다

— 엔릴의 집에서의 당신의 음식

오브린은 번역을 하면 할수록 자신이 선사시대의 횡재를 잡은 것같이 느껴졌다. 그는 1985년에 펴낸 저서 『소수의 천재』에서 이때의 흥분을 다음과 같이 적고 있다.

이 사시史詩의 설명과 에덴동산에 대한 히브리 기록의 유사성은 매우 설득력이 있다. '에덴'이 (이 판에서만) 두 번이나 언급될 뿐 아니라, 닌크하르삭을 '뱀 귀부인'이라고 언급하는 것은 … 히브리 이야기의 뱀들이 행한 일의 과학적 본질을 명백히 확증한다.

오브린이 말한 '히브리 이야기의 뱀들'이란 『에녹서』의 주시자들과 네피림을 가리키는 말이다. 내가 보건대, 주시자들과 아난나쥐간의 연관성을 확실하게 해주는 대목은 닌릴의 남편 엔릴이 두 번씩이나 '빛나는 눈의 훌륭한 뱀'이라고 언급한 점이다. 이 대목을 읽으면서 나는 『에녹서』와 사해문서, 특히 『아무람의 증거』에 나타난 주시자들에 대한 생생한 묘사를 떠올렸다. 그렇다면 오브린은 정말 에덴의 주시자들에 대한 이야기를 발견한 것일까.

크하르삭의 멸망

니푸르 판에는 이들이 '혹독하게 추운 겨울'을 겪은 이야기도 담고 있다. 그들은 북극처럼 차가운 기후를 겨우 견뎌

내자, 이번에는 더 많은 큰 홍수가 잇따랐다.

처음에는 '엄청난 폭풍우'가 있었다. 그리고 아마도 눈과 얼음이 녹은 후로 추정되는 범람으로 인해 많은 것들이 파괴되었다. 폭우의 물길은 산꼭대기에서부터 조림지 경계선에 까지 이르렀다. 다행히 산이 불어 오르는 물을 막아 주어 버틸 수 있었지만, 뒤이어 혹독한 겨울이 닥쳐왔다. 이것이 마지막 고비였던 것 같다. 판에는 다음과 같이 기록되어 있다.

악마의 추위가 땅위에 가득했고, 폭풍이 지상을 어둡게 했다. 엔릴의 작은 가족에는 불행한 사람들이 있었다. 운명의 집이 덮히었다. 엔릴의 집은 (눈 속으로) 사라졌다. … 네 개의 벽이 사나운 추위로부터 엔릴을 보호했다. 곡물 창고의 운명은 그 두꺼운 벽에 달려있다 - 그것은 재난으로부터, 폭우의 힘으로부터 보존되었다. … 홍수는 가축들을 멸하지는 못했다.

그들은 살아남았다. 따뜻한 옷가지, 그리고 함께 모여 서로를 격려한 덕택이었다. 다시 난로에서 불이 맹렬히 타올랐고, 그들은 긴 겨울을 이겨내는 듯했다. 그러나 또 다른 재난이 그들을 덮쳤다. 포도밭 일꾼들이 '아침저녁으로 물을 대기 위해' 저수지의 수문을 열었는데, 그 '강하고 깊은 물줄기는 파괴적이었다. 소음이 엄청났고, 그 흐르는 힘은 두려울 정도였다. 밤에, 엔릴이 지은 많은 집들이 물에 잠겼다.'

그 다음에 일어난 일은 알 수 없었다. 판의 나머지 부분이 너무나 손상되어 판독할 수 없었기 때문이다. 또 다른 판에는 더욱 심한 참혹상을 기록하고 있다. 폭풍우와 함께 벼락이 엔릴의 빛나는 집을 내리쳤다는 기록도 있고, 어두웠다는 기록이 되풀이되고 있다.

어둠이 거친 산들을 덮었다.
염소들과 양들이 어두워진 땅 위에서 울어댔다.

마지막 판에는 대규모의 재난과 비탄을 계속 이야기하고 있다. 계속되는 어둠은 잦은 뇌우雷雨에만 잠깐 사라질 뿐이었고, 끊임없이 비가 내렸다. 저수지가 가득 차서 범람했고, 물은 수로를 설치한 들판을 넘쳐흘러 정착지의 낮은 지대까지 덮쳤다. 높은 지대에 세워진 건물들은 다시 벼락을 맞았다. 엔릴과 닌릴을 비롯한 모든 이들이 나서서 더 이상 파괴되지 않도록 애썼다. 그러나 종말은 눈앞에 닥쳐오고 있었다. 그들은 승산 없는 싸움에서 분투하고 있다는 것을 깨달았고, 마침내 엔릴은 다음과 같이 말할 수밖에 없었다.

나의 정착지가 산산이 부서졌다. 넘쳐흐르는 물이 그것을 제압했다 – 오로지 물에 의하여 – 슬프게도 그것은 파괴되었다.

기후 변화가 극심했던 이 기간에 일어난 대규모의 참상은 크하르삭의 목가적인 공동사회로 하여금 종말을 맞게 했다.

오브린은 옳았을까

오브린은 크하르삭의 붕괴로 사람들이 흩어지기 시작했고, 이들은 BC 5500년경 메소포타미아에서 도시국가들이 창건되는 토대를 닦았다고 생각했다. 즉, 이전 시대의 이 신인족神人族에 의해 몇몇 도시국가들이 지배한 최초의 중근동 문명이 발생했다는 것이다.

물론 이들 도시국가는 토착 종족들로 구성되었지만, 도시를 다스리는 자는 빛나는 눈의 뱀들, 즉 아난나쥐의 직계 자손들이었다. 그들은 크하르삭 공동사회에 대한 기억을 간직하고 있었고, 마침내 나람 신의 통치 시대 혹은 샤르 칼리 샤리의 통치 시대에 이르러 아카드 승려에게 조상들의 이야기를 찰흙판에 기록하게 만들어 에쿠르에 두었다는 것이다. 그러나 이러한 내용을 기록한 그의 저서 『소수의 천재』는 불행하게도 학계의 관심을 끌지 못했다.

당시 니푸르 판에 대한 학계의 관점은 조지 바튼 교수에 머물러 있었다. 학계는 이 문헌을 가리켜 BC 2200년경 후기 아카드 시대의 잡다한 종교 문헌일 뿐이라고 단정지었다. 판에 나와 있는 '창조신화들'은 개념적이며, 엔릴과 그의 산가山家는 니푸르의 에쿠르 신전과 관계될 뿐, 선사시대에 존재한 신들의 '고원' 정착지와는 아무런 관련이 없다고 했다. 따라서 오브린의 주장은 고대의 우주비행선 또는 사라진 땅 아틀란티스에 대한 저서와 같은 수준에서 평가될 뿐이라고 했다.

내가 오브린의 책을 본 것은 1992년이었다. 동료 리차드 워드와 함께 에섹스의 맬든에 있는 헌 책방에서 고고학 서적을 뒤지다가 우연히 발견했다. 우리 두 사람은 이 책을 읽는 순간, 오브린의 가설이 지닌 엄청난 가치를 깨달았다.

만약 오브린의 판독이 틀림없다면, 이것은 에덴동산의 실재뿐 아니라 선사시대에 근동 지방의 산악지대에 살았던 존재, 다시 말해서 매우 진보된 문화의 독립적인 존재에 대한 가장 설득력 있는 증거가 되는 셈이었다. 오브린은 문헌에 나오는 '빛나는 눈의 뱀들'을 『에녹서』의 주시자들과 동일시했고, 크하르삭은 족장 에녹이 방문한 일곱 천국이라고 생각했던 것이다.

놀라운 사실은 크하르삭 공동사회에서 중대한 결정을 위

아틀란티스 대서양에 있었다고 하는 전설상의 대륙. 플라톤의 『크리티아스』와 『티마이오스』에 설명되어 있다.

해 일곱 명이 한자리에 모였다는 평의회에 대한 언급이다. '일곱 고문' 혹은 '일곱 현자'라는 이들은 수메르 전설과 신화에서 매우 찬양받고 있다.

아슈르바니팔왕의 치세에 작성된 문헌에는, 그 일곱 아난나쥐들이 한편으로 아사라마자쉬의 '외래의 신들'이라고 언급된다. 이것은 분명 페르시아의 신 아후라 마즈다와 여섯 명의 아메샤 스펜타스를 가리키는 것이며, 따라서 두 무리의 신성한 존재가 동일하다는 것을 추론할 수 있다. 이것이 사실이라면, 일곱 아난나쥐들의 평의회는 아메샤 스펜타스 뿐만 아니라 유대-기독교 전승에 나오는 일곱 대천사의 근원이기도 하다.『에녹서』에 나오는 주시자들의 우두머리로서 타락의 시기에 그대로 하늘에 충성했던 자들이다.

그러나 크하르삭 판에는 아난나쥐의 타락에 대한 암시가 전혀 없었다. 왜 그럴까. 이것 역시 아난나쥐에 대해 언급된 다른 수메르 문헌을 보면 어느 정도 이해되는 대목이다.

아난나쥐는 본래 '아누의 천국'에 있는 신들이었다. 이들은 훗날 천국의 신들과 땅의 신(키)으로 나누어졌는데, 천국에는 아누 신의 통솔 하에 3백 명의 아난나쥐들이 있었고, 키에는 '땅속에' 살았던 하계의 신 네그랄의 통솔 하에 6백 명의 아난나쥐들이 있었다. 그러다가 큰 무리의 반역 아난나쥐가 산들 사이에서 고립된 채로 남아있기보다는 고대 이라크의 평원으로 내려가 인간들 사이에서 살기로 결정했다는 것이다. 얼른 보면『에녹서』에 나오는 반역 주시자 2백 명의 '타락'과 동일한 이야기처럼 들린다.

여기서 한 가지 짚고 넘어갈 것이 있다.

수메르 신화에는 아난나쥐가 어떻게 인간들 사이에 존재했는지에 대해 다양하고도 기이한 이야기들이 보존되어 있

아슈르바니팔 아시리아의 왕 (재위 BC 662~626). 그가 통치하던 시대의 아시리아는 이미 몰락기에 들어가고 있었다. 영토를 엘람에서 이집트까지 확장시켰으나 국력은 피폐해졌다. 그러나 예술을 애호했고 니네베에 대도서관을 지어 고문서를 수장했다. 그 자리에서 발굴된 2만여 점의 점토판은 신화, 문화, 역사, 의학 등에 걸쳐 있어 오늘날 고대 문명 연구의 귀중한 자료가 되고 있다.

네그랄 '주거住居의 주인'이란 뜻. 신앙의 중심지 쿠타에서는 메슈람타에아의 이름으로 숭배되었다. 여름 태양의 신이자 역병瘦病의 신이기도 하다.

다는 점이다. 예컨대, 아난나쥐가 고대 수메르의 도시 키시를 건설했다고 한다. 그들은 또 '기르수(도시)에 신전 건축을 돕기 위해 일했'다고 되어 있고, 다른 신화에서는 '그들이 살 장소로 도시 하나가 주어졌다'고 되어 있다.

이 신화가 맞다면, 그 장소는 수메르에서 가장 오래된 도시국가인 에리두일 가능성이 높다. 전설에는 그곳에 50명의 아난나쥐가 있었다고 하는데, 크하르삭 문헌에 나타난 것과 같은 숫자이다. 고고학자들의 발굴에 따르면, 에리두는 오브린이 크하르삭의 멸망 연대로 추측한 것과 일치하는 BC 5500경에 세워졌다.

그렇다면 왜 학계는 오브린의 주장을 일축했을까.

나는 인류 역사에 대해 학구적이고 실제적인 관점을 지지하고자 노력한다. 옳든 그르든 간에 상궤를 지나치게 벗어나는 것은 멸시와 조롱을 의미할 뿐이다. 그런 점에서 오브린의 주장에 대한 학계의 반응은 일면 일리가 있다.

하지만 오브린은 고대 우주비행자 이론가는 아니다. 개별 문헌에 대한 정통 해석에 대항하는 그의 주장에는 상당부분 설득력 있다고 본다. 물론 오브린은 크하르삭 판들에 대해 고대 수메르의 종교문헌 이상의 의미를 찾는다는 확신에 지나치게 열중하기는 했다. 그래도 그의 판독은 바튼의 것보다는 훨씬 일리가 있다고 본다. 이런 바탕에서 타락종족을 찾는 나의 여행을 계속해 보자.

키시 이라크 바그다드 동남쪽 85km에 위치한 잉하라 근처의 유적.

에리두 고대 수메르 도시국가의 하나. 바그다드에서 동남쪽 250km 지점에 위치한 현재의 텔 아부 샤라인. 초기에는 니푸르와 함께 중요한 성지였다. 수메르 왕명록에 따르면 왕권이 맨처음 하늘에서 에리두에 내려왔다고 되어 있다. 시신市神은 물의 신 엔키이다.

왼쪽 페이지 사진은 아슈르바니팔의 바빌론 신전 건립에 관한 활동이 기록되어 있다.
아래 사진은 아슈르바니팔의 엘람 원정 장면. 악사들이 악기를 연주하여 군의 사기를 돋우고 있다. BC 7세기. 니네베 출토. 파리 루브르미술관 소장.

크하르삭을 찾아서

모든 조건으로 보아, 아난나쥐들의 주거지인 크하르삭은 '아넨Anean나무를 심을 수 없을' 정도로 높은 산악지대에 위치했다. 물론 이것은 니푸르 부근의 바위투성이 평원을 가리키는 것 같지는 않다. 그렇다면 이 고원 정착지는 어디에 있었을까. 나는 다른 초기 메소포타미아 문헌들을 조사하기 시작했다. 그 결과, 그 신들의 산장山莊에 대한 또 다른 증거를 찾아냈다. 예를 들어 BC 3000년대의 아카드인들은 크하르삭 혹은 크하르삭 쿠라가 그들 나라의 북쪽 경계 '바로 위'의 신성한 산에 있다고 믿었던 것 같다.

크하르삭은 그들 종족의 발상지를 상징하며, 아카드 본래의 위치에 자리하고 있었다. 여기에도 역시 히브리에 나오는 낙원의 네 강과 유사한 개념의 '네 개의 강'이 있다. 그리고 크하르삭 쿠라 너머에는 '신들과 은총을 입은 정령들이 사는, 금이 풍부한 아랄리 땅이 펼쳐져 있었다'고 한다. 이렇게 보면, 아카드 신화는 히브리의 낙원 이야기와 크하르삭 판의 내용이 함께 뒤섞인 셈이다. 오브린의 판단에 무게가 실린 것이다.

그렇다면 신들의 신화적 영지는 어디에 있었던 것일까.

해답은 간단하다. 아카드의 북쪽 쿠르디스탄의 산이다. 아카드 신화와 전설을 많이 받아들인 BC 1000년대의 후기 아시리아인들 역시 '천국의 궁정' 크하르삭 쿠라가 아카드인들에게 '은산'이라고 알려진 '은銀산'(반 호수 서쪽 터키고원의 타우루스 산맥)과 관련이 있다고 했다. 메소포타미아에서 가장 유명한 문학작품으로 평가되는 길가메시 서사시에도 이와 비슷한 신들의 영지가 등장한다.

영웅 길가메시

길가메시 서사시를 보면, 그는 역사적 인물이었으며, BC 3000년대 전반기에 이라크 중부의 도시국가 우루크를 다스린 왕으로 보여진다. 그러다가 뒤에 와서는 릴루, 즉 '악마의

타우로스 산맥 터키 남쪽 소아시아 지중해 연안을 동서로 달리는 습곡褶曲산맥. 길이 800㎞. 최고봉은 에르지야스산(3916m)이다. 일명 토로스산맥이라 부른다.

우루크 이라크 남부. 바그다드에서 동남쪽으로 250㎞ 지점에 위치한 고도古都. 현재 와르카이다.

세계에서 가장 오래된 서사시 '길가메시 서사시'는 그리스의 '오딧세이'에 비견될 만하다. BC 7세기 이라크 니네베의 아슈르바니팔 왕궁 서고에서 출토된 12개 점토판에 적혀 있다. 오른쪽 사진은 사자를 안은 길가메시상像으로 코르사바드의 사르곤 왕궁 입구에서 출토된 것이다. BC 8세기. 설화석고제. 파리 루브르미술관 소장.

특성을 가진 인물'로서, 여러 성소에서 숭배되었던 것 같다.

예를 들어, 우루크에서는 BC 2120년경의 우르 헤갈왕, BC 2112년부터 BC 2004년까지 남부 이라크의 도시국가 우르를 통치한 그의 후계자들에 의해 개인적인 신으로 모셔졌다고 기록되어 있다.

길가메시의 업적을 기록하는 연시들이 첫 문헌에 정착된 것도 바로 이 시기(BC 2000년대 전반)였다. 그에 대한 다양한 서사시 가운데 우리의 눈길을 끄는 것은 '길가메시와 후와와' 또는 '길가메시와 삼나무 숲'이라는 제목의 시이다.

이야기는 길가메시가 산속에 사는 야만인 엔키두를 속이는 것으로 시작된다. 육체적 쾌락을 모르는 엔키두를 함정에 빠뜨리기 위해 신전의 매춘부를 보내고, 매춘부는 길가메시를 타도하려는 엔키두의 야망을 자극한다.

마침내 길가메시와 엔키두는 싸움을 벌이지만 엔키두의 패

후와와 엔릴 신이 삼나무 숲의 감시인으로 두었다는 인물. 양의 내장처럼 꼬인 얼굴 형상으로 전한다.
길가메시 길가란 '늙은이'이며 메시란 '젊은이'란 뜻이다.
엔키두 아누 신의 모습을 본떠 진흙으로 만들었다는 전설의 인물. 온몸이 털로 덮여있고 여자처럼 긴 머리를 했으며 야수를 지키면서 사막에 살았다고 한다. 일명 에바나니.
샤마시 고대 바빌로니아의 태양신. 그 이름은 '태양'이란 뜻이며 법과 정의를 주관한다. 오른쪽 페이지 사진은 바빌로니아의 6대 왕(재위 BC 1728?~1686?) 하무라비 왕이 샤마시로부터 법전을 받고 있다. 법전에서 샤마시는 '하늘과 땅의 위대한 재판관'이라 불리고 있다.

배로 끝나고, 엔키두는 길들여져서 인간들과 함께 새 삶을 시작한다. 그러나 그는 용기와 힘을 잃는다.

이때 길가메시가 함께 산으로 가서 후와와(또는 훔바바)라는 '괴물'을 찾아 죽이자고 제안한다. 후와와는 엔릴 신이 거대한 삼나무 숲의 감시인으로 삼은 인물이었다. 엔키두는 언젠가 그 산을 여행할 때 우연히 후와와를 만난 적이 있었기에 처음에는 길가메시의 제안을 받아들이기를 꺼려하지만, 결국 길가메시의 고집에 못 이겨 함께 모험을 시작한다.

후와와는 '일곱 층의 무서운 후광이 있는 거인'으로서 무시무시한 얼굴에 긴 머리털과 수염, 그리고 손에는 사자 발톱이 있다고 묘사되어 있다. 길가메시와 엔키두는 마침내 삼나무 숲에 침입하여 후와와를 찾아냈고, 태양의 신 샤마시로부터 광풍의 도움을 받아 후와와를 죽인다.

내가 이 시에서 주목하는 대목은 바로 '숲 여행'이다. 두 영웅이 찾아간 삼나무 숲은 그들 앞에서 사방으로 1만 리그나 펼쳐져 있었다고 한다. 문헌의 기록을 보자.

그들은 함께 숲 속으로 들어가 푸른 산에 갔다. 거기에서 그들

괴물 후와와를 죽이고 있는 길가메시와 엔키두, 그리고 이것을 막으려고 애쓰는 여신 이슈타르를 나타내는 수메르의 원통형 인장.

바빌로니아 전설의 영웅 길가메시와 엔키두가 태양신 샤마시의 도움을 받는 장면. 카팔라궁전 동쪽 벽의 부조. 시리아 알레포박물관 소장.

은 말문이 막힐 정도로 놀라서 우뚝 멈추었다. 그들은 그대로 서서 숲을, 삼나무 산을, 신들의 거주지를 응시했다. 산 앞에 솟은 삼나무의 거대함, 그 그늘은 아름다웠고 안락했다. 산과 숲 속의 빈터는 덤불들로 푸르렀다.

여기서 '신들의 거주지'란 무엇을 말하는 것일까. 문헌에는 광대한 숲 안에 있는 '푸른' 산이라고 했다. 그리고 그 앞에는 거대한 삼나무가 있다고 했다.

대체로 전세계적인 신화를 살펴보면, 키가 크고 크기가 엄청난 나무들은 하늘과 땅이 만나는 지점을 나타낸다. 신화학에서는 액시스 문디, 즉 우주의 축이라고 알려져 있으며, 반드시 신성한 산과 온 세상에 물을 공급하는 샘이나 수원水原과 연관된다. 니푸르 판에서도 크하르삭이 '하늘과 땅이 만난' 곳이라고 기술되어 있다는 점에서 우주의 축으로서의 역할임을 알 수 있다. 그것은 분명 '신들의 거주지'였다. 엔릴, 엔키, 닌릴, 닌투라, 그리고 우르는 수메르 만신전의 가장 중요한 다섯 신들이기 때문이다.

그렇다면 신들의 거대한 삼나무 숲은 정확히 어디에 있었을까. 수메르어로 쓰여진 길가메시 서사시는 분명하게 쿠르디스탄의 자그로스 산맥에 있다고 말해준다. 반면에 아시리아 시대에 쓰여진 서사시의 후기 양식(니네베의 아슈르바니팔왕의 도서관에서 출토된 시리아의 문헌)에는 그 숲이 레바논에 있다고 하지만, 이것은 거의 확실하게 틀린다.

고古기후학 연구에 따르면, BC 8500년경 마지막 빙하기가 끝날 무렵에 쿠르드 고원의 낮은 계곡 지역에 있던 추운 툰드라와 성긴 초지는 삼나무 숲으로 대체되었다고 한다.

길가메시 점토판 이라크 북부의 고대 도시 니네베에서 출토된 점토판. 위 사진들은 아슈르바니팔 왕궁의 서고에서 발굴된 것들이다. BC 7세기. 영국 대영박물관 소장.
수메르어 설형문자로 쓰여진 수메르인들의 언어.
툰트라 여름에 지표 일부가 녹아 습지가 될 뿐 대부분 얼음으로 덮인 지대.

길가메시와 엔키두는 메소포타미아 문화의 영웅이었다. 엔키두가 부리는 사자가 양각되어 있는 에블라의 봉헌용奉獻用 석조槽石槽. 텔 마르디크 출토. 시리아 알레포박물관 소장.

이 무렵, 메소포타미아 북부와 이란 서북부에는 강력한 아시아 계절풍이 닥쳤고, 그것은 쿠르드 고원의 기후 조건에 극적인 변화를 가져와 봄과 여름 내내 광대한 내륙 호수를 만들고 초목이 무성하게 자라도록 했다. 삼나무를 포함한 낙엽수가 빽빽이 들어찬 숲이 계곡과 산기슭을 채우기 시작했고, 좀더 높은 고지는 경작하기에 알맞은 무성한 초지로 변했다.

이러한 심한 기후 변동은 쿠르디스탄에서 초기 신석기 공동사회가 등장한 시기와 거의 일치한다(제16장 참조). 그러나 BC 3000년에서 BC 2000년 사이에, 이 아시아 계절풍이 서서히 물러가면서 그 지역에는 비가 내리지 않았다. 따라서 낮은 계곡에서 나무 종류가 줄어들었고 주변 저지대가 서서히 마르기 시작했는데, 이 과정은 오늘날에도 계속되고 있다.

수메르인들이 건축에 쓰일 자재와 난방 및 취사용 숯을 만들기 위해 산림을 대규모로 베어내기 시작한 것도 바로 선사시대 후기였다. 그 결과, BC 1000년대가 시작되면서부터 자그로스에서는 더 이상 삼나무 숲을 볼 수 없게 되었다.

이러한 자연환경의 변화는 이 지역을 생태학적으로 파괴시켰을 뿐만 아니라 길가메시 서사시의 후기 판본과 동시대의 다른 많은 신화와 전설에 나오는 지리地理를 부정확하게 만들었다.

말하자면, 후기 판본의 편찬자들은 그들의 먼 조상들조차도 자그로스 산맥을 뒤덮었던 삼나무 숲을 전혀 기억하지 못하는 시대에 살았기 때문에, 고의 아니게 문헌에 나오는 삼나무 숲을 잘 알려진 안티레바논 산맥의 숲과 연관시켰던 것이다. 그런 점에서 쿠르드 전문가 메흐르다드 이자디의 지적은 새겨둘 만하다.

안티레바논 산맥 레바논, 시리아 국경을 남북으로 뻗은 배사습곡背斜褶曲 산맥. 평균 표고 1000m. 최고봉은 헤르몬산.

지리적 불일치를 알게 된 현대의 몇몇 학자들은 오랫동안 자그로스 산맥 어디에도 없었던 삼나무 때문에 혼란스러워진 나머지 《길가메시》 서사시에 나오는 고대의 글들을 '삼나무 숲' 대신 '소나무 숲'으로 해석하게 되었다.

헤르몬산 논쟁

오브린이 크하르삭 판을 판독하면서 가장 실수한 대목이 바로 이 삼나무 숲에 대한 것이다. 그는 레바논의 삼나무 숲이 똑같이 빙하기 이후 시대인 BC 8000년경으로 거슬러 올라간다는 것을 규명하기 위해 가공의 고기후학적 증거를 원용했다. 그리고 크하르삭 정착지가 같은 시기에 안티레바논 산맥에 있었다고 결론짓고는 이 정착지의 설립연도가 BC 8197년이라고 주장했다. 또한 에덴동산이 지리적으로 안티레바논 산맥에 있는 헤르몬산 근처에 있었다는 이유로, 크하르삭이 《에녹서》의 에덴/천국 정착지와 동의어라는 것을 증명하려 했다.

그런데 이상하게도 '삼나무'를 뜻하는 아카드어는 에레누 혹은 에린인데, 이것은 주시자를 뜻하는 히브리어 이린과 발음이 같다. 《에녹서》에서 '나무들'이라는 말은 주시자들과 동의어로 쓰였고, 《샤나마》의 신화적 왕들은 사이프러스 나무에 비유되었으므로 내게는 주시자와 삼나무의 어원상 연관성이 단순한 우연 이상의 것으로 느껴졌다.

해답은 바로 오브린 자신이 제시했다. 그는 크하르삭 판들의 지리학적 증거를 요약한 뒤, 다음과 같이 결론지었다.

그것은 루리스탄과 쿠르디스탄에서 수메르 북부 비옥한 초승달 지대의 측면에 이르는 자그로스 산맥을 강하게 연상시킨다. 그

빙하기 현존하는 빙하의 일부는 제4기의 유물로서, 최후의 빙기는 1만 8천 년 전으로 추정된다. 북아메리카 및 유럽의 대륙 빙하가 마지막으로 소실된 것은 1만 1천 년 전이다.

루리스탄 '루르족의 땅'이라 불리는 이라크 국경 가까운 이란의 서남부 지역. BC 2500~1000년 동안 청동기 문화가 발달했다.

러나 오늘날 이 산에는 떡갈나무가 많으며 삼나무 숲의 흔적은 볼 수 없다. … 우리에게는 레바논의 영토인 비옥한 초승달 지대의 먼 서북부만이 남겨져 있다.

물론 이것은 앞에서 언급했듯이 전혀 사실이 아니다. 더욱이 에덴/천국/크하르삭이 안티레바논 산맥에 있었다는 오브린의 믿음에 더욱 손상을 준 것은 창세기 2장 8절의 구절이다. 거기에는 분명 하느님이 '동쪽에 있는 에덴'이란 곳에다가 동산을 마련하셨다고 했다. 그러나 헤르몬산은 지중해 연안의 고도古都 시돈 외에는 그 어느 것의 동쪽으로도 볼 수 없다. 나는 오브린이 착각하긴 했지만, 그의 작업은 가치 있는 일이었다고 생각한다. 하늘과 땅에 대한 현존하는 가장 오래된 이야기를 세상에 보고했기 때문이었다. 그렇다면 이제 우리는 어디로 가야 하는가. 다시 쿠르디스탄 지역으로 돌아가야 할까.

시돈 페니키아 최대이자 최고最古의 항구도시. BC 12세기경부터 지중해를 지배했다. 현재의 명칭은 사이다Saida이다.

딜문을 찾아서

수메르인과 아카드인들에게 신들의 거주지로 알려진 이름은 에덴과 크하르삭이 전부는 아니다. 신화적 낙원으로 알려진 딜문 혹은 틸문에 대한 전설이 있다.

이곳에서는 신 엔키와 그의 아내, 그리고 동물들이 평화와 조화 속에 살고, 사람에게 대적할 그 무엇도 없으며, 엔릴 신이 '한 언어로 기도를 드리는' '죄 없는 완전한 행복의 시대'를 열었다고 한다. 또한 순수하고 깨끗하고 '빛나는' '불멸자들의 거주지'라고 기술되어 있는데, 죽음과 질병, 슬픔이 없고, 몇몇 인간들이 '신과 같은 삶'을 얻게 되었다고 한다. 한마디로 페르시아 신화와 전설에 나오는 불멸자들의 왕국 아이르야나 바에자흐와 히브리 전설의 에덴을 상기시키는 내용이다.

그러나 딜문이라는 이름은 아카드 왕조의 사르곤왕이 페르시아만의 바레인에 세운 섬 국가와 직접 관련 있다는 근거가 있다. 그리고 그것이 본래 신화적 왕국이었음을 암시하는 증거도 마찬가지로 뚜렷하다. 예를 들어, 길가메시 서사시에는 '태양이 떠오르는 딜문의 산'이라는 언급이 있는데, 바레인에는 이 '산'이 될 만한 확실한 후보도 없는데다가, 이라크

수메르의 신화는 이어 큰누이 격인 닌후르가와 막내동생격인 엔키의 사이가 나빠졌고, 죽음의 저주를 받은 엔키를 살리려고 맏형격인 엔릴이 여우의 제의를 받아들여 닌후르가를 딜문으로 데리고 가는 것으로 짜여져 있다.

사르곤 아카드 왕조의 시조(재위 BC 2334~2279). 메소포타미아에 최초의 통일국가를 건설했다. 북으로 타우로스 산맥, 남으로 페르시아만, 서쪽으로 지중해, 동쪽으로 엘람에 이르는 영토를 지배하여 '사계四界의 왕'이라 칭했다..

부와이히즈 왕조 이란 남서부에서 이라크에 있었던 시아파派의 이슬람 왕조(932~1062). 이란 최초의 시아파 왕조.

아바스조 서아시아 및 북아프리카를 지배한 이슬람 왕조(750~1258). 마호메트의 삼촌 아바스의 자손 사파가 우마이야 왕조를 멸망시키고 창시했다. '동칼리프 왕국'이라고도 한다.

칼리프 아라비아어로 '상속자'란 뜻으로 이슬람의 교주를 가리킨다. 오스만투르크 제국에서는 '술탄'이란 말과 같이 쓰였는데, 세속적으로는 술탄, 종교적으로는 칼리프라는 칭호로 불렸다.

오른쪽 사진은 수메르의 물의 신 엔키. BC 2900~2600년경의 원통형 인장을 오늘날 재현한 것. 바레인 국립박물관 소장.

36

에서 볼 때 이 섬은 결코 떠오르는 방향에 있는 것으로 기술될 수 없다. 따라서 내가 보기에는 분명히 두 개의 딜문이 있었다고 생각된다.

그렇다면 신화적인 딜문은 어디에 있었을까?

나는 그 해답을 정말 우연한 기회에 예기치 않은 발견에서 찾아냈다. 메흐르다드 이자디가 1992년에 펴낸 『쿠르드인들-간결한 안내서』를 훑어보던 중, 서기 932년부터 1062년까지 통치했던 쿠르드의 부족 다일라미테를 언급한 대목에 관심이 갔다. 그들은 중세 시대에 강력한 왕국들을 중동지방에 많이 세웠는데, 그 중 가장 유명한 것이 부와이히즈 왕조(혹은 부이즈)이다. 서기 945년 바그다드에 들어와 아바스조의 칼리프 지위를 계승한 뒤, 소아시아에서 인도양에 이르는 쿠르드 제국을 건설했다.

나는 이자디가 책에서 "다일라미테의 기원은 혼란에 둘러싸여 있다"고 언급한 대목에 주의를 기울였다. 그들 부족 왕조의 중심이 테헤란 북쪽의 엘부르즈 산맥이었다고 추정하고, 많은 학자들 역시 그곳이야말로 그들이 현저하게 융성한 곳이라고 말하고 있는 것이다.

만일 이 종족이 이슬람 이전 시대에서 유래한다면, 그리고 특히 BC 3세기로부터 서기 4세기에 이르는 동안 페르시아를 통치한 파르티아 왕조 시대로 거슬러 올라간다면, 이야기는 전혀 달라진다. 그들 조상의 실제 고향은 쿠르디스탄 서북부 지역의 딜라만(다일라만)이며, 오늘날에도 그곳에는 그들의 후손 딜마(자자) 쿠르드인들이 여전히 살고 있다.

딜라만?

딜문과 매우 비슷하게 들린다. 그렇다면 딜라만과 딜만은 동일한 것일까. 고대 교회가 보관하고 있는 이라크 고원의

아르빌 이라크 북부 쿠르디스탄 지방에 있는 도시. 모술 남동쪽 80km 지점에 있다. 에르빌이라고도 한다.

크리스티안 아르벨라(오늘날의 아르빌)에 관한 것을 보면, 다일로마예의 땅(베트 다일로마예)이 티그리스의 원류 부근의 '산자르 북쪽'에 있다고 되어 있다. 말하자면 두 지명은 지리적으로 동일한 셈이다. 나아가, 이자디가 기록한 대로 '조로아스터교의 경전 『분다히쉰』 (역시) 딜라만이… 카스피해 연안의 산악지대가 아니라 티그리스의 원류에 있다고 한다.'

이 글을 읽은 나는 자신을 주체할 수가 없었다. 쿠르드 문헌뿐 아니라 『분다히쉰』에서도 딜마 쿠르드인들의 조상 전래의 고향 딜라만이 '티그리스의 원류'에 있다고 한 점이 놀라웠다. 나는 재빨리 첨부된 지도를 살펴보고는 다시 한번 깜짝 놀랐다. '딜라만'은 반 호수 남서쪽의 비틀리스 부근에 있었다. 내가 에덴의 장소라고 생각했던 바로 그 지역에 있었다.

분명히 쿠르드 문헌과 『분다히쉰』은 서로 다른 언어에 속하고 있다. 그리고 근동에서 수 천 년간 문화가 발달하면서 각각 분리되었다. 그런데도 동일한 지명이라니…. 지명地名은, 커다란 변화 없이도 이후의 문화에 보존되고 그대로 사용되는 것들 가운데 몇 안 되는 요소이다. 쿠르디스탄 서북부의 토착 민족들이 딜문이라는 메소포타미아 지명을 간직하고 있고, 그것을 부족의 이름으로 삼았다는 것은 전혀 불가능한 일이 아니다.

딜문과 티그리스강, 유프라테스강의 원류 사이의 연관성은 거기에서 그치지 않는다. 아내와 함께 딜문에서 처음으로 살았던 엔키 신은 모든 샘과 냇물, 강들의 원천인 지하의 수계水界 아부즈의 신으로 여겨졌다.

아부즈 수메르인들이 지하에 존재한다고 믿은 담수淡水.

이러한 가능성으로 볼 때, 그는 수메르를 끼고 있는 유프라테스강과 티그리스강의 수호신이었다. 이곳에서 발굴된 그림들을 보면, 두 강은 대체로 신의 어깨에서 쏟아져 나오거나 그가 손에 든 항아리에서 뿜어져 나오는 아치형 물줄기로 묘사된다. 물고기들은 마치 연어가 강의 원류에 도달하기 위해 그러하듯 이 물줄기에서 솟구쳐 오르는 모습으로 묘사되어 있다.

분명히 엔키는 이 두 강의 신성한 수호신으로서, 강의 원천의 보호자로 여겨졌을 것이다. 기독교의 아르벨라 기록과 『분다히쉰』 문헌은 바로 이곳이 신성한 왕국 딜문이자 히브리 전설의 에덴 동산이라고 했다.

붉은 머리의 종족

이번에는 딜마 쿠르디인들이 살고 있는 곳을 이야기해 보자. 쿠르디스탄 신앙에서 천사 숭배집단은 예지드족, 야렛산족 외에 또 하나의 종족이 있다. 디밀리 알레비족으로, 아마도 가장 불가해한 쿠르드인일 것이다.

그들의 주요 거주 지역은 알레비즘으로 대부분이 아나톨리아 동부 터키고원의 구릉지대 근방에서 살고 있다. 그러나 쿠르디스탄 북부의 수니파 이슬람교 한가운데에 알레비족 최후의 보루가 여전히 살아남아 있다. 그런데 그곳은 공교롭

이라크의 수도 바그다드를 관류하는 티그리스강.

게도 반 호수의 서남쪽 해안에 위치하고 있다. 천사를 숭배하는 이 수수께끼의 알레비족이 누구일까.

알레비족은 '불'을 뜻하는 알레브란 단어에서 유래되었는데, 불은 그들의 중요한 숭배 대상이다. 그들이 오늘날과 같은 형태로 자리잡기 시작한 것은 15세기경으로 알려지고 있지만, 그들의 기원은 아득히 먼 시간대로 올라간다. 그리고 그 대부분 이란에 기원을 둔 것들이다. 물론 그들은 이슬람교도가 아니지만 현신賢神들, 즉 신성한 화신들의 계보를 알고 있었다. 가장 대표적인 인물이 시아파 출신 칼리프인 알리이다. 그들은 또한 아즈히 다하카를 잊지 않고 있다. '아이니 잠'이라고 알려진 알레비의 중대한 의식에 등장시키고 있다.

알레비의 가장 불가해한 의식 중의 하나는 우주의 정령과 소통하기 위해 칼로 땅을 찌르는 고대 풍습이다. 여자들도 모든 회합과 의식에 참여할 수 있는데, 특히 아이니 잠 의식에서는 성적인 방종이 허락되기도 한다. 그러나 외부인은 절대로 참석이 허용되지 않는다.

이들은 퀴잘바쉬, 즉 '붉은 머리'라고도 알려져 있다. 이것은 모하메드의 사위인 알리를 기념하기 위해 쓰는 그들 특유의 붉은 모자를 가리키는 말이다. 알리가 "치열한 전쟁

중에도 동료를 살해하지 않도록 머리에 붉은 수건을 둘러라'고 말했기 때문이라고 한다.

이자디의 『쿠르드인들-간결한 안내서』란 책은 참으로 충격적이었다. 한순간에 그 책을 다 읽었지만, 나는 내가 읽은 것을 거의 믿을 수가 없었다. 다시 말하지만, 그 책의 내용은 완전히 나를 압도했다.

터키 고원의 다일라미테 혹은 디밀리족이 선사시대로부터 중세시대에 이르기까지 딜문 혹은 딜라만의 이름을 보존해 왔다는 것일까. 아니, 붉은 머리의 알레비족은 그 지역에 있었던 주시자들의 실재에 대한 비밀을 간직하고 있는 것일까. 그리고 그들의 본래 영토인 반 호수 남서부이 정말로 메소포타미아의 불멸자들의 영지 딜문이요 아난나쥐의 정착지 크하르삭이며 주시자들의 고향인 에덴이었을까.

참으로 많은 것을 생각하지 않을 수 없었다.

분명히 딜문이 쿠르디스탄 북부에 위치한다는 것을 뒷받침하는 그 책의 상세한 증거는 훌륭했다. 그리고 내가 가야 할 방향도 정해주었다.

이제는 메소포타미아 지역에 있었던 고대 도시국가들의 신화와 전설에서 타락한 종족에 대한 단서를 찾아야 할 때가 되었다. 그리고 나는 그 어느 곳보다도 고대 이라크에 그들에 대한 기억이 많이 남아있다는 것을 알았다. 그것은 정말로 나의 상상을 뛰어넘은 것이었다.

알리 이슬람 교단의 제4대 정통 칼리프(재위 656~661). 이라크 나재프에 있는 그의 묘는 시아파 성지로 손꼽힌다.
왼쪽 페이지 사진은 마호멧의 딸 파티마와의 결혼식 장면. 서기 547년. 투르크 수사본.

고대 바빌로니아인들에게 신은 늘 가까이 있었다. 사진은 BC 870년경 나부 아플리다나 왕이 태양신 샤마시 신전을 수복한 공적을 기록한 표주標柱. 상단에는 태양신 샤마시가 옥좌에 앉아 오른손에 태양반盤과 홀忽을 들고 있다. 처마 끝에는 두 사람이 양손으로 밧줄을 잡아 태양을 상징하는 물건을 늘어뜨리고 있다. 여신 이슈타르가 뒤따르고 있다. 이라크 니네베 출토. 런던 대영박물관 소장.

제15장
신들과 함께 자다

에타나의 신화

오래 전, 아직 신들이 인간들과 더불어 살던 때였다. 한 마리의 독수리와 뱀이 커다란 나무에서 함께 살았다. 둘은 결코 싸우는 법이 없이 사이좋게 지냈고 각자 나무의 한쪽에서 새끼를 길렀다.

어느 날, 뱀이 먹이를 구하러 나간 사이에 독수리가 뱀의 새끼들을 잡아먹었다. 둥지로 돌아온 뱀은 새끼들이 사라진 것을 알고는 분노에 온몸을 떨며 울부짖었다. 태양신 샤마시가 이 울부짖음을 애처롭게 여겨 한 가지 제안을 했다. 황소의 시체를 숨겨두어 독수리가 먹으러 올 때까지 기다리라는 것이었다. 마침내 복수가 시작되었다. 뱀은 황소를 먹으려고 찾아온 독수리의 날개를 붙잡고 부러뜨렸다. 그리고 깃털을 모조리 뽑아버린 다음 깊은 구덩이 속에 던져 버렸다.

한편, 아래 평지에서는 키시 왕 에타나가 슬픔에 젖어 있

독수리와 뱀은 고대인들에게 신성시되는 상징이었다. 이집트에서도 사진처럼 독수리 네흐베트와 코브라 와제트는 가장 오래된 여신으로 숭배되었다. 이집트 카르나크 출토.

었다. 왕비가 아이를 낳지 못하고 있기 때문이다. 어느 날, '탄생의 식물'이란 것이 있는데, 이 식물을 먹으면 아이를 낳지 못하는 여인도 자식을 가질 수 있다는 이야기를 들었다. 그는 천국의 신들에게 이 식물을 어디서 구할 수 있느냐고 물었다. 그러자 샤마시가 나타나 함정에 빠진 독수리를 찾아보라고 조언을 했다. 에타나가 독수리를 구덩이에서 구해주자, 독수리는 기뻐서 '탄생의 식물'을 찾아나섰다. 그러나 이곳저곳을 돌아다녔지만 찾을 수가 없었다. 독수리는 에타나를 태우고 탄생의 여왕 이슈타르를 찾아가자고 했다.

> 기뻐하라, 나의 친구여. 내가 그대를 가장 높은 천국에 인도하리라. 그대의 가슴을 나의 가슴에 대고, 그대의 팔을 나의 날개 위에 놓고, 나의 몸이 그대의 몸이 되게 하리라.

에타나를 태운 독수리는 아누 천국을 향해 올랐다. 그들은 점점 높이 올라갔고, 마침내 천국에 이르렀다. 그곳에서 독수리와 에타나는 신*Sin*, 샤마시, 아다드, 그리고 이슈타르 신의 문을 통과하고는 머리를 숙여 절했다.

이야기는 여기서 끝난다. 이 이야기를 담고 있는 고대의 석판이 지금까지 셋밖에 발견되지 않았기 때문이다. 따라서 우리는 이 이야기의 결말을 추측해 볼 수밖에 없다. 일설에는 에타나가 무서워하기 시작했고, 독수리는 망설이다가 둘 다 지상에 떨어져 죽었다는 이야기도 있지만, 내가 보기에는 에타

에타나 바빌로니아 신화에 나오는 키시의 왕. 수메르 왕명록에는 대홍수 이후 땅을 다스렸던 13번째 왕으로 키시 제1왕조의 4대 왕으로 기록되어 있다.
이슈타르 사랑과 전쟁을 관장하는 여신. 하늘의 신 아누 또는 월신月神 신*Sin*의 자식이라고도 한다. 새벽의 명성明星(금성)을 가리킨다.
왼쪽 사진은 BC 4세기의 설화석고. 파리 루브르미술관 소장. 아래 사진은 이라크 바빌론에서 발굴된 이슈타르 문의 부조.

신*Sin* 수메르의 대지와 대기의 신. 우르지방의 달의 신이고 엔릴의 첫아들이다.
아다드 바람, 폭풍, 천둥, 비 등 자연현상을 관장하는 기상의 신. 소를 타고 한 손에 번갯불을 든 모습으로 표현된다.

수메르 왕명록 하늘에서 왕권이 에리두에 처음으로 내려온 것을 필두로 왕들의 이름을 열거한 다음에 홍수가 그곳을 온통 휩쓸었다고 기록되어 있다. 영국 옥스퍼드박물관 소장.

나가 이슈타르에게서 답을 얻었을 것 같다. 수메르 왕명록王名錄에 따르면, 에타나는 무려 1천5백60년간 통치했으며, 그의 아들 발리를 후계자로 남겼다고 하니, 그의 천국 방문은 틀림없이 성공적이었을 것이다.

에타나의 이야기는 고대의 메소포타미아에서, 특히 BC 3000년대 후반에 아카드 왕들의 치세 동안에 인기가 있었던 이야기로 보인다. 독수리 등에 올라 탄 인물상이 새겨진 원통형 인장들이 몇몇 장소에서 발굴되었기 때문이다. 그러나 에타나가 천국을 방문했다는 이야기는 어린아이들이 잠자리에 들 때 들려주는 단순한 동화 이상의 의미를 담고 있다. 그것은 타락한 종족들과 관련 있는 여러 가지의 추상적인 이미지를 담고 있기 때문이다.

하늘과 땅을 잇는 우주의 축을 상징하는 것이 분명한 거대한 나무, 그리고 그곳에 살던 뱀과 독수리가 싸움을 했다. 주시자들과 아주 밀접하게 관련된 이 동물 형상의 싸움은 14장에서 언급한 아난나쥐의 개별적인 두 파, 즉 하늘과 땅의 다툼을 나타내는 것이 아닐까. 에타나는 '탄생의 식물'이라고 알려진 놀라운 약에 대해 '아누 천국'의 신들이 알고 있다고

옆의 사진은 에타나가 독수리 등에 앉아 있는 것을 보여주는 원통형 인장의 날인.
오른쪽 페이지의 위 사진은 아슈르바니팔 왕이 달의 신, 태양신, 엔릴, 아누 등 신들과 함께 있는 장면. 모술박물관 소장.
오른쪽 페이지의 아래 사진은 두 산 사이에서 태양신 사마시가 떠오르는 모습이 각인되어 있다. 왼쪽은 날개를 달고 있는 이슈타르, 오른쪽은 양 어깨에서 물이 흘러내리고 있는 엔키이다. BC 2350~2200년경의 아카드 시대 인장. 런던 대영박물관 소장.

수메르 신의 계보 BC 2500년 경 수메르시대의 신의 계보를 보면, 처음에 안(하늘)과 키 (땅) 및 엔키(물)가 있었다. 안 과 키가 결합하여 엔릴을 낳았 으나 엔릴은 나중에 키의 자리 를 빼앗았다. 엔릴은 여신 닌릴 의 몸을 빼앗고, 거기서 낳은 아이가 난나르(달)이다. 다시 난나르에서 우투(태양)과 인난 나(사랑과 미)가 생겨났다. 그러나 BC 18세기 시작되는 바 빌로니아 시대에 들어와서는 안이 아누가 되고 난나는 신, 우투는 샤마시, 엔키는 에아, 이 난나는 이슈타르로 이름이 바 뀐다. 에아와 이슈타르는 아다 드(天候)와 함께 아누의 아들로 되어 있다. 엔릴은 벨(土)이라 고 하여 극진히 숭배되었으나 BC 17세기경 하무라비왕 이후 로는 마르두크가 대신한다.

믿었다. 이것은 의학 지식을 가졌다는 페르시아의 시무르그 새, 그리고 오직 불멸자들만이 그 비밀을 알고 있는 신성한 식물 하오마를 연상시킨다. 과연 별개의 두 전설은 연관되는 이야기일까.

신성한 결혼의 수수께끼

영웅 길가메시의 신화적 생애를 다룬 이야기 역시 학자들 이 결코 설명할 수 없는 독특한 특징을 보인다. 로마의 자연 주의자이자 저술가인 클라우디우스 아엘리아누스의 저서 『동물들의 본성에 대하여』는 거의 알려지지 않은 고전인데, 이 책을 보면 길가메시의 기이한 탄생이 기록되어 있다.

이야기는 '바빌로니아'의 왕 세우에코로스가 사원의 '마 법사'로부터 딸(공주)이 곧 아들을 낳을 터인데, 그 아들이 언 젠가 왕위를 빼앗을 것이라는 예언을 듣는 데서 시작된다. 이 말을 들은 왕이 공주를 '성채' 안에 가두고 감시인으로 하여금 잘 감시하도록 했다.

그런데도 공주는 임신하여 아들을 낳았다. 왕은 화가 난 나머지 그 아기를 산에다 내다 버리라고 했다. 감시인이 '산 꼭대기'로 가서 아기를 공중에 던지는 순간, 독수리 한 마리 가 아기를 채어갔다. 그리고 높은 곳에 있는 과수원으로 날 아간 독수리는 그 아기가 어른이 될 때까지 보살폈다. 때가 이르자 '길가모스'라는 이름을 받은 그가 도시로 돌아가서는 마법사의 예언대로 왕위를 빼앗았다.

여러분은 이 단순한 이야기가 감추고 있는 상징이 무엇이 라고 생각하는가. 모든 것이 의문 투성이이다.

우선 공주는 어떻게 아이를 배게 되었는지, 아기는 왜 허 공에 던져져야 했는지, 그리고 독수리는 누구 혹은 무엇이며 과수원이란 어디를 말하는 것일까. 책의 저자 클라우디우스 아엘리아누스는 더 이상 아무런 설명도 하지 않고 있다. 그는 단지 길가메시의 초기 생애에 대한 이야기를 보존한 저술가일 뿐이었다.

그러나 수메르 신화로 돌아가 보면, 이 영웅서사시는 조각 그림의 몇몇 없어진 부분을 제공한다. 우선 그의 아버지는 루갈반다라는 우루크의 왕이고, 어머니는 '고귀한' 여신이며 '현명한 들소'라는 닌순으로 되어 있다. 때문에 길가메시는 반신半神이다. 릴루, 즉 악마로 기술되었을 뿐만 아니라 어머니가 신이기 때문에 3분의 2는 신이고 3분의 1은 인간이라는 것이다.

그럼 닌순은 누구일까. 그녀는 왜 여신으로 기술되었을까. 그녀의 지위가 어떠했기에 길가메시는 부분적으로 신과 인간, 악마가 되었을까.

고대 수메르와 후기 바빌로니아의 문헌에서는 이른바 '신성한 결혼'에 대해 자주 언급된다. 왕 혹은 그에 비견하는 다

사람들이 황소 위에 서 있는 기상의 신 아다드 앞에 경배를 드리는 모습의 인장 날인. 아다드 신의 성수聖獸는 황소와 사자이며 상징물은 사이프러스나무와 번갯불이다.

른 인물이 승려가 되어 천국의 귀부인인 본래의 인난나(아카드의 이슈타르) '여신'과 신성한 결합을 하거나 종종 왕의 딸이기도 했던 순결한 여신 엔투가 달의 신神인 난나-수엔 혹은 신Sin과 '결혼'한다. 이 행사는 사원 안에 특별히 마련된 방에서 해마다 거행되는데, '대지의 생산성과 인간 및 짐승 자궁의 풍요'를 확실히 하려는 목적으로 행해진다.

발굴된 문헌에 따르면 이 '신성한 결혼' 의식은 BC 2500년경의 초기 수메르 왕조에서 시작되어 BC 1000년대의 바빌로니아 시대까지 많은 도시국가에서 행해졌다.

학자들은 이 '신성한 결혼'을 가리켜 순수한 상징적 행사이며, 인간이 각기 거론되는 신 또는 신적 존재의 역할을 맡은 것으로 본다. 통치자가 신의 역을 하고, 신분이 높은 여사제가 여신의 역할을 맡아서 행한 성혼成婚을 은유적으로 표현했다는 것이다.

과연 이것이 전부였을까. 어쩌면 그 해석이 맞을지도 모른다. 그러나 BC 14세기에 시리아의 도시 에마르에서 여신 엔투와 지방의 '폭우暴雨의 신' 간에 성스러운 결혼이 성사되었다는 기록이 있다. 또 BC 5세기 그리스의 역사가 헤로도토스는 저서 『역사』에 바빌론 지구라트의 최고의 탑에서 이루어진 듯한 비슷한 의식을 기록하고 있다. 즉, '화려하게 장식된 드문 크기의 침상 위의 … 신이 자신을 위하여 땅 위의 모든 여인들 가운데에서 몸소 선택한 … 토착 여인'이 밤을 보내는 것이었다. 헤로도토스는 다음과 같이 덧붙였다.

그들(마르두크 승려들) 역시 단언하였지만 - 나는 그것을 믿지 않는다 - 신이 사람의 몸으로 이 방에 내려와 그 침상 위에서 잔다는 것을….

인난나 바빌로니아의 이슈타르 여신은 수메르에서 인난나로 불렸다. BC 5000년. 이라크 우루크 출토.
왼쪽 페이지 사진은 마리 유적지에서 출토된 BC 2000년경의 지모신상地母神像. 시리아 알레포박물관 소장.

신성한 결혼은 고대 인도신화에서도 등장한다. 사진은 인도의 크리슈나 신과 양치기의 딸 라다가 성혼하는 모습. 19세기.

이집트 테베에서는 여자가 태양신 아몬의 신전에서 자고 난 뒤, 인간인 남자들과 잠자리를 하지 않았다고 한다. 데이르 엘 바하리 신전과 룩소르 신전의 벽면에는 왕의 신성한 성행위가 조각되어 있다.

이 이야기는 대단히 조심스럽게 접근해야 할 내용이지만, 어쩌면 그것은 더욱 오래된 전설을 보존하는 이야기일지 모른다. 그 전설에서는 남자와 여자 아난나쥐 혹은 주시자들이 반신성半神性의 자손을 생산하기 위해 공동작업 방식으로 인간과 성적 결합을 할 수 있었을 것이다. 그리고 그 자손은 왕가王家에 의해 어떻게 인지되느냐에 따라 부분적으로 신, 악마, 인간으로 분류되었을 것이다.

만일 그렇다면, 어느 왕은 이름에다가 스스로 '신神'임을 표시하는 별 모양의 상형문자, 즉 수메르어로 딘기르*dingir*, 아카드어로는 일루*ilu*를 덧붙였고, 길가메시와 같은 사람들은 '악마와 같은 특성을 가진 자'라는 뜻의 '릴루'라고 불린 것을 설명해줄 것이다.

그의 통치 시대에 크하르삭 판들이 보관되었다고 추정되는 아카드의 왕 나람 신은 '일루'라는 호칭을 사용했고, 그의 할아버지인 수메르 최초의 왕인 아가데의 사르곤은 릴루 '체인지랑'인 어머니에게서 태어났다고 했다.

아카드어로 호칭 'ilu'는 오랜 후에 히브리어의 접두사 el(아라비아어에서는 il)로 변형되어 타락천사나 그렇지 않은 천사 모두의 수많은 이름과 결합되어 사용되는데, 유대인 학자들은 이것을 '신神의'라는 뜻으로 해석한다. 그러나 실제로는 어근 el의 뜻은 '빛나는' '밝은' 또는 '빛'이어서 이란의 신화적 피쉬다디아 왕들의 거룩한 파르를 연상케 한다.

이렇게 보면 길가메시의 탄생 이야기에서 '초자연적인' 수태와 출생, 그리고 친절한 독수리가 과수원으로 채어간 이유를 어느 정도 이해할 수 있다. 그 아기는 태어나자마자 아난나쥐, 즉 '독수리'에 의해 크하르삭, 즉 '과수원'으로 옮겨졌고, 훗날 우루크로 돌아와 할아버지의 뒤를 잇게 된 셈이

54

다. 또한 '고귀한' 여신 닌순(길가메시의 태생에 대한 다른 판본에서는 어머니로 묘사됨)은 키가 큰 여자 주시자와 인간의 왕, 이 경우에는 루갈반다와의 '신성한 결혼'의 기억을 보존한다는 것도 가능하다.

솔직히 말해서 나도 이 이야기는 믿기 어렵다. 그러나 우리는 자명한 사실로 가정해야만 한다. 그래야만 에타나의 이야기가 뜻이 통하기 때문이다. 에타나 이야기를 계속하자.

수메르 시대의 토기에는 '탄생의 식물'을 찾는 에타나와 흡사한 이야기들이 많이 양각되어 있다. 이 그릇을 거꾸로 보면 동물의 앞발이 새의 꼬리 날개로 되어 있다. BC 3000년 마리의 이슈타르 신전 출토. 시리아 알레포박물관 소장.

독수리는 하늘을 날았다. 그러나 '탄생의 식물'을 찾는 데 실패했다. 이때 에타나는 자식이 없는 자신의 상황에 대해 세 가지의 꿈을 꾼다. 그리고 마지막 꿈에서 독수리와 함께 '아누의 천국'에 도달했다. 함께 절한 후, 안으로 들어갔는데, 에타나는 그 다음에 일어난 일을 다음과 같이 설명한다.

나는 창문이 닫히지 않은 한 집을 보았다.
그것을 밀어 열고 안으로 들어가니
아름다운 얼굴에, 왕관으로 치장한
한 소녀가 앉아 있었다.
자리에는 보좌가 있었고,
그 아래에는 으르렁거리는 사자들이 웅크리고 있었다.
내가 다가가자 사자들이 달려들었고
나는 공포에 질려 꿈에서 깨어났다.

에타나의 꿈 이야기를 들은 독수리가 이렇게 대답한다.

나의 친구여, (그 꿈의 의미는) 매우 분명하도다. 나로 하여금 그대를 아누의 천국으로 데려가게 하리라.

물론 우리는 에타나와 독수리가 천국에 갔을 때에 어떤 일이 벌어졌는지를 알지 못한다. 그러나 고대 문헌에서는 꿈의 예언이 마지막 말 하나까지 그대로 실현되는 것이 보통이다. 따라서 이 이야기는 에타나가 실제로 어느 집에 들어가 보좌에 앉아 있는 '아름다운 얼굴의' 소녀를 발견했다는 것을 암시한다. 여기서 왕관은 그녀가 신 혹은 왕가의 혈통이라는 점을 나타내고, 으르렁거리는 사자는 감시인의 형태일 것이다. 에타나는 그녀에게 다가가기 위해 감시인을 달래야 했을 것이다.

그런 다음에는 어떤 일이 벌어졌을까. 내 생각으로는 어떤 종류의 '결혼'이 있었고, 이 결합으로 에타나는 자식을 얻었을 것이다. '신성한 결혼'마다 나오는 천국의 여왕 이슈타르의 등장이야말로 그같은 일이 정말로 일어났음을 암시한다고 생각된다. 말하자면 에타나는 적합한 '여신'과의 어떤 의식적인 '결혼'을 통해 후사를 얻고자 천국으로 갔던 것이다.

이 '여신'은 누구일까. 여자 주시자였을까.

안타깝게도 정황 증거 외에는 아무 것도 없다. 다만 초기 수메르와 아카드의 왕들이 에덴의 주시자들과 교제했을 뿐 아니라 도시국가든 에덴/크하르삭이든 '신성한 결혼'이 있을 때면 이 천사적 문화의 사람들과 짝을 지었다는 가능성은 드러내준다. 그렇다면 과연 얼마나 많은 수메르 왕들과 아카드 왕들이 자신을 이 신성한 결합의 산물이라고 믿은 것일까.

임두구드 바빌로니아 신화에 등장하는 괴물. 사자머리에 꼬리는 물고기 형태로 묘사되고 있다.
오른쪽 사진은 BC 2500년경 수메르의 초기 우르왕조(BC 2800~2400?)의 것으로 금과 청금석으로 만들어졌다. 시리아 다마스커스박물관 소장.

임두구드의 죄

에타나와 길가메시 이야기에는 똑같이 독수리가 등장한다. 수메르와 아카드, 그리고 BC 1000년대의 바빌로니아 신화를 보면 이와 같은 우화적인 새들이 반복적으로 나온다.

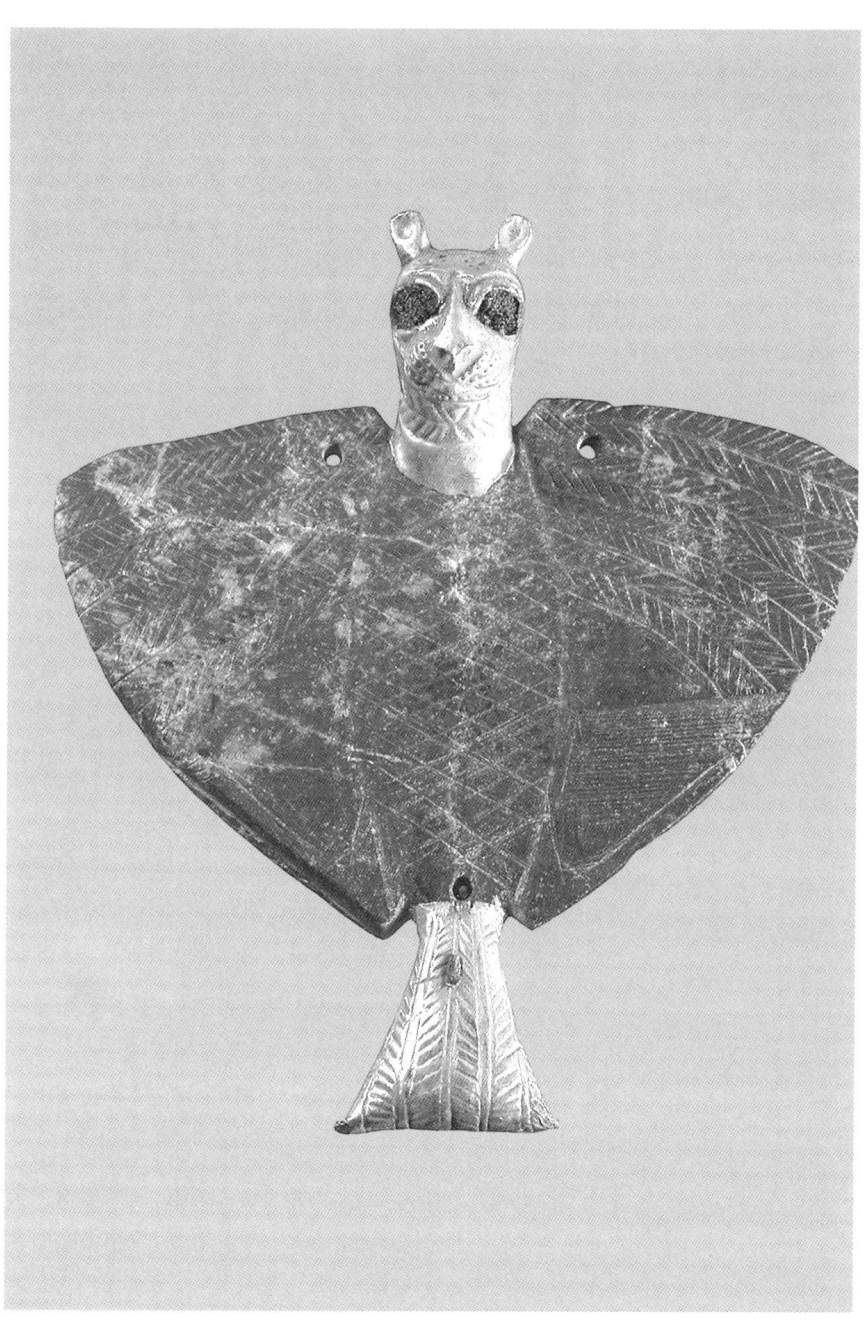

엔릴 신은 모든 것의 운명을 좌우하는 운명의 문자판을 갖고 사물의 본래의 모습에 질서를 유지했다. 그러나 임두구드에게 빼앗겼다. 사진은 문자판 때문에 엔릴의 심판을 받는 임두구드를 나타내는 인장의 날인.

운명의 문자판 '투프시마티'라고도 불리운다. 신화에서는 원래 대지가 창조되기 전에 존재했던 바빌로니아의 암룡 타아마트의 것이었다. 티아마트는 그녀의 두 번째 남편인 킹구에게 결혼선물로 주었으나 킹구의 피로 인간을 만들기 위해 마르두크가 킹구를 죽였다고 한다.

그 중에서 관심을 가장 끄는 것은 임두구드(아카드어의 안주 *Anzu*)라고 알려진 괴물 같은 천둥새이다. 이 신화적인 동물은 톱 같은 부리에 사자 머리를 한 엄청난 크기의 독수리로서 날개를 퍼덕여 폭풍을 일으킬 수 있다고 한다.

임두구드에 관한 이야기는 대부분 '운명의 문자판'을 엔릴 신에게서 훔치는 것을 소재로 삼고 있다. '운명의 문자판'이란 그것을 가슴에 차기만 하면 '모든 것의 운명을 좌우'하여 문명사회의 안정성을 위협할 수도 있는 '우주를 지배할 힘'을 갖는다고 한다. 세계의 최고 통치자가 되는 것이다.

문자판을 도둑맞자, 신들은 당혹하고 두려워할 뿐 아무도 나서서 찾아오겠다는 자가 없었다. 이때 엔릴의 아들이자 전쟁과 추적의 신인 니누르타가 나섰다. 그는 '아라비아에 있는 임두구드의 산꼭대기'로 그의 보금자리를 찾아갔다. 그리고 번갯불로 천둥새를 죽이고는 문자판을 되찾았다.

여기서 임두구드는 분명히 메소포타미아판 시무르그이다. 왜냐하면 시무르그와 임두구드는 똑같이 반은 사자, 반은 독수리이기 때문이다. 또한 이 천둥새는 힌두 신화에 등장하는 가루다와 비교할 수 있다. 가루다 역시 반은 거인이고 반은 독수리이다. 그리고 임두구드가 '운명의 문자판'을 훔친 것과 가루다가 신들의 암리타(암브로시아) 혹은 소마를 훔친 것과는 유사한 점이 있다. 이 점은 신화학을 연구하는 사람이라면 누구든지 알고 있는 사실이다.

그렇다면 임두구드가 서판을 훔친 것은 깃털옷을 입은 반역 주시자들이 인간들에게 금지된 지식을(영원히 죽지 않는다는 하오마/소마 식물 용법을 포함하여) 누설한 것에 관련되는 만큼 운명과도 연관되지 않을까.

임두구드의 본고장은 자그로스 산맥이다. 루갈반다 서사시라는 문헌을 보면, 길가메시의 아버지 루갈반다 왕이 이곳에서 임두구드 둥지 안에서 새끼를 우연히 발견했다고 적혀 있다. 그는 어미새가 돌아올 때까지 그 어린 새를 돌보아 주었다고 한다. 또 문헌에는 그가 임두구드의 화신으로 여겨졌다. 즉, 그는 위장하여 '인간의 정신을 밝히고 그들에게 도움을 주기 위해 하늘에서 신성한 불을' 훔쳤다는 것이다. 말하자면 그리스 신화에서의 프로메테우스의 역할과 같은 것이다. 물론 나는 고대 이라크 문명과 쿠르디스탄 고원의 주시

BC 2900~2750년경 이라크 우르 근방 텔 알 우바이드에 있었던 수메르의 신전을 복원한 것으로 런던 대영박물관에 있다. 리가시의 주신主神 닌기루스의 화신인 임두구드가 좌우에 사슴을 거느리고 있다.

프로메테우스 그리스 신화에 나오는 티탄족 이아페토스의 아들. '먼저 생각하는 사람'이란 뜻이다. 제우스 신이 감추어 둔 불을 훔쳐 인간에게 줌으로써 인간에게 맨 처음 문명을 가르친 장본인으로 되어 있다. 훗날 코카서스 산에 쇠사슬로 묶이어 날마다 낮에는 독수리에게 간장을 쪼이지만 밤이 되면 간장이 다시 되살아나영원한 고통을 겪는다고 한다.

자들 사이의 연관성을 뒷받침하기 위해 그리스 신화를 이야기하는 것은 아니다. 루갈반다와 프로메테우스 모두가 신성한 불을 훔친 이야기는 가루다와 임두구드에 대한 전설이 동일한 원천에서 유래했음을 분명하게 보여준다는 점을 강조하고자 할 뿐이다.

콘도르 기념비

거대한 천둥새는 BC 2470년경 초기 왕조 시대의 '콘도르 석비石碑'에서 니누르타의 지방 형태인 닌기르수 신의 옆에 그 모습을 드러낸다. 수메르 왕 에난나툼이 전쟁 승리를 기념하는 것으로서, 임두구드가 살해된 전사들의 머리와 팔을 나르는 콘도르 무리 위로 날개를 쭉 펴고 있는 모습으로 묘사되어 있다. 닌기르수의 왼손에는 콘도르 한 마리가 있고, 벌거벗은 죄수들로 가득 찬 거대한 그물이 손에 들려 있다.

이 기념비는 콘도르 임두구드와 닌기르수/니누르타 신 사이의 근본적인 연관성을 집약시키고 있다. BC 18세기에 권력을 잡은 이라크 북부의 아시리아 민족이 물려받은 유산인 것이다.

콘도르 석비 라가시의 왕 에난나툼(BC 2454~2425)이 세운 기념비. 이웃 도시 움마와의 전쟁기록에 전투 장면을 곁들여 설명하고 있다. 오른쪽 페이지 사진은 석비의 윗부분으로 병사들이 대열을 이루며 전진하는 모습. 석회암제. 파리 루브르미술관 소장.

티그리스강 상류의 님루드 유적에서 발굴된 부조浮彫를 보면, 임두구드로 보이는 짐승, 즉 사자 머리에 날개가 달린 짐승이 양손에 번갯불을 들고 있는 니누르타를 공격하려는 모습이 그려져 있다. 또한 임두구드의 깃털로 된 꼬리는 아시리아의 날개 달린 원반에 영향을 끼친 것으로 보이는데, 니누르타의 한 형태일 아슈르 신이 깃털 장식 위에 서 있는 모습을 묘사되고 있다.

이상한 일은 이 상징이 훗날 조로아스터교에서 아후라 마즈다를 표상하는 유일한 그림으로 채택되었다는 점이다.

금지된 신의 문명 2 | 61

위 사진은 이라크 북부 님루드 유적의 아시리아 부조를 채록할 때 묘사한 독수리머리 신. 아래 사진은 '운명의 문자판' 때문에 임두구드라는 이름의 천둥새가 니누르타 신에게 공격당하는 모습. 위 사진과 같이 님루드유적에서 채록되었다. 아슈르바니팔 2세(재위 BC 883~859) 통치기의 작품이다.

내가 보건대, 어떤 일정한 테마들이 원을 그리며 맴도는 것 같다. 정말 나는 그 천둥새와 같은 메소포타미아의 날개 달린 괴물이 타락한 종족의 관념적 상징이라고 믿고 나 혼자만의 상상의 날개를 펼치고 있는 것일까. 때때로 그럴지도 모른다는 생각이 들기도 했다. 그러나 '쿠타 판'이라는 것을 보고서는 나의 생각이 단순한 상상만은 아니라는 확신을 갖기 시작했다.

라가시의 왕 에난나툼의 전승 기념비 일부. 비석 아랫 부분에는 적군 병사들의 시체를 독수리가 쪼아먹는 모습이 새겨져 있다. 파리 루브르미술관 소장.

새의 몸통

1849년 영국의 고고학자이자 외교관인 오스틴 레어드는 니네베에서 신 아시리아 왕조의 센나케리브왕의 궁전을 발굴하면서 '점토판들이 1피트 혹은 그 이상 높이 쌓여 있는' 큰 방 2개를 발견했다. 그리고 3년 후, 근처에 있는 센나케리브 왕의 손자 아슈르바니팔 2세의 궁전에서도 비슷한 점토판을 한 무더기 발견했는데, 약 2만 5천 개의 점토판 혹은 그 조각들은 본래 그 궁전에 있던 장서관의 소장품이었다. 이것

센나케리브 아시리아의 왕(재위 705~681). 사르곤 2세의 아들. 통치 기간 내내 반란 진압을 위한 원정으로 시종했다. 후기에 니네베를 아시리아의 새 수도로 삼아 궁전을 건설했다. 사진은 니네베의 성문.

알렉산드리아 도서관 프톨레마이오스 2세가 이집트 알렉산드리아에 창설한 장서관. BC 47년 카이사르와 폼페이우스와의 싸움으로 소실되었다.

나부 아시리아, 바빌로니아 신화의 서기술書記術 수호신. '부르는 자'란 뜻으로 구약성서에 '네보'란 이름으로 등장한다.

들은 영국 박물관에 옮겨졌다.

많은 학자들이 이 서판을 판독하는 일에 매달렸다. 그리고 하나씩 하나씩 번역되자, 아시리아 왕들, 특히 아슈르바니팔 왕은 이집트의 유명한 알렉산드리아 도서관에 비견될 만한 엄청난 장서관에 소장하기 위해 옛 문헌과 고대의 전설, 그리고 신화의 변종을 찾아 온 제국을 두루 헤맸다는 사실이 드러났다.

아슈르바니팔왕이 찾아낸 수천 개의 서판들 중 다수가 아시리아 서기관들에 의해 당시의 문자 언어였던 아카드어로 옮겨져 필사되었고, 다른 것들은 원판 그대로 남겨졌다. 아슈르바니팔왕이 장서를 이처럼 대량으로 수집한 이유에 대해서는 알려져 있지 않다. 그러나 그가 조상의 문화유산을 둘러싼 풍부한 신화를 보존하는 데에 각별한 관심을 가졌다는 것만은 분명하다. 그는 대영박물관에 소장되어 있는 점토판에서 이렇게 말하고 있다.

서기들의 신(즉, 장서관의 수호 정령인 나부)께서
나에게 그의 기술의 지식을 내려 주시었다.
나는 서법의 비밀을 전수 받았으며,
수메르어로 된 난해한 판들까지도 읽을 수 있다.
나는 돌에 새겨진 수수께끼 같은 말들을 이해할 수 있다.
대홍수 이전의 시대로부터 내려온 조각들을.

'대홍수 이전의 시대'에?
분명히 그는 학식 있는 인물이었음이 틀림없다. 만약 주시자들이 정말로 쿠르디스탄 산속에서 하나의 문화로 살아 남았다면, 아슈르바니팔 왕이 수집한 장서관에 그들의 존재

가 남아 있을 것이었다.

그러나 유감스럽게도 이 자료의 상당수는 조각난 상태라 확인할 수 없다. 다만 원작자가 '(바빌로니아의) 도시 쿠타에 있는 네르갈 성소의 시틀람 사원에서' 쓰여졌다고 기록되어 '쿠타 판' 혹은 '쿠타에서 나온 창조 신화'이라고 불리는 서판이 있어서 수메르의 먼 과거에 있었던 새-인간의 존재에 대한 기록을 보여주고 있다.

쿠타 사자死者의 땅이란 뜻.

네르갈 지하의 여신 에레슈키갈에게 잘못을 저질러 살해될 운명에 처했을 때 그의 아내가 됨으로써 파괴와 싸움의 신으로부터 사자의 신이 되었다. 상징물은 커다란 라이온과 검.

옛 문헌과 고대 전설을 수집하여 장서관에 남긴 아슈르바니팔 2세는 전쟁을 많이 치렀다. 위 사진은 BC 630년 엘람의 수도 수사를 함락시킨 전승 축하연. 왼쪽 삼나무 가지 위에는 엘람 최후의 왕 테움만의 머리가 달려 있다.
아래 사진은 사사 사냥의 모습. 사자는 악령신 네르갈의 화신수化身獸로 여겨졌다. 이라크 니네베 출토. BC 7세기. 런던 대영박물관 소장.

위 사진은 신 아시리아를 건설한 사르곤 2세의 수도 코르사바드에서 출토된 인간황소 조각상. BC 706년. 런던 대영박물관 소장.
옆의 사진은 이슈타르 여신에 의해 왕으로 선택되었다고 자임한 아슈르 나시르 아폴리 2세(재위 BC 884~859)의 초상. 그는 반역자나 굴복하지 않은 적을 잔혹하게 다룬 것으로 이름이 높다. 초상은 님루드의 니누르타 신전에서 출토. 런던 대영박물관 소장.

물론 그것 역시 다른 것과 마찬가지로 불완전하고 조각이 나 있어서 완전하게 판독하기는 힘들다. 그렇더라도 그 의미는 대단히 명료하다. 어떤 지하계에서 신들의 보살핌을 받는 미지의 악마 종족이 메소포타미아를 침략하여 알려지지 않은 왕에 대해 3년 연속으로 전쟁을 벌인 것에 대한 이야기이다. 침입자들은 다음과 같다고 적혀 있다.

사자의 머리가 달린 지팡이를 양 손에 들고 있는 네르갈 신의 테라코타.

갈가마귀 유럽과 아시아 중북부, 아프리카 북부에 분포하는 까마귀. 까마귀과의 소형종.

> 사막의 새의 몸통을 가진 자들,
> 갈가마귀의 얼굴을 한 인간들,
> 위대한 신들이 이들을 창조하셨고,
> 땅속에 그들을 위한 거주지를 지어주시었다.
> 타마트(티아마트)가 그들에게 힘을 주시었고,
> 신들의 여왕이 그들의 생명을 기르셨다.
> 그들은 땅속 한가운데에서 자라 거대해졌으며,
> 그 수가 많아졌다.
> 같은 가계의 일곱 왕들, 형제들
> 그들 백성의 수는 6천이었다.

타마트 바빌로니아의 창조신화에 나오는 원초原初의 바다의 인격신人格神. 태초에 대양의 인격신 아부즈(단물)와 디아마트(쓴물)가 녹아 서로 섞였을 때 라무와 라하무라고 하는 한 쌍의 뱀 부부가 태어나고 이들에게서 다시 아누, 마르두크, 에아, 그밖의 신들이 태어났다. 여기서 디아마트는 세계를 낳은 여성적 요소로 생각했다. 신들이 불어나서 시끄럽게 되자 아부즈와 티아마트는 자손을 근절하려고 했다. 티아마트가 뱀과 용, 거인, 회오리바람들을 만들었으나 마르두크에게 죽임을 당한다. 결국 육신이 양단되어 절반은 하늘이의 궁륭이 되었고, 다른 절반은 대지의 지주支柱가 되었다.

'새의 몸통을 가진 자들'은 정확히 누구였을까. 학문적인 답은 전혀 없다. 우리가 아는 것이라고는 그들이 나타날 때 폭풍우 구름이 땅 위에 내리곤 한다는 것이 전부이다(폭풍우 구름은 악마들의 상징이다). 그들은 사로잡힌 자들을 모조리 학살하고 어떤 지역으로 돌아갔다.

그야말로 우리는 이 단편적인 자료에서 실제의 이야기에 대해 맛만 본 셈이다(그 중 상당 부분은 이해할 수 없다). 그러나 분명히 무명의 왕, 그리고 『에녹서』에 나오는 네피림의 후손에 비견될 만한 새-인간 종족 사이에 충돌이 있었는데, 이 충돌에 대해 왜곡된 이야기일 증거일지 모른다는 가능성은 있다. 그렇다면 크하르삭이 멸망하고 나서 한참 지난 후에, 어떤 반역 주시자들의 자손들이 초기 수메르의 아카드 왕들과 전쟁을 했다는 말인가.

네피림과 인간들 사이의 군사적 충돌이라니?

그럴 가능성은 불투명하지만, 이 문화가 얼마나 널리 퍼졌었는가, 그리고 언제 사라졌는가 라는 질문은 가능하다. 만일 '쿠타 판'이 실제 사건의 기록이라고 본다면, 주시자들과 네피림의 후손들이 BC 3000년대까지 여전히 세력이 가졌다는 것을 의미한다. 네피림의 자손 아나킴과 르바임이 가나안 근방의 광대한 지역을 다스렸다는 시기도 바로 이 때였다(제5장 참조).

우트나피쉬팀의 선물

'쿠타 판'의 사람들 같은 새-인간은 이슈타르 여신의 자손이 하계로 내려갔다는 격조높은 신화에 다시 등장한다. 여기서 그녀는 다음과 같이 설명한다.

> 나는 내려왔다. 어둠의 집으로 나는 내려왔다.
> 이르칼라 신의 집으로
> 들어서면 출구가 없는 집으로
> 행로를 결코 돌이킬 수 없는 길로
> 사람들이 빛을 갈망하는 집으로
> 먼지가 그들의 영양분이며 진흙이 그들의 음식인 곳으로.
> 그곳의 주인들 역시 깃털로 덮인 새와 같다.
> 조금도 빛을 볼 수 없으니

오른쪽 페이지 사진은 바빌로니아 신화의 전쟁의 여신 이슈타르와 그리스 신화의 승리의 여신 니케. 서기 2세기경. 시리아 동부 살라히예에 있는 두라 유로포스 유적에서 출토. 이곳에서는 고대 메소포타미아 시대의 것을 도입한 파르티아 시대의 프레스코화가 유명하다.

그들은 암흑 속에서 산다.
나에게는 왕관과 같은 보물인
곧 만날 나의 친구가 집안에 있다.
옛 시대로부터 지상을 다스린 왕관을 쓴 자들과 함께
아누와 벨 신이 그들에게 끔찍한 이름을 주었으니
음식은 썩은 고기요, 그들은 고인 물을 마시는도다.

벨 아카디에서는 수메르의 대지와 대기의 신 엔릴을 '주인'이란 뜻의 벨로 칭했다.

지하에 살고 있는 이들은 쿠타 판의 새-인간들과 정확히 같아 보인다. 그러나 그 지하 영역이 그들이 살았던 '땅 한가운데의… 거주지'와 같은 것인지는 알 수가 없다. '음식은 썩은 고기'라는 표현은 콘도르나 갈가마귀를 암시하며, 왕관을 썼고 '옛 시대로부터' 지상을 다스렸다는 사실은 그들이 매우 오래된 태고의 존재들이었다는 것을 시사한다. 분명히 그들은 훨씬 후의 이야기꾼들과 종교적 서사시의 낭독자들 마음속에 깊은 인상을 남겼을 것이다.

그럼 그들에게 일어난 일은 무엇이었을까. 그리고 그들의 궁극적인 운명은…. 나는 다시 길가메시 서사시를 꼼꼼하게 살펴봤다. 그리고 거인 후와와를 죽인 대가로 신에게 죽임을 당한 야만인 엔키두의 죽음 이후에 일어난 일련의 사건에서 타락한 종족의 상징이 많다는 것을 알아냈다. 길가메시 서사시로 들어가 보자.

친구을 잃은 슬픔과 죽어야 하는 인간의 운명에 상처받은 길가메시는 광야에서 방황한다. 그러다가 영생의 비밀을 알고 있을 것으로 기대되는 우트나피쉬팀을 찾아간다.

우여곡절 끝에, 그는 죽음의 바다 건너편의 한 섬에서 살고 있는 우트나피쉬팀을 만난다. 그 노인을 보는 순간, 무엇인가가 엄청나게 잘못되었다는 것을 깨닫는다. 불멸자, 즉 신을 만날 것으로 기대했는데 자기와 똑같은 인간이었기 때문이다.

우트나피쉬팀은 길가메시에게 자신이 대홍수 때 어떻게 살아남았는지에 대해 이야기해준다. 그 이야기는 이러하다.

신들이 인간에게 대홍수로 심판하기로 결정했다. 그러나 에아 신만이 우트나피쉬팀에게 갈대집 벽을 통해 다가오는 최후의 심판에 대해 알려주었다. 우트나피쉬팀은 안팎으로 역청을 바른 거대한 배를 지었다. 그리고 일가친척들과 뛰어난 기술자들, 모든 들짐승들을 태웠다. 배가 완성되자 검은 구름이 머리 위에 몰려와 빛을 영원한 암흑으로 바꾸었다. 아난나쥐까지도 두려워서 '아누의 천국'으로 물러가 개처럼 '벽 바깥에서' 웅크렸다.

갈대집 신전, 궁전을 뜻한다. 지중해 연안에서는 갈대를 엮어서 벽을 만드는 갈대벽 건축물이 많다.
역청 기름을 섞어 갠 송진.

엿새 낮과 엿새 밤이 지나는 동안, 바람이 불어닥치고 태풍과 폭풍과 홍수가 세상을 휩쓸었다. 이레 째 되는 날, 동이 트자 남쪽에서 올라오던 폭풍이 잠잠해지고 바람도 잠잠해졌으며 비도 멈췄다. 창문을 열자, 햇빛이 얼굴을 비추고 물은 빠져나갔다.

우트나피쉬팀은 '곳곳에서 드러나기' 시작한 마른땅을 찾으려 했다. 먼저 비둘기 한 마리를 날려보내고, 다음으로 제비 한 마리를 날려보냈는데, 두 마리 다 돌아왔다. 그는 마지막으로 갈가마귀를 날려보냈더니, 그것은 '(썩은 고기를) 먹고 날개를 가다듬고 꼬리를 치켜들고는 돌아보지 않았다.'

마침내 배가 '니무시산' 꼭대기에 멈추었다. 그세서야 그는 동물들을 사방으로 놓아주고 '갈대와 소나무, 은매화'의 신들에게 제물을 바쳤는데, 신들은 '희생물에 대해… 파리처 다른 문헌에는 길가메시가 인난나를 도와 뱀과 바람, 독수리가 보호하고 있던 나무를 잘라서 마법의 북과 북채를 만들었다는 이야기가 있다. 훗날 길가메시가 그것을 지하세계로 떨어뜨렸고 엔키두가 그것을 찾아오려고 애썼지만 몸을 보호하기 위해 받은 가르침을 잊는 바람에 지하세계에 갇힌다.

럼' 거두어들여 응답했다. 또한 우트나피쉬팀과 그의 아내에게 인간 종족과 동물의 왕국을 멸종에서 구해준 대가로 영생의 비밀을 알려 주었다는 것이다.

이야기를 끝낸 우트나피쉬팀은 그 영생의 비밀을 길가메시에게 가르쳐주지 않았다. 그것은 인간에게 가르쳐주어서는 안 되는 것이었기 때문이다. 대신, 그는 바다 밑바닥에 사는 마법의 식물 '결코 늙지 않는 풀' (아마도 불멸의 식물과 동일한 것임)을 발견할 수 있는 길을 가르쳐 주었다.

길가메시는 두 발을 돌에 묶은 채 '검은 물'에 뛰어들어 장미처럼 가시가 있는 그 풀을 찾아냈다. 그러나 우루크로 돌아오는 도중, 샘 곁에서 잠자고 있는 동안에 한 마리의 뱀(주시자?)이 그 잎에서 나는 놀라운 향내를 맡고는 그것을 몰래 먹어버렸다. 그러자 뱀은 즉시 허물을 벗어 빛나고 젊은 모습을 드러냈다.

영원히 죽지 않는 비밀을 찾으려는 길가메시의 탐험은 여기에서 끝나며 서사시도 끝을 맺는다.

우리는 이 이야기에서 신들이 그렇게 놀라운 효력을 지닌 약을 가지고 있다고 본 수메르인들의 굳센 믿음을 엿볼 수 있다. 말하자면 이 문헌은 어떤 식물 혹은 식물에서 추출한 약을 먹으면 수명을 연장시킬 수 있다는 방법을 알고 있었던 발달된 문화가 존재했었다는 것을 암시한다.

만일 그렇다면, 이 영약은 사람의 수명을 얼마만큼 늘일 수 있었을까. 50년일까, 백년일까, 아니면 그보다도 더 길까. 주시자들이 '반드시 죽어야 하는' 인간들보다 몇 세대 이상 오래 살았다면, 이 놀라운 약에 대한 지식을 갖지 못한 사람들의 눈에는 그들이 '불멸'의 존재로 보였을 것이기도 하다.

과연 널리 퍼진 신화의 뱀파이어들처럼 주시자들이 보통 인간들의 몇 세대를 거쳐 살았다는 것이 가능한 이야기일까. 만일 그렇다면 그들의 최후의 인물은 언제 죽었을까. 오늘날까지 살아남은 사람이 있을까. 여러분은 이 이야기가 고려해 볼 가치도 없는 이야기라고 생각하는가.

에딤무의 영역

인류의 역사를 되돌아 보면, 수많은 사람들이 수천 년 동안 불로불사不老不死의 영약을 찾기 위해 헛되이 노력해 왔다. 그들은 신들이 한때 알았던 것을 알고 싶어하며, 아마도 언젠가는 답을 찾을 것이다.

사실 뱀파이어에 대해 이야기한다는 것 자체는 그렇게 어리석은 일이 아니다. 그것은 주시자들의 궁극적 운명을 이해하는 열쇠일 수도 있다.

BC 1000년대의 아시리아, 바빌로니아 사람들은 에딤무라 불리는 뱀파이어를 열렬히 믿었다. 그들은 인간들을 잡아먹기 위해 누워 기다리며, 각 가정에서 생명의 피를 고갈시켰다. 죽은 자는 사후에 소홀히 대해지는 것만으로도 뱀파이어가 될 수 있었다. 만일 시체가 땅에 묻히지 않고 내버려지거나, 장례를 치룬 후 고인故人의 친척들이 영혼을 위해 좋은 음식을 제공하지 않으면 흡혈귀의 '약탈 귀신'이 그 시체를 가져간다. 그 후 죽은 자는 다시 지상으로 돌아와 피로서 굶주림을 면한다.

아시리아인, 바빌로니아인들은 에딤무가 '반은 귀신이고 반은 인간'이라고 여겼지만, 그들은 보다 속세의 기원을 가지고 있다. 어쩌면 지하에 살았던 종족일지 모른다. 그들은 학자들이 여신 이슈타르가 방문한 '어둠의 집' 이르칼라 신의 거주지'와 동일시하는 지하 영역에서 살았을 것으로 보인다. 여러분은 여신 이슈타르가 하계를 방문했을 때에 한 말 가운데 '사람들이 빛을 갈망'하는 대목과 그들의 우두머리들이 '깃털로 덮인 새 같다'는 대목을 유념해야 한다.

이 신화는 뱀파이어들을 가장 평이한 말로 이야기하는데, '땅을 줄게 하는 정령'이며 '거인의 힘과 거인의 걸음걸이'를 가진, 다시 말해서 거인들이라는 것이다. 또 '몹시 난폭'했다고 한다. '인간에 대항하여 싸우고' '인간의 피를 비처럼 흐르게 하고 그들의 살을 먹어 치우며 그들의 혈관을 빨아 피를 마신'다. 가장 이상한 것은 이처럼 거대한 뱀파이어 중에 '아누의 천국'을 다스렸던 일곱 아난나쥐를 직접 모방한 일곱 명이 있었다는 사실이다.

그렇다면 이 일곱 에딤무가 고대 이라크 평원에 내려온 아난나쥐, 즉 주시자들의 왜곡된 기억을 보존하는 것일까. 그리고 정말로 '쿠타 판'이나 이슈타르의 지하계 방문 신화에 기술된 것처럼, 이들 뱀파이어들은 어떤 종류의 빛도 없는 지하도시에서 살았을까.

나는 빅토리아 시대의 고딕식 공포로부터 오늘날에 이르기까지 널리 일반화된 뱀파이어 이야기 뒤에는 타락한 종족의 왜곡된 기억들이 분명히 있을 것이라고 생각한다.

므두셀라만큼 오래 살다

이란과 이라크 '신들'의 불멸에 대한 지식은 하느님의 아들들이 사람의 딸들에게 내려오는 것을 언급한 대목 사이에 있는 창세기 6장 3절의 뜻을 이해할 수 있게 해준다.

야훼께서는 '사람은 동물에 지나지 않으니 나의 입김이 사람들

에게 언제까지나 머물러 있을 수는 없다. 사람은 백 이십 년밖에 살지 못하리라. …'

이때까지 아담이나 동시대의 사람들은 수명이 훨씬 길었다. 그 중에서 가장 오래 산 사람은 에녹의 아들 므두셀라인데, 그는 9백69세까지 살다가 죽은 것으로 기록되어 있다. 그래서 '므두셀라만큼 오래 살다'는 속담도 있다. 수메르 왕명록을 보면, 수메르의 왕들은 대홍수 이전 시대에 믿기 어려울 정도로 오랫동안 살았다고 되어 있다.

그렇다면 창세기 6장 3절의 구절은 이때까지의 사람들이 자연적인 수명을 연장시킬 '불멸'의 약을 알고 있었다는 것을 암시하는 것일까. 그러나 그 약이 하느님의 아들들의 타락에 한몫을 거들었기 때문에 더 이상 인류에게 주어지지 않게 되었고, 그에 따라 길어봤자 1백20년밖에 기대할 수 없게 된 것일까.

만일 이것이 사실이라면, 불멸의 식물 혹은 비밀을 인간에게 선사한 우화적인 새들의 이야기는 주시자들이 이 금지된 지식을 인간에게 줌으로써 하늘의 법을 어긴 것에 대한 왜곡된 기억임을 의미한다. 히브리의 신화를 보면, 두 종족(영원히 죽지 않는 자들과 필연적으로 죽는 자들)이 금지된 지식을 주고 받아 대홍수를 포함한 기후와 지각 대변동이 잇달아 일어난 것으로 되어 있다. 수메르와 후기 아시리아의 신화에도 똑같은 주제가 포함되어 있다. 여기서 길가메시 서사시에 나오는 우트나피쉬팀의 대홍수 설화와 성서나 코란에 있는 노아의 방주 이야기가 명백하게 유사하다는 점을 이야기하지는 않겠다. 다만 우트나피쉬팀의 배가 멈췄다는 '니무시 산'의 지리적 위치는 살펴볼 필요는 있다.

> 수메르 왕명록에는 왕권이 하늘에서 에리두로 내려온 뒤, 에리두에서 2명의 왕이 64,800년을 다스렸다 고 쓰여있다. 이어 바드티비라에서는 3명의 왕이 108,000년을, 라라크에서는 1명의 왕이 28,800년을, 시파르에서는 1명의 왕이 21,000년을, 슈르파크에서는 1명의 왕이 18,600년을 다스려 모두 다섯 도시에서 8명의 왕이 241,200년을 다스렸다. 그리고 이어 홍수가 닥친 것으로 기록되어 있다.

베로수스 바빌로니아의 사제. 바빌론의 벨 신전에 있는 고문서를 활용하여 3권의 역사책을 썼다.

바빌로니아지誌 베로수스가 시리아 왕 안티오코스 1세에게 바친 책. 그리스어로 저술되어 있다. 1권은 홍수 기원, 2권은 나보나사로스왕 시대, 3권은 알렉산드로 대왕의 죽음까지 다루고 있다. 에우세비우스나 요세푸스의 작품에 부분적으로 인용되어 전해질 뿐이다.

센나케리브왕이 노아의 방주의 상륙지를 방문했을 가능성이 매우 높다. 사진은 BC 705~681년에 걸쳐 세 번 원정한 기록이 적힌 육각 원통의 서판.

아시리아 학자들은 한때 남부 자브강에서 남쪽으로 9천 피트 떨어진 피르 오마르 구드룬 산으로 보았다. 그러나 이것은 전혀 정확하지 않다. 왜냐하면 BC 3세기경 바빌로니아의 신관神官이자 역사가인 베로수스가 펴낸 『바빌로니아지誌』는 수메르어 원본을 기초로 한 것으로 보이는 대홍수 이야기를 기록했기 때문이다.

베로수스는 노아에 해당하는 인물을 크시수트로스라 했고, 그의 배가 '아르메니아의 고르디야에 산맥'(옛날 중앙 쿠르디스탄을 가리키던 이름)에 정박했다고 적고 있다. 추측컨대, 베로수스는 그 범위 내에서 알 주디를 정박 장소로 가리킨 것으로 보인다. 이 추정은 아슈르바니팔왕의 할아버지인 아시리아 센나케리브왕이 고대의 홍수설화에 대해 가졌던 엄청난 관심을 고려하면 신빙성이 높다고 생각된다. 유대교의 탈무드 전승에는 다음과 같이 기록되어 있다.

센나케리브는 아시리아로 돌아올 때 두꺼운 판자 하나를 발견하고 그것을 우상으로 숭배했다. 그 판자는 노아를 홍수에서 구한 방주의 일부였기 때문이다.

만일 이 전승이 옳다면, 그리고 센나케르브왕이 방주의 상륙지를 실제로 방문했다면, 유대인들이 생각하듯이 그가 히브리 전승을 통해 홍수 신화를 알았던 것은 결코 아닐 것이다. 그보다는 오히려 길가메시 서사시에 수록된 우트나피쉬팀의 이야기(그 사본들이 니네베의 장서관에서 발견)를 연구했다고 보는 것이 더 옳을 것이다.

이제 다음과 같이 추정해 볼 수 있을 것이다.

쿠르디스탄에서 행진을 하던 센나케리브는 시간을 내어

알 주디를 방문했다. 그는 그곳에다가 자신이 신들 앞에 서 있는 모습의 거대한 형상을 조각했다. 그리고 여행자들은 그곳에서 노아의 방주에서 나온 나무 조각들과 역청을 주워 갈 수 있었다. 중요한 사실은 아시리아 학자들이 주장했던 피르 오마르 구르둔 산자락에는 센나케리브가 자신과 비슷한 형상을 조각했다는 기록이 전혀 없다는 점이다.

씨를 보존한 사람

니네베의 센나케리브왕과 아슈르바니팔왕의 장서관에서 발굴된 설형문자 판에 뒤이어, 홍수에 대한 또 하나의 서판이 니푸르에서 발견되었다. BC 1700년경의 것으로 보이는 이 필사본은 수메르어로 쓰여졌는데, 이로 미루어 약 1천4백50년 후에 베로수스가 『바빌로니아지』에 대홍수에 대해 짤막하게 언급할 수 있었던 토대가 아닐까 싶다.

이 문헌에서는 인류의 구원자가 우트나피쉬팀이 아닌 지우수드라 왕으로 되어 있다. 그리고 단편적이고 짧은 문장이지만, 다음과 같은 구절로 끝맺고 있다.

지우수드라 왕은
안(아누) (그리고) 엔릴 앞에 굴복하였다.
…
(그는) 마치 신처럼 그에게 생명을 주었다.
그 때, 지우수드라 왕은
멸망의 시기(?)에 인류의 씨를 보호했다.
그들은 바다 건너, 동방의 딜문에 정착했다.

말하자면, 이 인류의 구원자에게 불멸성이 주어졌고 그는

BC 2600년경 셈족이 최초의 왕국 아카드를 건설한 이후 아시리아, 바빌로니아에도 셈족 왕조는 계속되었다. 사진은 셈인과 여인들. BC 19세기. 베니사한의 크눔헤테프 묘의 벽화.

크로노스 그리스 신화에서 올림포스의 주신 제우스의 아버지 우라노스(天功神)와 가이아(대지 여신)의 자식 티탄족 가운데 최연소의 신.
시푸르 유프라테스강 중부, 바그다드와 니푸르 중간 지점에 위치하며 현재 아부하바이다.

딜문에서 여생을 보냈는데, 그곳은 앞서 언급했듯이 쿠르디스탄 북부에 있으며, 신들의 신화적인 왕국일 가능성이 매우 높다. '인류의 씨를 보호했다'는 대목은 『에녹서』의 진술과 대단히 흡사하다.

『에녹서』에서는 '가장 높으신 분'이 대천사 우리엘에게 지상으로 내려가 노아에게 '그가 피하여 그의 씨가 세상의 모든 세대에 보존될 것이다'라고 일러주도록 지시한다. 일반적으로 히브리 서기관들은 표현을 결코 가볍게 하지 않았으므로 홍수에 대한 수메르와 성서 이야기 사이에는 직접적인 연관이 있다는 것을 암시한다.

지우수드라와 노아는 다같이 인류의 '씨'를 홍수 이후 시대에 보전한 셈인데, 이것은 그들의 혈통만을 의미하는 것이 아니다. 왜냐하면 그것은 또한 주시자들이 인간에게 누설한 고대 지식의 보존을 의미하는 것이기도 하기 때문이다.

예를 들어보자. 베로수스의 『바빌로니아지』에는 그리스의 신화에 나오는 크로노스 신이 키수트로스의 꿈에 나타나서 인류가 홍수로 인해 곧 멸망할 것이라고 말했다는 기록이 있다. 크로노스 신은 모든 문헌의 처음과 중간, 끝을 태양(신)의 도시 시푸르 *Sippara*에 묻으라고 지시한다. 홍수가 끝나자, 키수트로스와 그의 가족들은 시푸르로 돌아가 문헌들을 파내라는 지시를 받고는 바빌론을 포함한 많은 도시와 성소를 발견했다고 한다.

만일 그 '문헌'이 존재했다면, 어떠한 내용을 담고 있었을까. 센나케리브왕과 아슈르바니팔왕이 그토록 열심히 찾아 니네베의 장서관에 보관했던 기록들일까. 나는 두 사람이 심취했던 그 이상한 매력을 알 수 있을 것 같았다. 그리고 틀림없이 실제로 있음직한 일이라고 느껴졌다.

위에서 설명한 바와 같이, 반역 주시자들이 인간들에게 누설한 금지된 지식은 메소포타미아에서 팔레스타인으로 전해졌고, 그곳에서 『노아서』와 같은 작품으로 기록되었다가 다시 『에녹서』의 근간이 된 것이다. 노아와 지우수드라의 '씨'를 전한 사람들 중에는 예지드족 전설에서 비를 내리는 자로 나오는 코헥과 사해 공동체를 찾아 온 자디크 승려들도 포함된 것일까. 만약 그렇다면, 이 '씨'는 BC 2000년경의 아브라

BC 2500년 이전의 남녀 수메르인. 왼쪽 사진은 머리를 깎고 신발을 벗은 것으로 미루어 고관이나 신관新官일 것 같다. 파리 루브르미술관 소장. 오른쪽 사진은 시리아 다마스커스박물관 소장.

금지된 신의 문명 2 | 79

함의 시대에 '시날 지방'에서 나온 셈족의 이주에 의해 가나안에 전해진 것일까. 아니면 단지 바빌론 유배 이후 시대에 유대까지만 전해진 것일까. 그 어느 것을 택하든, 이란의 마기교, 조로아스터교의 믿음이 주시자들의 타락에 관한 전설에 공헌했고, 고대 이라크의 풍부한 신화들이 하늘의 천사에 대한 우리의 지식에 영향을 주지 않았을까.

고고학자들과 역사학자들에 따르면, 메소포타미아의 도시국가들은 인류역사상 최초의 문명을 이룬 지역이다. BC 6000년대에 창립된 이래 2천5백 년 이상 발전을 거듭하면서 아마도 지구상에서 가장 세련된 문화를 이루었을 것이다. 수메르인들은 최초의 채색 도기류, 최초의 외과 수술, 최초의 악기들, 최초의 수의獸醫, 그리고 최초의 문자 언어를 발전시켰다. 또한 뛰어난 기술자, 수학자, 사서, 작가, 공문서 보관인, 판사, 그리고 승려들이 되었다. 조직적인 사회와 정치적 행정은 실로 독특한 것이었다.

그러나 나로서는 여전히 이 고대 종족의 기원에 대한 의문을 지울 수가 없었다. 수메르인들과 아카드인들은 분명히 이러한 지식을 신들에게서 물려받았다고 말했다. 그렇다면 이 '신들'은 누구였을까. 쿠르디스탄 북부의 반 호수 해안에 본 고장을 둔 것으로 보이는 주시자였을까. 독사같은 얼굴에 키가 큰 새-인간들인 주시자….

이제 나는 기록된 메소포타미아 신화를 넘어 근동의 초기 거주자들이 남긴 증거로 눈을 돌려야만 했다. 오직 이것만이 진실로 신들이 한때 인간들 사이를 거닐었는지를 판정해 줄 수 있기 때문이다.

나무를 심는 사람, 나무의 싹을 먹는 산양 등 전원 풍경이 양각되어 있는 석제용기. BC 2300년경 마리 출토. 시리아 다마스커스박물관 소장.

제16장
주시자들의 발자취에서

신석기 혁명

지금 내 책상 위에는 근동 지방의 부족과 문화 발달에 관한 30여 권의 책이 쌓여 있다. 이미 도서관에 많은 책을 대출 신청해 놓은 상태였으므로 그 책들이 도착하기 전에 책상 위의 숫자를 줄여야만 했다. 어느 책은 대출 기간이 3주일밖에 주어지지 않는 희귀한 자료여서 초조하게 만들었다. 가장 괴로운 점은 그런 책들이 하나같이 크고 두껍다는 것이다.

이라크 고원지대의 자르모 유적지에서 출토된 보리화석. BC 6000년대의 것으로 추정된다.

어느 일요일 아침, 연구조수 리차드 워드와 나는 책을 읽다가 새로운 사실을 알고는 깜짝 놀랐다. BC 9500년에서 BC 9000년경, 마지막 빙하기가 물러갈 무렵, 쿠르디스탄에서 대단히 중요한 일이 벌어졌음을 알았다. 신석기 문화의 도래였던 것이다. 내 생각으로는 유라시아 대륙의 어느 곳보다도 빨랐고 중심지 역할을 했던 것 같았다.

예를 들어, 북부 유프라테스강의 세찬 물을 굽어보는 시리아 북부의 텔 아부 후레야에서 보리와 밀, 호밀의 원시형태

빗살무늬로 장식된 위 항아리는 BC 5500년대의 토기. 이라크 북부 고원지대의 하수나 마을에서 출토되었다. 이곳에서는 채문토기, 새김무늬토기 등을 사용한 것이 특징이다.
불콩 꼬투리는 희며 열매는 붉고 껍질이 얇은 콩. 편두扁豆.
자주개자리 콩과科에 속하는 다년초. 서남아시아가 원산지이며 예로부터 사료작물로 재배되었다.

소 자브강 티그리스강 상류의 지류. 이란과 이라크 국경인 보스탄 산지 동쪽에서 발원하여 하류 80km에서 대 자브와 합류한다. 총길이 370km.
자르모 이라크 북부 기르쿠크 동쪽의 언덕에 있는 마을.

이란 고원의 중부, 카샨의 남서쪽 약 3km 지점에 있는 시알크에서 출토된 채문토기. BC 4000년대의 것으로 추정된다.

가 출토되었다. 유기물의 방사성 탄소를 측정한 결과, BC 9500년경으로 밝혀져 최초의 농경과 목축생활을 했음을 알게 했다. 귀리와 완두콩, 불콩, 자주개자리, 포도 역시 최초로 재배되었음을 보여주었고, 맷돌과 회반죽, 절굿공이의 출토는 이곳의 영농생활이 얼마나 세련되었는지를 보여준다.

고고학적으로 중요한 쿠르드의 유적지 세 곳에서 출토된 개, 염소, 돼지, 그리고 양들의 뼈는 BC 8000년에서 BC 6000년 사이의 것으로서, 경작 생활과 함께 가축을 사육했음을 보여준다. 이처럼 수렵-채집 단계에서 정착된 공동생활로의 이행은 이곳 사람들에게 또 하나의 기술을 가져다주었는데, 야금술의 발달이 그것이다. 쿠르디의 유적지 두 곳에서는 이미 BC 5000년대 전반에 구리로 도구를 만들어 사용했음을 확인해 주었고, 이라크 고원지대의 소小자브 강에 있는 유적지 자르모에서는 훨씬 앞서 구리로 만든 옷과 납으로 만든 구슬이 한 개 출토되었다. 이를 측정한 결과, BC 6750년경으로 밝혀졌는데, BC 6400년경 아나톨리아 중부의 사탈 휘윅에서 구리와 납이 제련되었다고 알려진 것보다 약 3백50년 앞선 것이었다.

따지고 보면 야금술이 쿠르디스탄에서 최초로 발달되었다는 사실은 당연할지 모른다. 왜냐하면 자그로스 산맥과 타우루스 산맥은 광석이 풍부한 지역이기 때문이다. 반 호수 남동쪽으로 약 1백20마일 떨어진 곳에 위치한 신석기 유적지 사요뉘를 둘러싼 지역에서는 지난 7천 년간 계속하여 구리와 청동 제품을 생산하여 왔다.

인류 최초로 불에 살짝 구운 점토기도 역시 쿠르디스탄에서 출토된다. 시리아 북부의 무레이베트에서 출토된 토기들은 방사성 탄소측정 결과, BC 8000년경에 만들어진 것이었다. 고고학자들은 또 쿠르디스탄 동부 지대인 이란의 도시 케르만샤 부근의 유적지 간즈에 다레에서 BC 8000년대의 것으로 추정되는 도자기류와 테라코타들을 발굴했는데, 그것은 인류 문명사에서 동시대의 돌, 나무, 석고, 바구니 세공품들을 훨씬 앞선 것들이었다. 그것들은 분명히 그곳에 거주하는 사람들의 사회적, 기능적 생활양식이 달라지게 만들었을 것이다. 그들은 분명히 일상생활에서 사발과 컵, 접시, 항아리들을 애용했을 것이다.

BC 8000년대에 쿠르드 고원의 부족공동체들은 가장 오래된 것으로 추정되는 '교역 토큰'을 만들어 사용했다. 아마도 주위의 공동체들과 교역하기 위한 용도로 보인다.

그 뒤, 이것은 모양이 점차 복잡해지고 손상되거나 더러워지지 않도록 안전하게 넣어둘 커다란 진흙 상자를 필요로 했는데, BC 3000년경에는 진흙 상자 위에 연속적으로 새겨진 표시로 대체되었고, 그 후 얼마 안 되어 수메르 저지대에서는 상형문자가 새겨진 최초의 점토판 문서들이 나타나기 시작한 것으로 보인다. 그 모양을 보면 원래의 '토큰'을 채운 두둑한 상자 모양을 본뜬 것이었다. 즉, 인류가 사용한 문자언어의 가장 초기 형태 중 하나가 최초로 쿠르디스탄 고원에서 발전한 것이다.

이것은 훗날 이라크 평원으로 이동했지만 쿠르디스탄에서는 '원시 엘람어'로 알려진 고유의 문자언어를 발전시킨 것으로 알려지고 있다. BC 2500년경 자그로스 남부에 있는, 오늘의 칸가와 마을 근처의 고딘에 처음 등장했다고 한다. 말하자면, 쿠르디스탄에는 근동지방 최초의 수준 높은 공동사회가 존재했음을 의미한다. 그리고 이들 공동사회가 메소포타미아에서

점토판 문서 점토를 이겨서 갈대의 줄기로 글씨를 써서 햇볕에 말린 문서.
위 사진은 라가시의 통치자 구데의 입상. 들고 있는 물병 아래로 물의 여신에게 바치는 글씨가 적혀 있다. BC 2200년경. 라가시 출토. 파리 루브르미술관 소장.
아래 사진은 세계 최고最古 문자가 적힌 점토판. BC 4000년경으로 추정된다. 우루크 출토. 이라크 국립박물관 소장.

우르 이라크 남부, 현재의 텔 엘 무카이야르에 있었던 수메르 시대의 도시국가. 구약성서에는 아브라함의 고지故地 '갈데아의 우르'라고 나온다.

에리두, 니푸르, 우르, 우루크와 같은 최초의 도시국가들을 만들었던 것이다.

반 호수의 검은유리

쿠르디스탄의 문명 생활은 대략 BC 9500년과 BC 8000년 사이에 시작된 것으로 보인다. 그들은 가축을 사육했으며 야금술과 채색 도기류로 대표되는 원시 농경문화를 성립시켰던 것이다. 교역과 도시, 그리고 문자언어도 있었다.

이제 이 지역에서 5천 년 이상 이어졌던 문명의 진보를 부인할 사람은 아무도 없다. 메소포타미아의 어느 학자도 쿠르드인들이 이라크와 시리아의 비옥한 초승달 지대의 문명 발달에 끼친 영향을 부인하지는 않을 것이다. 쿠르드 학자 메흐르다드 이자디는 다음과 같이 지적하고 있다.

우루크 이라크 남부, 우르의 북서쪽 60㎞ 지점에 있는 고대 수메르의 도시. 현재의 이름은 와르카이다. 이미 BC 4000년대 말부터 장대한 신전을 세웠다. 사진은 우르크 C사원의 폐허.

이 땅의 거주자들은 이유가 밝혀지지 않은 기념비적인 기술적 진화단계를 거쳤는데, 그것은 아직까지도 알 수 없는 힘에 의해 자극된 것이었다. 그들은 다소 빠르게 주위의 공동사회들을 앞질러 나갔는데, 저밀도의 수렵-채집 경제에서 고밀도의 식량 생산경제로 이행되는 단계였다. 그리고 세계에서 가장 진보된 기술적인 사회였다.

이라크 우르에서 발굴된 점토판 문서.

그렇다면 기념비적인 '기술 진화'를 고무했고 '아직까지도 알 수 없는 힘'이란 무엇일까. 지구의 역사를 보면, 마지막 빙하기가 물러나고 생태학적인 대변화가 일어나 문화적인 격변이 널리 퍼지는데, 그런 변화를 말하는 것일까. 아니면 그 이상의 무엇이 있었던 말인가. 변화라고 한다면, 새로운 관념과 새로운 사고방식, 영적 개념에 대한 새로운 믿음, 새로운 신화나 전설을 가져다 준 외부 영향의 주입일까.

BC 3300년경 이난 신에게 공물을 바치는 모습이 양각된 고배 高杯. 우루크 출토. 이라크 국립박물관 소장.

순간적으로 내 마음속에는 그 '외부의 영향'이 다름 아니라 주시자로 알려진 자들이 샤머니즘 문화로 추정되는 그곳에 갑작스럽게 나타난 것과 연관되기를 기대하는 마음이 일었다. 이 기대가 틀린다면, 근동 지방의 여러 문화들은 쿠르디스탄을 문명의 발상지이자 신들의 거주지로 여길 수 없었을 것이다.

분명히 고고학적 발굴 자료들은 무엇인가 매우 특별한 것이 쿠르디스탄에서 일어났다는 사실을 뒷받침하는 듯 했다. 그러나 필요로 하지 않는데도 외부의 영향을 불러들일 필요가 있을까.

솔직하게 말해서, 나는 그때까지만 해도 주시자들의 특색과 유사한 쿠르드의 토착문화, 그리고 아난나쥐의 주거지인 크하르삭과 같은 공동사회를 구성했을 신석기 시대의 발자

할라프 예술양식을 보여주는 BC 5000년경의 목이 긴 항아리. 텔 하수나 출토. 이라크 국립박물관 소장.
아래 사진은 동물 모양의 채문토기.

오른쪽 페이지 사진은 텔 할라프의 카팔라 궁전에서 출토된 여신상(왼쪽)과 여인 좌상. BC 5000년경. 시리아 알레포박물관 소장.

취를 전혀 발견하지 못했다. 크하르삭과 관련하여 찾아낸 것이 있다면 할라프 문화뿐이다.

할라프 문화는 BC 5750년부터 BC 5000년에 걸쳐 쿠르드의 신석기 사회가 보편적으로 지녔던 예술적 동질성을 보여준다. 할라프 문화라는 명칭은 시리아와 터키 국경에 있는 마을 라살-아인 근처의 언덕에 있는 유적지 할라프에서 비롯되었다. 제1차 세계대전 직후인 1899년 독일의 고고학자 막스 프라이헤르 폰 오펜하임에 의해 발견되었는데, 그곳에서는 매우 독특한 공동생활이 이루어졌음을 보여주는 증거가 있었다. 무엇보다도 '톨로이'라고 불리는 원형圓形의 진흙벽돌집과 화려한 채문토기가 눈에 띤다.

할라프 예술양식은 쿠르디스탄의 여러 곳에서 볼 수 있다. 그러나 이 양식의 중요성은 무엇보다도 흑요석黑曜石이라 불리는 유리질 화산암의 교역 중심지대였다는 점이다.

할라프 문화를 이끌었을 중심 지역은 반 호수 부근이었던 것으로 추정되는데, 그들은 분명히 그 호수의 서남 해안에 있는 사화산死火山 넴루트 닥 구릉지대에서 천연 흑요석을 얻었을 것이다. 그리고 이 산은 내가 에녹의 첫 번째 천국 방문을 언급할 때, '불의 강물이 거대한 바다로 흘러들어 갔다'고 한 이야기에서 추정되는 산 가운데 하나이다.

만일 주시자들이 농경 생활에 적합한 지역, 그리고 아르메니아, 이란, 이라크, 시리아, 터키 평원 등 주변 지역에 접근하기 쉬운 장소를 택했다면, 반 호수는 가장 적합한 장소였다고 생각된다. 그렇다면 할라프 문화가 다른 지방과 흑요석을 거래했다는 말은 동일한 지역에 있었다고 여겨지는 주시자 문화의 실재와 관계가 있었을까. 그들은 그 지방의 농경 사회와 교역하기 위해 흑요석을 사용했던 것일까.

천사의 동굴

순간, 책상 위에 놓인 책 가운데 한 권이 눈에 띄었다. 미국 화석전문가 랄프 솔렉키와 로즈 솔렉키가 1950년대에 발견한 샤니다르 유적에 관한 발굴조사 보고서였다. 두 사람이 대大자브 강가의 깊은 계곡을 굽어보는 샤니다르에서 발견한 동굴은 높이가 26피트, 너비가 82피트나 되는 거대한 동굴이었다. 흙으로 된 내부에는 10만 년 동안 퇴적된 16개 지층이 있었는데, 유물들과 함께 네안데르탈인에 속하는 인골이 출토되었다. 또 그 동굴에 살았던 공동사회가 수렵한 동물들의 뼈들도 있었다.

그 중에서 흥미로운 사실은 염소의 두개골과 조류 유골들이 잔뜩 쌓여있었고 그 대부분이 커다란 맹조들의 날개라는 점이었다. 그것들은 동굴 한쪽에 돌로 만든 건축물 가까이 놓여져 있었으며, 붉은 흙으로 덮인 채 발견되었다(대체로 초기 신석기 시대에는 사람의 무덤 위에 종종 붉은 황토를 뿌렸다). 탄소 측정 결과, 그 유기물들은 1만 8백70년(± 300년) 된 것으로 추정되어 BC 8870년의 것으로 밝혀졌다.

1959년 미국 일리노이 대학의 찰스 리드 박사의 검사 결과, 동물의 두개골들은 야생 염소의 뼈였다. 그리고 새의 날개들은 스미소니언 연구소의 알렉산더 웨트모어 박사와 컬럼비아대학의 인류학과 대학원생 토마스 맥거번에 따르면, 그 날개는 현존하는 4개 종의 조류 17마리의 것이었다. 수염콘도르 *Gyptaeus barbatus* 네 마리와 그리폰 콘도르 *Gyps fulvus* 한 마리, 흰꼬리 바다독수리 *Haliaetus albicilla* 일곱 마리, 큰 너새 *Otis tarda* 한 마리, 그리고 종種을 알 수 없는 작은 독수리 네 마리였는데, 오직 큰 너새만이 오늘날까지 그 지역에 살고 있다고 한다.

샤니다르 북부 이라크 산악지대의 서西자그로스 지방에 있는 동혈洞穴 유적.

네안데르탈인 현존 인류와 유인원類人猿의 중간 형질을 갖춘 인류의 조상. 제4 빙하기에 생존했다. 1856년 독일 네안데르탈의 석회동굴에서 처음 발견되었다.
샤니다르 유적에서는 1953년에 네안데르탈인의 어린아이 뼈를 비롯하여 1957년에 성인골 3체를, 1960년에 다시 3체의 성인골을 발견했다. 발견된 성인골(1957) 중 하나는 방사성 탄소측정 결과 4만 6천9백 년전으로 추정되며 키는 1.7m이다.

스미소니언 연구소 영국의 화학자, 광물학자 J. 스미스손의 유지에 따라 세워진 연구기관. 스미스소니언협회 소속의 16개 연구기관 중 하나이다. 본부는 미국 워싱턴에 있다.

너새 모래땅, 평야에 떼지어 다니는 새. 두루미과에 속한다.

그런데 너새류를 제외한 모든 새들은 맹금류에 속하며, 특히 콘도르들은 썩은 고기를 먹는 새들이다. 따라서 로즈 솔렉키가 지적했듯이, 그것은 '죽은 생물들, 그리고 죽음과 특별한 관계에 놓여져 있다'는 것이 확실하다.

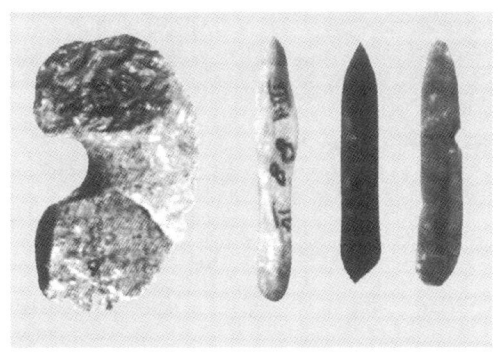

사진은 샤니다르 유적지에서 출토된 초기 구석기시대의 석제 도구.

확인된 1백7개의 뼈를 분석하면, 90퍼센트에 달하는 96개가 날개 뼈였다. 그리고 그 중 상당수가 관절이 연결된 상태여서 묻힐 당시의 원형 그대로 보존되어 있음을 알게 해준다. 특이한 점은 뼈 끝 부분이 날카로운 도구에 의해 잘린 흔적을 보인다는 점이다. 아마도 새의 깃털과 겉가죽을 벗겨내려고 했던 것 같다.

그럼 새의 날개 뼈들은 왜 거기 있었을까. 로즈 솔렉키는 불에 익히거나 구워져 변했음을 보여주는 증거가 전혀 없다는 점에서 식용이었을 가능성은 배제했다. 게다가 관절이 이어져 있었고, 염소 열 다섯 마리의 두개골과 함께 놓여져 있었다는 점은 어떤 종류의 의식과 관련되었음을 강하게 시사한다.

그녀는 그렇게 커다란 맹금류를 잡는 것 자체가 보통 재주로는 할 수 없는 일이기에, 그 새들은 새끼일 때 잡혀와 특별한 의식에 쓰일 목적으로 사육되었을 가능성이 높다고 말했다. 그러나 한 가지의 어려운 숙제가 남아 있었다. 왜 특정의 새가 선택되었는가 하는 점이다. 그리고 거대한 맹조들을 동굴 안에 둔 사람들의 마음속에서 이 새들의 역할은 무엇이었는가 하는 것이다.

샤먼의 날개

1977년 로즈 솔렉키는 수메르지誌에 게재된 '자위 헤미 샤니다르의 맹조 의식'이란 글에서, 염소 두개골과 맹금류 유골의 발견을 간략하게 기술하고는 그 날개들이 거의 분명히 모종의 의식 예복의 일부로 쓰여져 개인의 장식이나 의식적 목적에 사용되었다는 견해를 제시했다.

그녀는 그것을 사탈 휘윅의 콘도르 샤머니즘과 연관시켰다. 사탈 휘윅과 샤니다르는 5백65마일 떨어져 있다. 따라서 시기적으로 보아 샤니다르 동굴에 새 날개들이 쌓인 지 2천년 후에 사탈 휘윅의 콘도르 샤머니즘이 최고조에 달했다. 결국 그녀는 샤니다르 동굴의 유물들은 어느 종교적 숭배가 실제로 존재했다는 확고한 증거라고 결론지었다. 그녀는 다음과 같은 구절로 글을 마무리했다.

그 지역 사람들은 이 거대한 맹금류에게 특별한 권능을 부여했음이 틀림없다. 그리고 염소 두개골과 맹금 유골들은 특별한 의식에 사용되었음을 나타낸다. 분명히 그 유골은 상당수의 사람들이 그렇게 많은 수의 새와 염소들을 잡기 위해 협동한 노력을 의미한다. … (더욱이) 날개들은 깃털을 뽑기 위해 모아두었든지, 아니면 … 날개 부채를 만들었든지, 아니면 … 의식에 쓰일 예복의 일부로 사용되었다. 사탈 휘윅에 있는 성소의 벽화 중 하나에는 … 바로 그 의식을 치루는 장면이 묘사되어 있다. 즉, 콘도르 가죽을 차려 입은 사람의 모습이다.

이제 비로소 우리는 BC 8870년경 쿠르디스탄 고원에 콘도르 숭배로 보이는 증거가 실제로 있음을 확인할 수 있다. 우리를 더욱 놀라게 하는 것은 이 모든 것들이 반 호수 가까이 있는 비틀리스로부터 남동쪽으로 불과 1백49마일 떨어진 곳이라는 점이고, 쿠르디스탄 고원에 살던 부족들의 진화에 극적인 도약이 있었던 시기와 일치한다는 사실이다.

중동 지방의 어느 곳에서도 이러한 모습은 발견되지 않았다. 이스라엘의 갈릴리 서부에 샤니다르 동굴과 비슷한 높이의 하요님 동굴이 있고, 콘도르와 독수리, 매의 날개 뼈들이 발견되었지만, 그것들은 BC 8000년에서 BC 7000년대의 초기 신석기 시대의 나투프 문화에 속하는 것이다.

그러나 마냥 기뻐하기에는 부족한 점이 한두 가지가 아니다. 무엇보다도 샤니다르 동굴에서 맹금류의 유골들이 훨씬 작은 새들의 뼈와 함께 놓여 있다는 점이 마음에 걸렸다. 특정 의식에 쓰여졌을 것이라는 추정에 의문을 품게 만들기 때문이다.

물론 희망을 버리기는 아직 이르다. 우선 '에덴동산'에서 흐르 네 개의 강 가운데 하나인 대 자브강을 굽어보는 이 동굴 안에서 무슨 일이 벌어지고 있었는가 하는 점이다. 랄프와 로즈 솔렉키의 철저한 발굴은 샤니다르 동굴

나투프 문화 이스라엘, 시리아의 지중해 연안과 요르단 계곡에 산재했던 문화. 예루살렘 북서쪽 16km에 위치한 와덴나투프 하곡河谷에 있는 동굴에서 발굴한 유물로 시대를 추정하여 명명한 것이다. 출토된 유물 중에는 사슴뼈로 만든 낫자루와 거기에 붙은 낫날에 곡초의 즙이 묻어 있어서 이미 농경, 목축이 시작된 것으로 보인다.

콘도르에 대한 고대 문명의 관심은 이집트의 독수리형 가슴 장식품에서도 볼 수 있다. 투탕카멘 묘에서 출토. 이집트 카이로박물관 소장.

이 적어도 10만 년간 유목 부족민들의 겨울 거주지였다는 것을 훌륭하게 증명해 주었다.

그렇다면 지금으로부터 대략 1만 8백70년 전에 이 동굴을 갑작스럽게 침입한 것은 어떻게 설명할 수 있을까. 열 다섯 마리의 염소 두개골 옆에다가 거대한 날개를 둔 이곳의 샤먼은 누구였을까. 그들은 어디서 왔으며 그 동굴 안에서 무엇을 하고 있었을까. 혹시 숨어 있었던 것일까, 아니면 살고 있었을까. 모종의 동물 형태의 의식을 행했던 것은 아닐까. 아니면 그 강의 원류로부터 혹은 원류를 향해서 강을 따라가고 있었을까.

샤니다르 동굴에서 출토된 유골들을 주시자 문화와 에덴 혹은 크하르삭의 정착지와 연관짓는 것은 확실히 구미가 당기는 발상이었다. 물론 위험 부담이 뒤따르는 추정이었다. 하지만 나는 연관짓는 방향으로 여행을 계속하기로 했다.

주시자들의 염소의식

앞에서 나는 BC 4000년대에 인류 문명이 발생하기 전, 쿠르디스탄 고원에는 콘도르를 죽음과 부활의 상징으로 사용했던 샤머니즘 문화가 존재하고 있었을 것이라고 추정한 바 있다. 그리고 샤니다르 동굴에 관한 이야기로 그 이론은 명백하게 뒷받침되었다.

그러나 여러분이 잊지 말아야 할 점이 있다. 만약 BC 8870년(±300년)에 쿠르디스탄 북부에 콘도르 샤먼들이 정말로 존재했다면, 『에녹서』와 사해문서에 나온 천사들과 타락천사들의 기원에 관한 유용한 증거를 설명한다는 점이다. 따라서 쿠르디스탄에 콘도르 샤먼이 존재했다면, 그것은 천사들이 한때 인간들 사이를 자유로이 걸어다녔던, 피와 살로 이루어진 존재들이었다는 사실을 확실히 해준다.

사실 샤니다르 동굴에서 출토된 맹금류 유골을 천사들의 현상과 관련지어 생각한 사람은 내가 처음이 아니다. 쿠르드 학자 메흐르다드 이자디는 공작천사 멜렉 타우스에 대한 예지드족의 헌신적인 경외심에 대해 다음과 같은 결론을 내렸었다.

(신의 형상을 이루기 위해) 인간처럼 날지 못하는 존재와 날개를 인위적으로 결합시킨 것과 … 승려 예복으로 날개와 비슷한 장신구를 사용한 것은 많은 문화들에서 공통적인 현상이다. 그러나 완전히 성장한 새를 최고 신격의 상징으로 삼는 것은 예지드족들에게만 있는 독특한 것이다. 고대 자위 헤미 (샤니다르)에서 행해졌던 희생 의식들의 증거는 현대 예지드족 관습의 토착적 조상을 실증하는 것일 수도 있다."

그는 샤니다르 동굴에서 유골이 발굴된 큰 너새는 예지드족들이 숭배의 대상으로 선택한 새일 가능성이 많다는 견해를 피력했다. 그 새야말로 인도, 페르시아가 원산지인 공작과 달리 쿠르디스탄 지방의 토종새이기 때문이다.

특히 예지드족의 금속 새 형상은 갈고리 모양으로 굽은 부리를 보더라도 공작보다는 독수리와 콘도르에 훨씬 더 가깝다. 말하자면 샤니다르 동굴에서 출토된 새의 유골들과 관계된 샤먼적 숭배가 예즈드족을 포함하여 쿠르디스탄 전체의 종교적 전통에 영향을 주었다는 이야기이다. 그것이야말로 내가 천사들, 새-인간, 그리고 쿠르디스탄 고원을 함께 연결하는 데에 필요로 했던 것들이었다.

이제 정리해 보자.

과연 샤니다르 동굴 근처에 살던 콘도르 샤먼들이 사람의 딸들 중에서 아내를 취하기 위해 대 자브강을 통해 이라크 평원으로 내려왔다는 추론이 말이나 되는 이야기일까.

그들은 놀라운 효력을 내는 '불멸'의 약을 가졌으며, 선대와 조상들의 금지된 기술과 지식을 인간에게 누설한 자들이었을까. 그들의 자손이 방탕하고 피를 마시며 세상에다가 근심과 피해를 일으킨 혼혈 네피림이었을까. 그리고 이들이 훗날 수메르와 아카드 문명을 형성시키는 데 커다란 공헌을 한 '신들'과 '악마들'이었을까.

참으로 기이하고 엉뚱한 생각이지만, 그것을 뒷받침하는 정황 증거가 계속 늘어나고 있으니, 나로서도 희망을 갖지 않을 수가 없지 않은가. 예를 들어, 샤니다르 동굴에서 조류 유골과 함께 염소 두개골이 출토되었고, 로즈 솔렉키는 이것 또한 샤먼들에 의해 의식과 제식의 목적으로 사용되었을 것이라고 했다.

그런데 이 두 가지는 아자젤이란 인물로 간단하게 연결된다. 아자젤은 마귀들의 선조이자 야레산족과 예지드족 전승에 등장하는 공작천사의 참모습일 뿐 아니라 주시자 우두머리들 가운데 하나였다.

제5장에서 이미 확인했듯이, 모세 오경은 해마다 속죄의 날에 염소 한 마리가 '아자젤을 위하여' 유대인들의 죄를 등에 지고 황야로 보내지고 있다는 사실을 기록하고 있다. 아자젤로서 선택된 형태가 염소였고 또한 이 자격으로 그는 세이림, 즉 '숫염소'라는 이름의 괴물 같은 악마 종족의 지배자이기도 했다.

그들은 성서에서 몇 차례 언급되며 몇몇 유대인들의 숭배와 흠모를 받았다. 심지어 여자들은 이 염소

사진은 BC 2600년경으로 추정되는 숫양 조각상. 이라크 우르의 '왕실 분묘'에서 출토되었다. 금으로 만든 것 위에 금박을 덧입힌 이 동물상은 나뭇잎을 뜯어먹기 위해 서 있는 형상이다. 오른쪽 사진은 부분상. 런던 대영박물관 소장.

악마들과 섹스를 했다는 징표도 있다. 레위기를 보면 "그들은 더 이상 그들의 제물을 염소귀신들에게 잡아 바치면서 그 귀신들을 따라 음행을 저지르지 못한다"고 적혀 있다. 이것은 아마도 주시자들이 다시 한번 인간들 사이에서 아내를 취한 것에 대한 먼 반향일 것이다.

주시자들과 숫염소 사이의 관계는 너무나 명백하여 히브리 학자 J. T. 밀릭은 아자젤을 가리켜 "분명히 단순한 숫염소가 아니라 염소와 같은 특징과 결부된 거인"이라는 결론을 내리고 있다. 바꾸어 말하면, 아자젤은 염소-사람, 즉 염소 샤먼인 셈이다.

아자젤은 본래 그의 동료 주시자 우두머리인 셈야자와 동의어였다. 두 사람의 이름은 '강한 자'를 뜻하는 히브리어 아자 *azza* 혹은 '강함'을 뜻하는 우자 *uzza*에서 유래한다. 여기서 한 가지 재미있는 사실은 아카드인들이 우즈 *Uz*라는 이름의 인간 형태를 띤 염소를 섬겼다는 점이다.

이라크 남부의 시파르에서 출토된 석판을 보면, 우즈는 염소가죽 망토로 덮힌 왕좌에 앉아 있는 모습으로 묘사되어 있다. 그는 '대지 위에 놓여져 밧줄과 실로 운행되는 태양 원의 변화'를 지켜본다고 되어 있다. 또 우즈는 아카드어에서 '염소'를 뜻하므로, 아자젤이라는 이름은 염소처럼 차려입은 이 초기의 '신'에게서 나온 것일지 모른다. 결국 우즈 신이란 존재는 주시자들이 행했던 염소 샤머니즘의 먼 기억으로부터 유래되었을 가능성이 높다.

내가 보기에, 염소는 뱀이나 콘도르와 마찬가지로 주시자들의 주요 토템적 상징이었던 것 같다. 샤니다르 동굴에서 발견된 염소 두개골들은 어쩌면 기독교와 유대교에서 염소를 심하게 매도하게끔 만든 원인이 아니었을까 하는 생각이

들기도 한다.

　그러나 나는 고귀한 콘도르나 교활한 뱀이 샤먼적 공동체의 상징이 된 것은 이해할 수 있지만, 산 염소가 상징물로 되었다는 점은 잘 이해가 가지 않았다. 그저 염소는 쿠르디스탄에서 처음으로 사육되었던 동물 중의 하나였다는 점, 그리고 염소의 생활주기가 사육자들의 생활주기와 본질적으로 섞여 짜여졌음이 분명하다는 것만을 추측할 뿐이다. 그런데도 토템적 상징물로 된 것은 아마도 가파른 산기슭을 민첩하게 기어오르는 능력과 맹수에 대한 본능적 경계심, 그리고 무엇보다도 그의 훌륭한 성적 능력(남근 모양으로 생긴 크고 굽은 뿔로 구체화된)이 결합된 것이 아닐까 싶다.

　이라크 고원지대의 염소 샤머니즘은 다른 지방의 민간 전승에 전혀 예상 밖의 흔적을 남긴 것으로 보인다. 예컨대, 위그램과 에드거 형제가 펴낸 『인류의 요람』을 보면, 이라크 북부에 있는 모술 지방의 평원에 거주하는 사람들에게는 히블라 바쉬에 대한 믿음이 있다. 반은 인간, 반은 염소인 '두려운 뱀파이어'가 '여행자들을 길에서 유혹하여 피를 빨아먹는다'는 것이다. 그렇게 죽은 사람들의 무덤이 아라딘이란 곳에 있다고 한다.

　여러분은 혹 히블라 바쉬의 이야기가 아주 타락한 주시자들에 대한 이야기라는 생각은 들지 않는가. 다소 거칠고 잔인한 행위를 탐닉하기 위해 쿠르드 구릉지대에서 내려온 타락 주시자, 혹은 네피림, 혹은 염소-인간에 대한 기억과 섞인 것은 아닐까.

　앞서 언급했듯이, 나는 동유럽의 뱀파이어 전설이 에딤무라는 초자연적 존재에 대한 아시리아, 바빌론의 이야기와 관계가 있다고 본다. 에딤무는 분명히 고대 메소포타미아의 평원에 네피림이 실제로 존재했다는 명백한 증거의 하나이다.

 따라서 여러분은 피를 마시는 네피림의 저주받은 영혼들이 추방당하여 음식을 취하지 못하고 '(그럼에도 불구하고 굶주리며) 목마르도록' 영원히 벌을 받게 되었다는 점을 기억할 필요가 있다. 그와 비슷한 믿음들이 아자젤의 자손이며 쿠르드족의 선조로 추정되는 마귀들을 둘러쌌고, 그들도 마찬가지로 계속되는 굶주림과 갈증을 채우기 위해 피를 마셨던 것이다.

자르모 공동체

 이제 내 책상 위에 있는 책들도 줄어들어 몇 권 남지 않았다. 이번 독서에서는 무엇보다도 쿠르드 고고학에서 극적인 발견을 했다는 것이 나를 기쁘게 했다. 나는 미국의 고고학자 로버트 J. 브레이드우드 교수가 편집하고 1983년에 출판한 『자그로스 측면들을 따라가는 선사의 고고학』이란 책을 읽기 시작했다. 그 책은 초기 신석기 시대 유적지 자르모를 발굴한 브레이드우드의 업적이 기록된 책이다.

 이라크 고원지대의 켐케말 근처, 소 자브강을 포함한 협곡의 가파른 언덕에 위치한 자르모 유적지는 1948~55년에 걸쳐 발굴 조사되었다. 대략 BC 6750년경으로 추정되는 16개 층으로 이루어져 있는데, 2천 년간에 걸쳐 거대한 농경사회가 존재했던 곳이다.

 이곳에 살던 사람들은 땅을 경작하여 곡식과 과일을 생산했고 가축을 길렀다. 주거지는 장방형의 방이 여럿 있는 구조였는데, 움푹 들어간 구운 흙대야와 진흙 화덕을 갖추고 있었다. 그들은 스푼을 사용하여 식사했으며, 뼈바늘로 옷을 짓거나 수선했고, 돌물레를 사용하여 양탄자까지 짠 것으로

돌물레 참바나 고삐를 꼴 때 새끼 한끝에 달고 돌리어 꼬게 만든 기구.

보인다. 또한 반 호수 넴루트 닥 부근의 구릉지대에서 채취한 흑요석으로 칼과 날이 있는 도구를 만들어 사용하기도 했다. 여러분은 비록 급류이지만 강 위에서 행복하게 사는 한 공동체의 평온한 모습을 상상해 보라. 남자들은 사냥으로 시간을 보내고, 여자들은 들에서 일하고 빵과 과자를 만들기 위해 곡식을 갈며 집안 살림을 돌봤을 것이다. 그들이 가장 사랑한 것은 땅 자체이기에, 땅을 위대한 어머니의 살아있는 구현으로 보았을 것이다. 그 위대한 어머니를 형상화한 진흙 형상이 이곳에서 발견되었다.

그러나 브레이드우드의 저서를 읽고 나서, 비비안 브로만 모럴즈가 쓴 『자르모의 작은 상像들과 다른 점토상들』이란 논문을 읽었을 때, 내가 잠시 떠올렸던 자르모의 유토피아적 생활에 대한 이미지는 산산조각 나고 말았다. 그곳에서 출토된 소상小像들의 모습 때문이다. 약 5천5백 개 되는 작은 입상立像들의 상당수가 곰, 염소, 돼지, 양과 같은 동물 형상들이었고, 사람을 새긴 것이라 하더라도 머리만 있는 게 대부분이었다.

모럴즈는 아마도 몸체가 썩기 쉬운 물질로 되어 있었기 때문에 머리만 남은 것이라고 추정했는데, 머리상 가운데 일부는 대단히 기이한 모습을 띠고 있다. 보통 사람들과 전혀 닮지 않은 얇은 입술에 뾰족한 턱을 한 마름모꼴의 얼굴이고, 눈 역시 아시아 인종 전형의 눈처럼 감기나 가늘게 찢어진 것 같은 눌려진 점토 알갱이로 되어 있었다. 특히 어떤 것은 몹시 긴 얼굴에 높은 광대뼈, 긴 턱, 째진 타원형의 눈을 한 대머리의 모습이었다.

이 괴상한 형상의 작은 입상들을 보면서, 나는 등골이 오싹한 느낌을 받았다. 왜 자르모인들은 사람 같지 않은 그런

 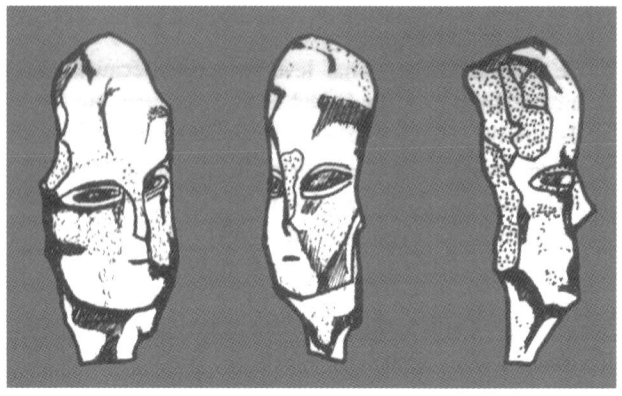

왼쪽 사진은 이라크 우르의 서쪽 6.4km 지점에 위치한 텔 알 우바이드 유적의 무덤에서 출토된 도마뱀 형상. BC 5000~4000년경의 것으로 추정된다. 오른쪽 사진은 이라크 북부 자르모 유적에서 발굴된 BC 6750~5000년경의 인간형태 머리. 긴 두상과 빛나는 작은 눈은 그 지역에서 흔치 않은 종족임을 암시한다.

우바이드 시대 우바이드 유적지에서 출토된 문화로 상징되는 시대. 이전의 할라프 문화를 기조로 하여 생겨났다. 이 시대에는 관개에 의한 농업생산, 취락은 도시 규모로 발전했고 동銅 주조도 시작되었다.

형상을 만들었을까. 도대체 무엇을 나타내려 했던 것일까. 모럴즈는 자르모인들의 개성과 독창성을 보여준다고 말하면서 그저 "우바이드 시대의 '도마뱀' 여신상의 머리를 뚜렷하게 닮았다"고 결론짓고 있다.

'도마뱀' 여신이라니?

그것들이 도마뱀을 상징할 리는 만무하다. 내 생각으로는 사람을 닮은 뱀의 얼굴이었다. 그렇다면 BC 7000년대의 평화스럽게 보이는 이 공동사회에서 왜 그렇게 이상한 형상들을 만들고자 했을까. 분명히 뱀은 그들의 삶에서 중요한 역할을 했을 것이다. 하지만, 왜 그랬을까.

자르모인들이 왜 그렇게 독특한 추상예술을 만들었는지는 아무도 확실히 말할 수 없다. 그러나 나는 아무람 앞에 나타났던 주시자 벨리알의 환영이 떠올랐다. 『아무람의 증거』에는 그의 얼굴이 '독사와 같다'고 했는데, 이 묘사는 엔릴 신을 '빛나는 눈의 뱀'이라고 기술한 크하르삭의 이야기에서 또 나온다.

만일 주시자들이 반 호수 부근에서 살았던 진짜 공동사회였다면, 그들의 영향이 비틀리스에서 남남동쪽으로 약 2백50마일 떨어졌고, 샤니다르 동굴에서 남남동쪽으로 약 1백15마일 되는 자르모의 초기 신석기 공동사회에까지 영향을 미쳤다는 이야기가 된다. 이것이 가능할까.

자르모와 반 호수간에 직접적인 연관이 있었음은 분명하다. 왜냐하면 칼과 도구를 만드는 데에 사용된 흑요석을 구하려면 반 호수 부근밖에 없기 때문이다. 따라서 자르모에서 출토된 뱀 모양의 머리상들은 주시자들의 얼굴 모습을 어렴풋하게나마 추상적인 형태로 표현했다는 이야기가 된다.

여러분은 한번 상상해 보라. 눈처럼 흰 머리칼, 상아빛 피부, 그리고 키가 몹시 큰 사람들이 땅에 질질 끌릴 정도로 긴 깃털 옷을 입고 자르모 공동체에 갑자기 나타났다면….

자르모인들은 그들이 가까이 다가올수록 두려움을 느꼈을 것이 분명하다. 가늘게 찢어진 눈에 광대뼈가 높이 솟은 길고 독사 같은 얼굴을 봤다면 분명 두려운 존재로 생각되었을 것이다. 물론 자르모인들이 이 무서운 얼굴의 낯선 이들을 어떻게 보았을까 하는 점에 대해서는 말하기 어렵다. 그러나 주시자들이 한때 정말로 육체적인 형태로 존재했다면, 그들은 신성한 존재이거나 악마라는 생각, 아니 두 가지를 다 겸한 존재로 보였을 가능성은 충분하다.

또 낯선 이들이 왜 이곳에 홀연히 나타났는지에 대해서도 말하기 어렵다. 물품이 필요해서였을까. 넴루트 닥에서 생산되는 천연 흑요석을 거래하기 위해서였을까. 아니면 크하르삭 건축에 필요한 인력을 확보하기 위해서였을까. 아내로 맞이하기에 적합한 여인들을 찾기 위한 목적일까. 그 어느 것이든 그들은 자르모인들에게 농경과 관개술, 야금술, 식물에 대한 지식과 천문학을 대가로 가르쳐주었을 것이다.

여러분은 자르모 유적지에서 발굴된 뱀 형상으로 미루어, 자르모인들과 에덴의 주시자들 간에 모종의 거래가 있었다는 추론이 그럴 듯하다고 생각되지 않은가. 만약 이 추론이 맞다면, 다른 초기 신석기 공동체들 역시 독사 같은 얼굴의 낯선 이들의 방문을 받았을 것이 틀림없다. 분명히 이들 공동체에서도 넴루트 닥의 흑요석이 나타나고 있다. 따라서 주지사들은 BC 5750년에서 BC 5000년 사이의 할라프 시대에 실재했었을 것이라고 추정할 수 있다. 그러나 내가 가장 필요한 것은 주시자들이 근동지방의 신석기 문화와 접촉했다는 뚜렷한 증거이다. 나는 그 실마리를 모럴즈가 자르모의 소입상小立像을 가리켜 "우바이드 시대의 '도마뱀' 여신상들"이라고 한 결론에서 찾기로 했다.

'도마뱀' 여신상이란 무엇을 말하는가. 그리고 '우바이드 시대'란 언제 어떤 모습으로 우리에게 남겨져 있는가.

메소포타미아 고대문명의 정수를 보여주는 황금의 대접. 국화 무늬를 중심으로 양각된 성수聖樹로 달려드는 영양羚羊. 그 바깥에는 소와 사자가 성수를 사이에 두고 마주보고 있으며, 제일 바깥쪽의 무늬대에는 날개 달린 그리핀, 야수와 싸우는 남자 등이 배치되어 있다. 이라크의 지중해 연안에 위치한 라스 샴라(우가리트) 출토. 시리아 알레포박물관 소장.

제17장

샤먼 같은 악마

우바이드의 소입상

고대 수메르의 도시국가 우르에서 북쪽으로 약 4마일 떨어진 곳에 위치한 텔 알 우바이드. 사막을 가득 메운 뜨거운 열기가 아지랑이처럼 피어오르는 1922년의 어느 날, 영국인 고고학자 레너드 울리 경은 미세한 흙모래가 곱게 깔려 있는 구덩이 밑바닥을 파고 있었다.

처음에는 인간의 주거 흔적이 전혀 없었다. 그러나 2.5미터쯤 파내려 갔을 때, 그는 그때까지 전혀 알려지지 않았던 문화의 증거물들을 너무나 쉽게 발견할 수 있어서 놀랐다. 칠무늬토기 파편이 나타났고 부싯돌, 흑요석 도구들, 그리고 '찰흙과 마소의 똥, 혹은 드물게 흙과 역청의 혼합물로 발라진 갈대집' 조각들이 발굴되었다. 이것은 이 지역에 새로 들어온 종족들이 유프라테스강 남부의 침수된 습지 가까이에 원시적인 '찰흙으로 바른 갈대' 구조물을 세운 단단한 지층(강 개흙) 위에 놓여 있었다. 따라서 이들이 오늘날 이라크의

울리 영국의 고고학자. 1922~1934년에 걸쳐 수메르 도시국가 우르의 발굴로 유명하다.

먼 조상들이었다고 볼 근거는 충분했다. 그러나 울리는 당시로서는 하찮게 보이는 이 출토물의 중요성을 짐작하지 못했다. 그것이 쿠르드 고원의 신석기 문화와 고대 메소포타미아의 비옥한 초승달 지대에 퍼졌던 문명을 연결짓는 고리였음은 몇 년 뒤에 밝혀졌다.

BC 5000년경, 흑요석 상인들이 사라짐에 따라 고대 이라크 평원에는 새로운 문화가 시작되었다. 우리는 이들을 울리가 발굴 작업을 했던 텔 알 우바이드의 이름을 따서 그냥 알 우바이드인 혹은 우바이드인이라고 부르고 있다.

이들은 북부 자그로스 산맥으로부터 내려와 이라크 북부

영국의 고고학자 울리가 발굴한 왕실 분묘의 입구. 묘는 상하 2층으로 되어 있고, 하층에서는 고대 수메르 문화를 대표하는 예술품 1천8백여 점이 차례차례 발견되었다. 분묘는 BC 2700년경의 것으로 추정된다.

이라크 우르에서 출토된 석묘 '스탠더드의 묘'의 도판. 높이 20cm의 사다리꼴 상자로, 전쟁에 나가는 군인, 전차, 포로 등 전쟁도이다. 역청을 칠했고 조개껍질을 자른 조각으로 되어 있다. 런던 대영박물관 소장.

커피콩 커피나무 열매의 씨.

지방에 자리를 잡았고, 그 뒤 점차 남쪽으로 퍼져갔다. 그리고 BC 4500년경에 이르러서는 텔 알 우바이드를 포함한 새로운 공동사회들을 세웠다. 그곳에는 이미 사마라 문화가 자리잡고 있었는데, 사마라는 BC 5500년경 메소포타미아 최초의 도시 에리두가 세워지기 이전부터 있었다.

학자들은 이 시기에 속하는 한 신전에서 의식을 치르는 연못과 많은 양의 물고기 유해가 발굴된 점으로 미루어 사마라의 주신主神이 엔키의 원시 형태라고 해석했다. 이것은 훗날 수메르에서 물의 심연 압주*Abzu*였으며, 나중에는 에리두의 수호신이 되었다고 했다.

우바이드 문화의 기괴한 '도마뱀 여신상'에 대해 모럴즈가 언급했고, 그것을 브레이드우드가 이라크 고원지대의 자르모에서 발굴한 뱀 모양의 점토 머리상과 비교했다. 실제로 우바이드 문화의 예술을 다룬 책들을 보면, '도마뱀 여신들'의 그림이 자주 눈에 띈다. 그것은 대체로 이상한 인간 형태의 소입상들인데, 남자보다는 여자가 많다.

날씬한 모습의 나신裸身에 어깨가 넓고, 머리는 학자들이

석묘 '스탠더드의 묘' 도판의 하나. 주연을 베풀고 있는 왕과 조공을 바치는 사람들, 수확물을 운반하는 사람들을 그렸다. BC 2700년경. 런던 대영박물관 소장.

사마라 이라크 중부, 바그다드의 북서쪽 120km 지점에 위치한 고도古都. 서기 836~892년 바그다드로 천도하기까지 아바스 왕조의 수도였다. 현재 황금의 회교사원이 있으며 시아파 이슬람교의 성지 중 하나이다.

대개 '도마뱀 같은' 모습이라고 하는, 파충류 같은 기괴한 모양이다. 얼굴은 길지만 끝이 점점 가늘어지는 돼지 모양이고, 길게 째진 눈(대개 '커피콩' 눈이라는 모양으로 눌려진 타원형의 작은 점토 알갱이)에 곤두선 머리에는 사리(자르모에서 발견된 머리 중 몇몇에서도 점토로 만들어진 비슷한 사리가 보인다)를 상징하는 두껍고 검은 역청 깃장식을 꽂고 있다. 또 여자의 음모나 남자의 생식기를 드러내고 있다.

우바이드 소입상들은 각기 나름대로 독특한 자세를 취하고 있는 것이 특징이다. 몇몇 여자 소상은 발을 모으고 두 손을 둔부에 갖다 댄 자세로 서 있다. 남자 소입상 하나는 팔을 가슴 아래에 수평으로 하고, 왼손에 신격이나 왕권의 상징인 듯한 가느다란 지팡이나 홀 같은 것을 들고 있다. 또 이들 소입상들의 윗 가슴과 어깨, 등에는 달걀꼴의 점토 알갱이가 몇 개 덮여 있다. 관직의 구슬 사슬을 나타낸 것으로 보인다.

인간 형태의 뱀

파충류 같은 소상 가운데 가장 이해하기 어려운 모습은 아기를 왼쪽 가슴에 안고 있는 여자 나신상이다. 그 아기의 왼손이 젖가슴에 매달려 있는 것으로 보아 젖을 빨고 있다는 것을 알 수 있다. 보기에 따라서는 감동적인 모습이지만, 그 아이의 눈이 길게 올라가 있고 머리가 파충류의 머리라는 점에서 보는 이로 하여금 섬뜩하게 만든다.

이것은 매우 중요하다. 아이가 바로 그러한 모습으로 태어났음을 암시하기 때문이다. 다시 말해서 '도마뱀 같은' 머리는 가면 또는 동물 같은 신의 형상의 상징이 아니라 파충류의 모습을 지녔다고 여겨진 종족의 추상적인 형상인 것이다.

일부 학자들은 이 '파충류 소입상들을 '어머니 여신'의 상징으로 보며, 또 에리히 폰 데니켄과 같은 고대-우주여행 이론가는 외계인의 형상이라고 해석하기도 한다. 그러나 그것들 가운데 일부는 분명히 여자가 아닌 남자라는 점에서 '어머니 여신의 상징'이라는 해석은 잘못된 것이다. 그리고 두 견해 모두 대중적인 작업의 틀에 억지로 묶으려는 의도가 앞서다 보니 상징 전체를 설명하기에는 충분치 못하다고 생각된다.

그것들은 대부분 무덤에서 나왔다. 따라서 레너드 울리 경은 그것을 가리켜 '지하의 신들'을 상징한다는 결론을 내렸

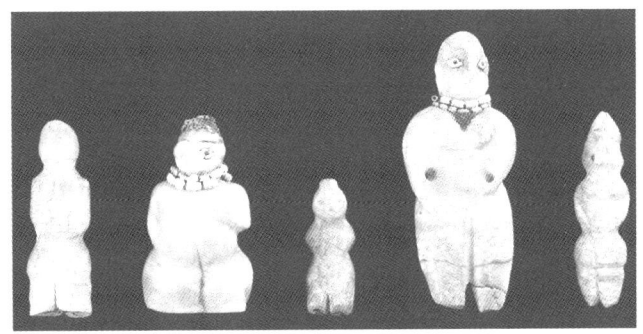

여성 소상 이라크 텔 소완 출토. 높이는 가장 작은 것이 5.5cm이고 가장 큰 것이 13.2cm이다. BC 6000년경. 이라크 바그다드박물관 소장.

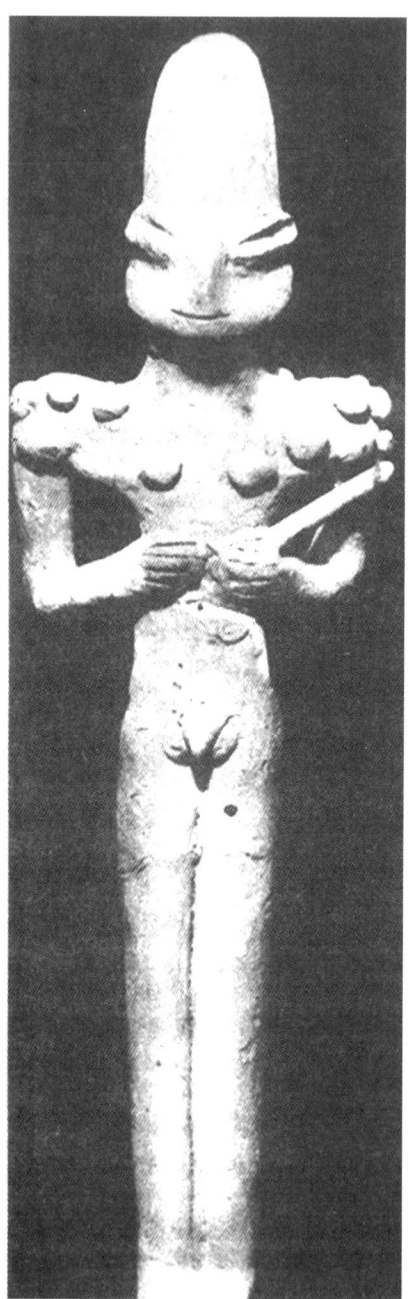

다는 점에 주목할 필요가 있다. 말하자면, 죽은 자의 의식과 관계가 있는 지하의 거주자들이라는 것이다. 물론 도마뱀 같은 얼굴의 사람을 상징했다고 볼 근거도 희박하다. 왜냐하면 중근동 지방의 어느 신화에서도 도마뱀은 찾아볼 수 없기 때문이다. 그보다는 오히려 '좋은 나무의 주인' 닌기스지다와 같은 수메르의 지하 신과 관련이 있다고 알려진 뱀의 머리에 가깝다. 그렇다면 이 인간 형태의 뱀들은 실제로 무엇을 의미하는 것일까.

자르모의 머리상과 우바이드의 소입상 간에는 시간상의 차이가 있다. 따라서 이 독특한 뱀 예술 형태는 BC 5000년경 이라크 평원으로 옮겨지기 전인 BC 6750년에 쿠르디스탄 고원에서 발전되었다고 볼 수 있다. 그런데 어찌된 일인지, 훨씬 이전인 자르모의 머리상에서는 보다 뚜렷한 뱀 같은 얼굴을 보여주었는데, 우바이드의 소입상에서는 그런 얼굴의 모습이 사라졌다.

고대 메소포타미아의 종교적 관습에서는 뱀이 주요한 특색이었다. 뱀은 신성한 지혜와 성적 에너지, 그리고 세상의 다른 영역들을 보호하는 것으로 여겨졌다. 게다가, 메디아의 마니교와 이라크 고원지대의 예지드족의 종교뿐만 아니라 아르메니아의 민간 전승에서도 뱀을 숭배하고 존경하는 경향을 나타내고 있다. 그리고 오늘날까지도 이란과 이라크의 종교에 상당 부분 중요한 요소로 남아 있기도 하다.

그렇더라도 의문은 남는다.

왜 우바이드 문화에서는 죽은 자들의 무덤에다가 뱀 같은 소입상을 넣어두었을까. 의식적 관습이 종종 두려움이나 미신에서 나온다고 볼 때, 그들은 이 소입상을 무덤 속에 두지 않으면 죽은 이들에게 무엇인가 끔찍한 일이 일어날 것이라

왼쪽 페이지 사진은 이라크 에리두 유적의 무덤에서 출토된 '도마뱀 같은' 남녀 흙인형. BC 5000~4000년경 우바이드 문화에 속한다.

고 믿었던 것일까. 만일 그렇다면, 그들이 그토록 두려워했던 것은 무엇인가. 그리고 왜 하필이면 뱀의 형상을 사용했는가. 뱀의 형상이 의미하는 실체는 무엇일까. 땅 위를 미끄러져 가는 것들인가, 아니면 자신들의 공동사회 안에 걸어 들어와 주민들 사이에 공포심을 불러일으키고, 무엇인가 자기네들 목적을 위해 남자와 여자들을 데려간 자들일까. 만일 그렇다면 우리는 주시자들의 타락과 네피림의 참상에 대한 히브리 전승을 믿을 수밖에 없다.

여러분은 쿠르드 고원의 주시자 문화가 이라크 고원 구릉지대에 있던 신석기 공동사회, 즉 이 미신적인 의식을 BC 5000년경 비옥한 초승달 지대의 초기 거주민들에게 전한 공동사회와 접촉한 결과로서 뱀 소입상 문화가 발달했다고 믿겠는가. 그렇다면 우바이드 문화의 소입상들은 죽은이들에게 미칠 수 있다고 여겨졌던 주시자들의 영향에 대항하기 위한 토템으로 사용되었을 것이다.

그러나 이 가정 역시 사람들이 죽은 자들을 왜 그런 방식으로 보호해야 했는가 하는 이유를 설명하기에는 부족하다. 한 가지 가능성이 있다면, 우바이드인들은 죽은 자들이 무덤에 안치된 후에도 에딤무, 즉 뱀파이어가 될까 봐 두려워했다는 것뿐이다. 만일 그렇다면 그들은 왜 그러한 일이 일어날지도 모른다고 두려워한 것일까. 아직까지도 확실한 해답을 찾을 수 없다는 게 답답했다. 결국 나는 우바이드인들이 역사에 흔적을 남긴 또 다른 지역인 자그로스 산맥의 구릉지대를 찾아갈 수밖에 없었다.

수사의 염소-사람
엘람은 성서에서 이란과 이라크의 경계에 있는 나라를 일

컫는 이름이다. 이란고원 남부 자그로스 산맥에 위치하며 오늘날 쿠지스탄이라고 알려진 지역이다.

창세기 10장에서, 엘람은 노아의 세 아들 중 하나인 '셈의 아들들' 중의 하나라고도 언급되어 있다. 또 아브라함 시대에 가나안의 다른 거인족을 물리친 사람이 엘람 왕 그돌라오멜이다. 페르시아의 키루스왕은 다니엘과 다른 많은 바빌론의 유대인들에게 자유를 주었는데, 이때 그들이 여행한 곳 역시 엘람의 수도 수사 혹은 수산이었다(제5장 참조). 다니엘은 이곳에서 죽었다고 한다. 그리고 그를 숭배하듯, 그의 무덤을 표시하는 벌집 모양의 뾰족탑이 고도古都 수사의 차분한 지평선에 우뚝 솟아있다.

그러나 엘람의 역사는 이보다 훨씬 오래되었다. 자그로스 산맥 남부에 있는 마을 무시안의 서쪽에는 신석기 유적지 알리 코쉬*Ali Kosh*가 있다. 이 유적지에서 출토된 유물로 보아, 이 지역에서는 BC 8000년대에 사람들이 살았다. 할라프 문화의 사연 있는 흔적들 역시 이 유적지에서 발견되었다. 그럼에도 불구하고 엘람 땅은 1천 년간을 존속한 그들 고유의 종교적 관념과 예술 양식을 가지고 있는 것 같았다.

우바이드 문화가 엘람에서 세력을 잡은 것은 BC 5000년부터 1천 년간이었다. 이곳에서 발굴된 고고학적 자료를 보면, 우바이드 문화의 영향이 미친 마지막 단계에서 만들어진 것으로 보이는 다양한 종류의 스탬프형 인장들이 출토되었는데, 특이한 점은 하나같이 샤먼적인 특성을 보여준다는 점이다. 즉, 체모를 나타내기 위해 몸에 조각이 되어 있고 팔을 뻗어 위로 올린 모습들이다. 학자들은 이 인장들을 가리켜 인간 형태의 '염소머리 악마'라고 기술하고 있다.

이 토템적 형상들은 그 자체로서 사람들의 호기심을 끌기에 충분하다. 그러나 나의 관심을 끄는 것은 그것들과 함께 있는 형상이다. 예를 들어, 어떤 것은 사람이 뱀을 다루고 있고, 또 어떤 것은 한 마리의 뱀이 염소-사람의 뒤를 지나가는 모습이다. 사람을 향해 일어선 두 마리의 거대한 '맹조들'을 다스리는 사람의 형상도 있다.

이 인장들을 보면서, 나는 고고학자들이 말한 '염소머리 악마'는 염소-사람이거나 염소 샤먼일 가능성이 있다고 생각했다. 그 뱀은 샤먼적 인물들이 지닌 초자연적 능력을 상징하며, '맹조들'은 콘도르인 것이 분명했다.

염소-사람의 뻗은 팔의 위치는 그 동물적 힘에 대한 통제와 조종을 암시하는 것이다. 따라서 근동 신화에서도 염소, 뱀, 콘도르간에 관련성이 있다는 점, 그리고 무엇보다도 일반적인 '맹조들'이 아니라 콘도르가 인장에 묘사되었다는 점에서 이곳에서도 BC 3500년경 죽은 자를 언제나 조장鳥葬하는 관습이 있었다는 사실이 입증된다.

분명히 조장은 고대 이라크와 이란의 우바이드 문화에서는 흔한 일이 아니었다. 그런데도 엘람에서 조장 풍습이 있었다는 것은 우드바드 문화에서도 조장 풍습이 정착되어 있었음을 말해준다. 원시 엘람의 역사로 거슬러 올라가는 장식

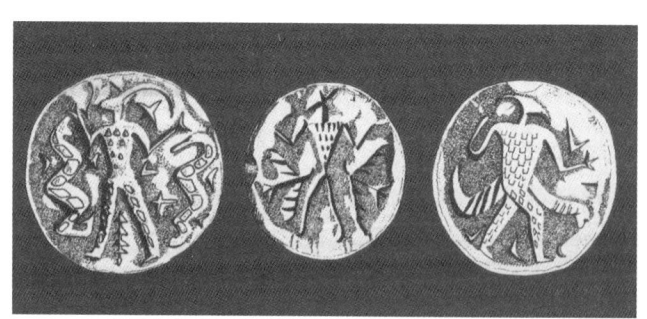

이란고원 남부 자그로스 산맥에 위치한 엘람 지역에서 출토된 인장들. 인간 형태의 염소가 뱀과 콘도르를 다루고 있는 모습을 보여준다.

도기류 역시 뚜렷한 콘도르 형상으로 장식되어 있다.

그렇다면 이 우바이드 인장들은 BC 8870년경 자브강 북부의 샤니다르 동굴에 존재했다고 여겨지는 염소 및 콘도르 샤머니즘을 띠고 있는 것일지 모른다. 아니, 그것이 분명하다. 왜냐하면 그 인장으로 보아 엘람의 우바이드 정착민들이 자그로스 북부에 있던 샤먼적 활동에 의해 심각하게 영향을 받았음이 틀림없기 때문이다. 물론 이러한 견해가 나만의 독자적인 판단은 아니다.

1993년 뉴욕 컬럼비아 대학의 에디트 포라다가 펴낸 『BC 3500년에서 BC 1600년의 초기 메소포타미아와 이란-접촉과 충돌』이란 저서를 보면, '초기 메소포타미아와 이란의 인장들과 그에 관련된 물건'이라는 항목이 있다. 여기서 포라다는 랄프와 로즈 솔렉키가 샤니다르 동굴에서 염소와 새 유골을 발견한 사실을 간략하게 서술, 평가하고는 다음과 같은 결론을 내리고 있다.

그 증거는 … 우리가 알지 못하는 방식으로 염소와 강력한 새의 모습과 결합된 존재에 대한 원시 개념을 암시한다. 우바이드 시대의 인장에 있는 뿔 달린 동물 머리의 사람 형상은 뱀을 물리칠 수 있는 강력하고도 샤먼 같은 악마였다.

'뱀을 물리칠 수 있는 강력하고도 샤먼 같은 악마'라는 말은 무엇을 의미하는가. '샤먼 같은 악마'는 권위 있는 백과사전에도 나오지 않는 단어이다. 때문에 나는 쿠르디스탄의 염소, 콘도르 샤먼들과 동일한 뜻이라고 가정할 수밖에 없다. 아마도 새-인간, 염소-인간, 그리고 『에녹서』와 사해문서에 나오는 검는 뱀들과 동일한 의미일 것이다. 어쩌면 그녀는

모헨조다 '죽음의 언덕'이란 뜻으로 파키스탄 신드 지방의 남부 인더스강 라르카나 지구에 있다. BC 3000~1500년 인더스 문명의 중심지였다. 사진은 모헨조다의 인장(호네드신). BC 3000년. 인도 뉴델리 국립박물관 소장.

크레타 지중해 동부 에게해海 남단에 있는 기다란 섬. 에게 문명의 중심지였다.
키프로스 시리아 서쪽 100km, 터키 남쪽 65km 지중해상에 위치한 섬. 사이프러스라고 한다.
발칸 반도 유럽 대륙의 동남부 지중해에 돌출한 반도.

야파 지중해 연안에 위치한 항구. 예로부터 예루살렘으로 통하는 교통의 요충지. 1960년 텔아비브에 합병되었다.

'샤먼 같은 악마'라는 말로써 주시자 문화를 암시한 것이 아닐까.

사악한 눈에 대한 두려움

엘람의 옛 도시 수사가 보여주는 선사시대 문화예술 형태는 주시자들의 염소 같은 측면을 보여주지만, 다른 지역에서는 대체로 콘도르와 관계가 많다. 그리고 초기 신앙에서 조상彫像의 원조 격으로 자리잡고 있다.

예지드족과 야레산족 전설에서는 '고대의 존재' '공작천사' '검은 뱀' '아즈히 다하카' '술탄 사하크'로 구현되었고, 수메르에서는 새-인간, 닌기스지다와 같은 뱀 신들로 신화화되었으며, 근동의 다른 지역에서는 주시자들의 콘도르적 속성, 특히 죽음과 변형의 여신으로 위대한 어머니의 궁극적인 상징이 되었다.

신석기 시대의 유물들을 끊임없이 찾아낸 고고학자들의 업적을 보면, 긴 부리와 날개 같은 짧은 팔, 그리고 쐐기 모양의 꼬리와 같은 추상적인 새의 특성이 하나의 양식으로 굳어진 여신 소입상이 많다.

출토되는 지역도 근동에서 멀리 떨어진 크레타, 키프로스, 시리아, 그리스 본토, 발칸 반도, 동유럽의 다뉴브 분지, 인더스 계곡의 모헨조다, 그리고 멀리 동쪽으로는 중앙아시아의 발루키스탄 등 광범위하다. 그 중 상당수가 브레이드우드가 자르모에서 발굴한 뱀 같은 점토 머리상과 유사한 모습(기괴한 모양의 째진 눈)을 띠고 있다.

그러나 후대에 내려올수록 콘도르 샤먼의 구성요소가 분리되어 각각 독자적인 상징물로 변화되고 있음을 볼 수 있다. 예컨대, 이스라엘의 야파에서 4마일 가량 떨어진 텔 아조르 유적지에서는 한 동굴에서만 1백20여 개의 구운 점토 뼈 단지들이 무더기로 발견되었는데, 앞면의 올라간 끝 부분에 부리 같은 코가 달려있었고, 뒷면은 쐐기 모양의 것이 대부분이었다. 뼈단지에는 사후에 조장鳥葬된 사람들의 뼈가 담겨 있었다.

다시 시대가 흘러, 마침내 콘도르 자체의 흔적은 완전히 사라지고 만다. 다만 옛부터 내려온 그의 거대한 죽음과 변형의 새가 가진 능력을 암시하는 특정의 추상적 상징만이 남는다. 앞에서 언급했듯이, 출산을 돕고 뱀을 물리치며 상처를 낫게 하는 데에 새의 깃털만 사용되었다.

반면에 새의 눈은 훨씬 더 나쁜 쪽으로 간 것 같다. 예를 들어, BC 3000년대의 도시국가 라가시에서 나온 수메르어 판을 보면, '무시무시한 눈'을 가진 '신성한 검은 새'에 대해 언급하고 있다. 이 구절에 대해 D. O. 카메론은 저서 『신석기 시대의 탄생과 죽음의 상징』에서 커다란 검은 눈동자와 그에 대비되는 콘도르의 하얀 홍채를 가리키는 것이라면서 다음과 같이 결론짓고 있다.

라가시 이라크 우르 북쪽의 유프라테스강 어귀에 있는 고대 도시. 사진은 라가시에서 출토된 BC 2400년경의 테라고타와 점토판 문서.

시간이 지남에 따라 그 콘도르 상징의 본래 의미(즉, 콘도르의 눈) 역시 희미해져갔다. 그것은 마귀를 쫓는 주술의 한 종류로 대체되었는데, 그 보호의 마력 – 이 경우에는 죽음의 눈을 굴복시킬 수 있는 다른 눈 – 을 지니게 되면 해를 피할 수 있었다.

카메론의 지적에 따르면, 콘도르의 눈이 사악한 눈으로 바뀐 셈이다. 그런 까닭일까, 쿠르디스탄에서는 자패 껍질이 사악한 눈에 대항하는 마력을 지니고 있다고 하는데, 그 눈은 자르모 머리상의 눌려진 '커피콩' 눈과 매우 닮은 모습이다. 나는 자르모의 머리상이 근동 지방 전체에서 발견되는 신석기 시대의 새-여신 소입상에도 계속 영향을 끼쳤다고 본다. 만일 이것이 맞다면, 사악한 눈에 대한 믿음은 쿠르드 고원의 자르모와 같은 곳에서 시작되었다고 보여진다. 왜냐하면 주시자 문화와 그 공동사회가 접촉했다는 흔적이 뚜렷하기 때문이다.

여러분은 사악한 눈이 지닌 권능은 콘도르(혹은 뱀들)가 아니라 지난날 이러한 동물 형태의 모습을 띤 사람들에 대한 기억에서 유래했다는 나의 추론을 어떻게 생각하는가. 흥미롭지 않은가.

그러나 정말로 '이글거리는 등불 같다'는 주시자들의 강력한 눈이 꽤나 오래된 이 미신의 배경이었을까. 과연 주시자들 또는 독사 같은 모습의 새-인간들이 뱀과 비슷한 최면술을 가지고 있다고 여겨졌을까. 여러분은 자르모와 같은 원시 농경사회 주민들이 '주시자들은 최면술로 인간의 자유의지를 좌우할 수 있다'고 믿었기 때문에 그들의 무서운 눈길을 피하는 모습을 상상해 보라.

네피림의 머리

만일 주시자들이 실제로 인간들 사이를 거닐었다고 하면, 그들에 대한 기억은 세월이 흐를수록 점점 더 추상적으로 되어 갔을 것이다. BC 6세기경 유대인의 바빌론 유배를 좇아 유대 땅에 들어 왔을 때에는 아마도 천사들, 타락천사들, 주시자들, 그리고 하느님의 아들들로 신화화되었을 것이다.

예를 들어보자. 팔레스타인에는 이미 죽음의 콘도르라는 측면에서 위대한 어머니를 열렬히 숭배했을 뿐 아니라 '타락한 자'들, 즉 네피림에 대한 믿음이 뚜렷했다. 가나안의 초기 예술을 보면, 추상적인 새 상징들이 빈번히 나타나고 있는데, 네피림과 위대한 어머니 전설을 한데 묶으려는듯 강한 뱀 형상과 결합되어 나타나기도 한다.

예컨대 'BC 2000년경의 가나안 신'이라 불리는 1.25인치의 구리 소입상을 보자. 목은 지그재그로 깊이 새겨진 뱀의 목이고, 머리는 코브라의 우산 모양과 같은데 끝이 뱀의 머리모양처럼 말려 있다. 코브라 머리의 안쪽에는 세 부분으로 된 인간의 얼굴이 있다. 그것은 새의 부리, 작은 입술, 그리고 자르모 머리상에서 볼 수 있는 것과 비슷한 두 개의 뚜렷한 '커피콩' 눈이다.

우연이든 의도적이든 간에, 타락한 종족의 가장 중요한 추상적 상징들이 한데 어울려 있는 것이다. 게다가 그 지그재그 무늬는 분명히 뱀의 상징이고, 줄기 같은 목은 네피림의 자손으로 추정되는, 선사시대에 가나안 땅에 살았던 목이 긴 아나킴을 암시한다. 한마디로 이 소입상은 이제껏 내가 본 것 중에서 네피림 거인(혹은 그들에 대한 추상적인 기억)과 가장 흡사하다.

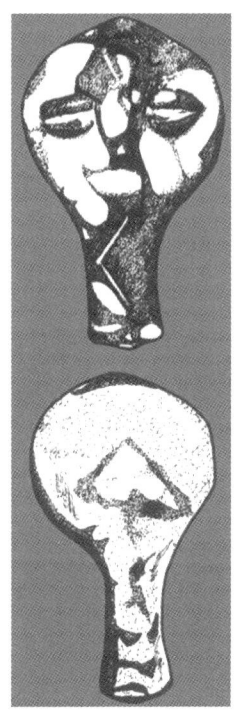

가나안의 신(神) 구리 주형. 코브라의 머리, 부리같은 코, 뱀의 지그재그 무늬가 새겨진 목은 네피림의 특유한 상징이다.

따라서 내가 보기에는 그들에 대한 기억이 근동의 어느 지방보다도 고대 가나안에서 가장 견실하게 보존되지 않았을까 싶다. 물론 바빌론 유배에서 돌아온 유대인들은 타락한 종족에 대한 먼 과거의 신화 부활이 인류 역사 2천 년을 통틀어 세계 종교에 얼마나 큰 영향을 끼치게 될 것인지를 거의 깨닫지 못했을 것이다.

이제 지금까지 제시했던 나의 추론을 정리해 보자.

나는 『에녹서』와 사해문서에 기록된 천사들의 타락 대목은 2개의 전혀 다른 인간 문화간의 교통을 가리키는 것이라고 했다. 여기서 2개의 다른 문화는 에덴 혹은 크하르삭으로 불려진 고원 지역에 살았던 매우 진보된 문화, 그리고 그 주변의 구릉지대와 평원에 살았던 보다 원시적인 다른 문화를 가리킨다.

여태까지 살펴보았듯이 정황 증거들은 풍부하다. 그리고 적어도 어떤 근거에서는 이 추정이 사실이고 '천사들' 또는 '주시자들'의 본고장이 쿠르디스탄 북부, 반 호수 남쪽 해안일 가능성이 매우 높다는 것을 암시한다. 실제로 BC 8870년경의 샤니다르 동굴에서 행해진 콘도르 샤머니즘, BC 6750년경 자르모에서 만들어진 뱀 같은 점토 머리상, BC 5000년에서 BC 4000년 동안 우바이드 문화의 '도마뱀 같은' 소입상들과 스탬프형 인장들 모두가 그 단적인 증거들이다.

물론 해결되지 않은 문제들도 있다.

만일 주시자들이 한때 정말로 존재했다면 그들은 어디서 왔는가 하는 문제이다. 그들은 쿠르디스탄에서 자생했는지, 아니면 어느 낯선 땅에서 이주해 왔는지도 풀어야 할 숙제이다. 그리고 대홍수 시대에 네피림들을 멸망시켰다고 여겨지는 재난의 본질은 무엇이며, 정확히 언제 그런 일이 일어났는가도 규명되어야 한다. 무엇보다도 매우 진보된 사탈 휘윅의 독특한 문화를 나의 추론에 맞추는 일이다.

이제부터 내가 가장 관심을 기울여야 할 대목이 바로 이 마지막 질문이다. 그것을 풀기만 하면, 다른 숙제들은 저절로 해결될 수 있을 것이다.

터키 중부 아나톨리아의 카파도키아 지방에는 원뿔 모양의 바위탑들이 즐비하다. 초기 기독교인들은 이곳에 은신하거나 성당으로 이용했다.

제18장
불에서 태어나다

터키의 요정굴뚝

옛 터키 왕국 카파도키아에서 가장 큰 화산인 에르시야스 닥(12,500피트) 일대는 지구상의 어느 곳과도 닮지 않은 기이한 모양과 곡선으로 장식되어 있었다. 용암이 풍화 작용에 의해 각양각색 원뿔 모양의 바위 탑들을 만들어 놓은 것이다. 4세기에서 중세에 이르기까지, 초기 기독교인들은 이 자연탑 안에다가 동굴을 파고 은신처를 마련했다. 심지어 그 안에 교회까지 지어 오늘날 이곳을 찾아오는 전세계의 관광객들을 매료시키고 있다.

나는 이 기묘한 탑을 '요정굴뚝'이라 부른다는 것을 알았을 때, 참으로 이름을 잘 지었다는 생각을 몇 번이고 했다. 크고 둥근 바위들이 얹혀있는 탑들은 하나같이 호리호리한 버섯처럼 보였는데, 정말로 신화나 우화에 나오는 요정들이 살 만한 곳이라는 느낌이 절로 들었다. 물론 이것은 꼬마요정에 대한 유럽의 민간전승과는 전혀 무관했다. 오히려 터키에서

카파도키아 소아시아 동부 지방의 옛이름.

는 페르시아 전설에 등장하는 아름다운 타락천사 페리의 불 굴뚝이라 하여 페리 바칼라리*peri bacalari*라 불린다. 하지만 이곳 지방의 전설로는 에르시야스 닥(옛날에는 아르가에우스산이라 불렸다)이 페리의 조상 에블리스의 거주지이다. 1986년에 상영된 영화 『불에서 태어나다』가 이곳을 소재로 삼고 있는데, 영화에서는 카파도키아의 요정굴뚝이 아름답게 그려지고 있다. 또 이유는 전혀 알 수 없지만 섬세한 형상의 콘도르가 등장하기도 한다.

왜 카파도키아 원주민들은 원뿔 모양의 바위에다가 마련한 은거지를 타락천사들이 만들었고 불 굴뚝으로 사용했다고 믿을까. 이 요정굴뚝에 엄청난 비밀이 숨겨져 있지 않을까. 아니, 이 탑은 그들에게 어떤 의미를 지니고 있을까. 혹 여러분은 이것들이 쿠르디스탄의 주시자 새-인간과 사탈 휘윅의 콘도르 샤먼들과 관계된다고 생각되지 않는가.

나는 이곳이야말로 타락한 종족의 기원에 관한 단서를 갖고 있다는 생각했다. 너무나 확실한 것 같아서, 이번에는 직접 그곳을 방문하기로 했다. 나는 켄 스미스라는 친구와 동행했다. 그는 평소 선사시대에 매우 발달한 문화가 근동 지방에 존재했을 것이라는 나의 연구에 상당한 호기심을 갖고 있었기에 기꺼이 동행해 주었다.

동이 틀 무렵, 앙카라를 떠나서 다음날 아침 아크사라이라는 작은 마을에 도착해서는 다시 돌무스라고 부르는 소형 버스를 타고 카파도키아의 심장부 카이세리를 향했다. 지난 이틀 밤 거의 잠을 못 잔 탓에 거의 몽유병 환자 같은 상태였지만 차창 밖으로 스쳐 가는 바위투성이의 황량한 풍경을 외면할 수는 없었다. 그 풍경은 왠지 공상영화 '야만인 코난'을

카이세리 터키 중부의 고도古都. 앙카라에서 남동쪽으로 270km에 위치한다. 알렉산더 대왕 시절, 카파도키아 왕국 수도였기에 카이사리아라고도 한다.

오른쪽 사진은 카파도키아 입구. 멀리 보이는 독특한 지형이 눈길을 끈다.

떠올리게 했다. 근육질 스타 아놀드 슈왈제네거가 주인공을 맡은 영화인데, 사납지만 고결한 전사 코난은 최초로 철검을 만들어 신의 자리에 오르는 힘을 갖게 된 한 조상을 숭배한다는 내용이다.

물론 이 거칠고 험한 지형이 지난 1만 년간 변했을 가능성은 거의 없었다. 이곳에서 사탈 휘윅 문화유적지까지의 거리는 1백65마일. 아마도 이곳은 8천 년 이상 번영했던 사탈 휘윅 문화시대에서부터 지금까지 그대로였을 것이다.

잠시 버스 안을 둘러보았다. 일하러 가거나, 시장에 물건을 사거나 팔려고 가는 몇몇 사람을 눈여겨봤다. 문득 이들 중 누가 사탈 휘윅의 직계후손이지 않을까 하는 엉뚱한 생각을 해보기도 했다. 하지만 그럴 가능성은 거의 없었다. 이 지역에서는 천 년에 걸친 대이동이 몇 차례 있었으므로 순수한 원주민은 없을 것이기 때문이다. 대부분 여러 종족이 혼합되었을 것이 분명하다.

예컨대, BC 5세기부터 BC 3세기까지 카파도키아에는 메

카파도키아는 교역의 중심지였다. 사진은 아시리아 궁전을 짓기 위해 레바논 목재를 수송하는 장면. 이라크 코르사바드의 사르곤 2세 궁전 부조. 파리 루브르미술관 소장.

디아의 마기를 포함한 거대한 페르시아인 집단이 자리잡고 있었다. 특히 BC 3세기에는 아나톨리아의 동쪽 경계선에서 부족이나 민족간의 적대행위를 피해 도망쳐 온 사람들의 피난처였었다. 그리고 중세 시대에는 고국의 박해를 피해 수천 명의 아르메니아 기독교인들이 이곳으로 몰려들었다.

그러나 시대를 훨씬 거슬러 올라가면 이곳은 매우 번성했던 곳이었다. 아가데의 사르곤 왕이 통치하던 BC 2334년부터 BC 2279년까지, 아카드 상인들은 카이세리에서 약 12마일 떨어진 퀼테페(고대의 카네쉬)에 식민지를 세웠다.

출토된 퀼테페 서판을 보면, 그곳은 금속산업이 번성하여 금과 은 등 광산물을 고대 이라크에 역수출했다. 또 아제르바이잔에서 주석과 같은 천연자원을, 그리고 본국에서 직물을 수입했다. 이 도시는 카파도키아가 히타이트라는 인도-이란 종족에게 점령된 BC 1600년까지 존재한 것으로 알려져 있다.

히타이트 BC 2000~1190년에 걸쳐 소아시아, 시리아 북부를 무대로 말, 전차, 철제무기를 사용하여 오리엔트 최강의 제국을 세웠다. BC 15세기를 전후하여 고왕국과 신제국으로 대별된다. 위 사진은 점토판에 설형문자로 쓰인 히타이트어. 카르케미시 출토.

퀼테페 히타이트 제국의 중심지로 노예, 광산물의 대교역지. 아시리아 시대에 건설되었다.

빙하 시대의 아나톨리아

그러나 사탈 휘윅은 이보다 4천 년 전에 이미 농경과 야금술, 그리고 고고학자 제임스 멜라트에 따르면 '엄청나게 오래된' 돌을 다루는 기술을 과시하고 있었다.

이 '엄청나게 오래된' 돌이 정확히 어디에서 유래했는지는 알려져 있지 않다. 사탈 휘윅이 아나톨리아나 지중해 연안의 다른 지역과 교역한 것 같지만, 그들이 그 곳에서 자생한 사람들인지, 아니면 다른 곳에서 이주해온 사람인지를 확인할 증거는 전혀 없다.

고고학자들이 확실히 아는 것이라고는 사탈 휘윅 문화는 기후상태가 매우 불안정한 가운데 코냐 평원에 갑자기 나타

코냐 터키 앙카라의 남쪽 240km, 아나톨리아 고원 남부의 표고 1,027m 지점에 위치한다. 로마 시대에는 이코니움이라 불렸으며, 서기 12~13세기에는 셀주크투르크의 수도로 번영했다. 사도 바오로의 제1차 전도지의 하나이기도 하다.

났다는 게 전부이다. BC 9500~9000년경 마지막 빙하기가 물러난 후 얼마 동안 온화했지만, BC 8850~8300년경 작은 빙하기가 다시 아나톨리아를 덮쳤다. 이처럼 빙하기가 재발됨에 따라 상당 기간 눈과 얼음, 매서운 추위가 기승을 부렸을 것이며 토착민들은 동굴 속으로 피난해야만 했을 것이다.

이것은 대단히 중요하다. 사탈 휘윅 거주민들은 일찍이 지하 생활양식을 경험했던 종족에서 진화해 왔음이 분명하다. 이들이 지하에 지은 집들을 보면 밖으로 난 문이나 창문도 없이 성소와 집들이 한데 모여 있다. 고고학 저술가 에드워드 베이컨은 저서 『고고학 - 1960년대의 발견들』에서 다음과 같이 지적하고 있다.

카파도키아 암석지대에 있는 젤브 골짜기. 고깔을 쓴 사람들이 행진하는 것 같은 모습이다. 이곳에서 은둔, 수행하는 사람들이 많아 '수도자의 골짜기'라고 불리기도 한다.

이(사탈 휘윅) 사람들의 먼 선조들의 집들은 땅속의 혈거六居 토옥土屋이었던 듯 하며 … 이 거주지들은 점차 위로 올라왔지만, 여전히 지하 거주의 논리를 유지하고 있다.

혈거 자연 또는 인공으로 된 동굴 속에서 사는 주거를 말함.

문득 사탈 휘윅이 숭배한 종교적 형태가 콘도르 샤머니즘과 관계된다는 사실이 생각났고, 이어 이슈타르가 지하세계로 내려간 이야기가 떠올랐다. 이슈타르는 '사람들이 빛을 갈망하는' '어둠의 집'으로 내려갔으며 그 사람들의 우두머리는 '깃털로 덮인 새와 같다'고 했다. 분명히 사탈 휘윅의 승려-샤먼들, 그리고 쿠르디스탄의 주시자들은 '깃털로 덮인 새와 같다'고 묘사될 수 있었다. 그러나 그들이 지하에 살았던 적이 있을까.

최초의 대장장이들

사탈 휘윅 문화에는 우리가 주목해야 할 또 다른 측면이 있다. 다름 아닌 화산에 대한 뚜렷한 관심이다. 제임스 멜라트는 BC 6200년으로 거슬러 올라가는 제7유적층의 성소 Ⅶ.14의 북쪽과 동쪽 벽에, 가까이 붙어서 층층으로 지어진 집들이 있는 도시 벽화를 발견했다. 어찌 보면 사탈 휘윅 자체를 묘사한 것 같다.

그림을 보면, 교외 너머로 봉우리가 둘인 거대한 산이 있고, 그 위에는 화산 폭발을 뜻하는 줄들이 있는 벽화였다. 연속적인 점들은 분출하는 재구름과 바위들을 의미하며, 산기슭에서 나오는 다른 선들은 흐르는 용암을 묘사하는 듯 했다. 분명히 사탈 휘윅이란 위치에서 코냐 평원의 동쪽 끝에 자리한 1만 6천73피트 높이의 쌍봉산 하산 닥의 폭발을 묘사한 것이 틀림없다. 예술가가 후대를 위해 자신의 체험을 포착할 만큼 감동을 받았다는 것은 흥미롭다. 그것은 아마도 역사적인 사건을 담은 가장 오래된 '사진'일 것이다.

그러나 이 벽화에는 단순한 역사적 사건을 기록하는 것 이상의 의미가 담긴 것처럼 보인다. 왜냐하면 그들은 아나톨리아 동부의 다른 화산에도 관심을 가졌던 것 같기 때문이다. 즉, 그들은 산기슭에서 흑요석을 비롯한 다양한 천연자원을 구했고, 놀라운 솜씨를 발휘하여 보석류와 칼날들, 그리고 몹시 윤이 나는 거울을 제작했다. 흑요석은 반 호수 서남 해안에 있는 넴루트 닥을 중심으로 한 최초의 거래품목이기도 했다. 그리고 쿠르디스탄의 화산은 화산 활동을 하고 있었을 당시, 주시자들이 살았다고 추정되는 곳이다.

내가 보기에 그들과 화산과의 관계는 단순히 물질적인 것만은 아닌 것 같다. 사탈 휘윅의 지하 성소들을 보면, 장식이 특정한 방위와 관련되도록 꾸며져 있다. 북쪽 벽에는 황소들이 남쪽으로 타우루스 산맥을 마주보도록 되어 있고, 동쪽과 북쪽 벽에는 죽음의 상징물이 지는 해와 북극성을 마주보도록(근동의 많은 종교에서 죽은 후에 영혼이 여행하는 방향이다) 되어 있다. 그리고 서쪽 벽에는 탄생과 관련된 상징들이 떠오르는 태양과 여러 화산들을 마주보도록 묘사되어 있었다.

이 방위체계는 분명히 화산에 대한 사탈 휘윅 문화의 관심이 영혼의 탄생 혹은 부활과 관련 있음을 암시하고 있다. 어쩌면 그것은 화산, 아니 불 전체에 대한 숭배를 나타내는 것인지도 모른다.

앞에서 설명했듯이, 불은 인도–이란의 신화와 의식에서 가장 성스러운 상징이기도 하다. 불의 제단 가운데 가장 오래된 것은 BC 2000년경으로 거슬러 올라간다.

한편, 불과 화산 활동은 사탈 휘윅 사람들에게 금속 세공

예를 들면, BC 1700년경 불의 제단이 중앙아시아의 투르크메니스탄 카라쿰 사막의 머갑강 江 삼각주인 마기아나에서 발견되었다. BC 2000년경의 또 다른 제단은 중앙아시아의 힌두쿠시 산맥과 아무르강 사이에 있는 북 박트리아에서 발굴되었다.

기술을 발달시켰을 것으로 보인
다. 그리하여 구리와 납을 제련
하는 것 자체가 성스러운 직업
이 되었던 것 같고, 대장장이는
불의 정령 밑의 불의 승려로 분
류되었을 것이다. 11세기 페르
시아의 『샤나마』를 보면, 초기
신화의 왕 후솅 *Husheng*(훨씬 이
전의 아베스타 문헌에 나오는 하오샨
하)이 문명의 토대를 세우고 불을 발견했으며, 불을 이용하여
처음으로 암석과 쇠를 분리한 것으로 되어 있다. 그 결과, 그
는 마치 『야만인 코난』의 조상처럼 금속체들을 만들어 낼 수
있는 힘을 가진 최초의 대장장이가 되었다.

이제 우리는 불, 특히 화산 불이 얼마나 중요했던가를 확
인할 수 있다. 그것은 분명히 대장장이들로 하여금 암석을
변화시켜 보석과 도구, 무기와 같은 물건을 만들어내는 신비
한 힘을 갖게끔 했다.

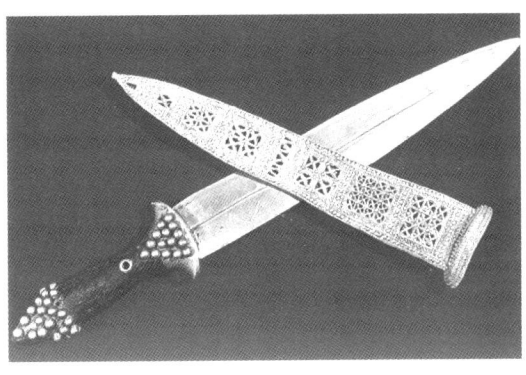

고대 문명인들의 금속기술은
대장장이를 성스러운 직업으로
만들었다. 사진은 BC 2600년경
이라크 우르에서 출토된 황금
단검. 이라크 국립박물관 소장.

스트라보 그리스의 지리, 역사
학자(BC 64?~AD 21?). 현존하
는 『지리지』(17권)가 대표작.

헤파이스토스 그리스 신화에
나오는 불과 대장간의 신. 올림
포스 12신의 하나. 로마신화에
서는 불카누스와 동일시되었
다. 사진은 헤파이스토스가 제
우스 머리에서 아테네의 출생
을 돕는 장면이 그려진 술잔.

프리지아의 카비리

BC 1200년경, 아나톨리아는 프리지아 왕국을 세운 호전적
인 종족(프리지아인)의 침략을 받는다. 그들은 카이세리 왕국
까지 쳐들어왔는데, 이 왕국은 카비리라고 알려진 불-정령
종족이 거주하는 곳이었다.

그리스의 저술가 플루타르크와 스트라보는 '카비리의 나
라'가 '프리지아의 경계'에 있었다고 했다. 그리스-로마 신
화는 카비리가 불카누스(혹은 헤파이스토스)에게서 태어난 최
초의 금속세공인들(화산의 불과 관련된 '지하의 대장장이들')이었

다고 전한다. 불카누스 Vulcan는 대장장이이자 불의 신이며, 그의 이름에서 바로 화산 volcano과 화산활동 vulcanism이란 단어가 유래했다.

카비리의 기원은 명확하지 않다. 왜냐하면 그들은 그리스의 렘노스 섬과 이집트, 테살리아, 페니키아를 포함한 여러 장소와 연관된 전설들에 등장하며, 그때마다 이야기가 조금씩 다르기 때문이다. 그러나 카비리의 전설은 프리지아에서 나왔고, 소아시아 최고最古의 금속 세공인들에 대한 희미한 기억을 나타낼 가능성이 많다는 것이 일반적인 견해이다.

코냐 평원의 사탈 휘윅 사람들이 최초의 대장장이였다는

테살리아 그리스 중북부, 핀도스 산맥과 에게해海로 둘러싸인 지방. 그리스 신화의 중심 무대였다.

카파도키아 젤브 골짜기의 동굴 입구. 응회암이 균열되면서 생긴 바위 기둥들이 침식되어 뾰족갓버섯 모양으로 변형한 암추岩錐가 줄지어 서 있다.

사실을 이미 밝혔으므로, 이 문화를 문명의 여명에 있었던 카비리의 금속 세공 업적에 관한 전설과 연관시키지 않을 이유는 없을 것이다. 물론 카비리라는 왕국은 역사적 관점에서는 결코 존재한 적이 없다. 그러나 프리지아의 국경 너머, 다시 말하면 전통적인 왕국의 경계 너머에 카파도키아의 중심부가 자리잡고 있었기 때문에 중요하다.

그럼 카비리는 페리의 불 굴뚝에 원래 살았던 사람들이었을까. '불 굴뚝'이라고 하면 뜨거운 용광로에 금속을 녹이는 장면을 떠올리게 한다. 그렇다면 카비리는 카파도키아의 최초의 금속세공인들, 훨씬 후대에 들어와 금과 은 등을 제련한 아카드 상인들의 선조였을까. 만약 그렇다면, 과연 카비리는 누구였을까.

정령들의 집

잠시 여행 이야기를 계속해 보자.

목적지인 네브세히르에 도착하자, 택시 운전사들이 우르르 몰려들었다. 그들은 서로 싼 가격에 안내해 주겠다면서 자기들 차에 태우려고 했다. 나와 켄은 애써 미소지으면서 괜찮다고 했다. 그리고 때마침 눈에 띈 젊은 학생과 흥정했는데, 그는 우리가 보고 싶어했던 곳을 미리 알고 있었던 사람처럼 말했다. 잠시 후, 흥정이 끝나고 우리는 거의 다 찌그러진 낡은 차 트렁크에 짐을 실었다.

그날 우리가 찾아간 곳은 그 지역에서 가장 큰 화산 원뿔 중 하나인 우키사르 *Uchisar* 바위성이었다. 안이 얼마나 넓은지 지금도 사람들이 살고 있었다. 심지어 호텔까지 있었다. 높은 곳에 올라가 내려본 광경은 참으로 아름다웠다. 에르시야스 닥의 눈 덮인 봉우리가 전능한 신격의 상징처럼 동쪽

바실리우스 그리스의 종교가 (330~379). 동생 니사 그레고리우스, 친구 나지안주스 그레고리우스와 더불어 카파도키아의 3대 신학자이며, 동방교회의 수도원 규칙을 제정하여 '수도생활의 아버지'라 불린다. 친구 나지안주스 그레고리우스는 동방의 4대 박사 중 하나로 아폴리나리우스파(派)에 대해 그리스도의 인성(人性)을 옹호했다.
니사 그레고리우스 바실리우스의 아우(330?~395?). 삼위일체론 등 정통신앙을 수호하는데 업적이 크다.

오른쪽 페이지 사진은 나지안주스 그레고리우스가 주교 서품을 받는 모습. 서기 880~886년 사이에 황제 바실리우스 1세의 명에 따라 제작되었다. 그리스어 수사본. 파리 국립도서관 소장.
아래 사진은 카파도키아 괴레메 동굴의 벽화. 세 사람의 동방박사가 아기 예수에게 경배드리고 있다. 9세기.

지평선을 내려다보고 있었다. 말 그대로, 수천 개의 요정굴뚝들이 빨강, 오렌지, 노랑, 검정, 흰색을 띤 채 눈앞에 펼쳐져 있었는데, 대부분 75피트에서 80피트의 높이였다.

우리를 안내해준 학생은 역사와 고고학을 공부한다는 아메드라는 젊은이였다. 영국 대학으로 유학하고 싶은 욕심에 영어를 배우려고 관광안내원 노릇을 자원했다고 말했다. 나는 그에게 이 지방의 지형에 관해 여러 가지 질문을 해봤지만 흡족한 대답은 나오지 않았다. 알고 보니, 그는 기초적으로 알아두어야 할 내용을 쪽지에 적어두었다가 그것만을 앵무새처럼 낭독하는 것이었다.

아메드의 말에 따르면, 그곳 주민들은 요정굴뚝을 세운 신화적인 존재가 페리라기보다는 정령들이라고 믿고 있다고 한다. 그 정령들은 지금도 바위 탑 안에서 살고 있기에 주민들 대부분은 바위 원뿔에 가지 않으려 한다고 했다. 죄를 지어 벌받는 사람, 아니면 정령에게 납치된 적이 있는 사람만이 그곳에 들어간다는 것이다.

젤브 Zelve라고 불리는 화산계곡에 가보니, 바위의 갈라진 틈마다 동굴 거주지가 셀 수 없을 정도로 많았다. 학자들에 따르면 이곳은 바실리우스와 성 니사 그레고리우스와 같은 카레사레아의 초기 교부시대에 기독교인 공동체들이 살던 곳이라고 한다. 지금은 머리 위에서 빙빙 돌며 끊임없이 아득한 잡음만 내는 거대한 까마귀떼만이 그곳에 살고 있었다. 정령들의 영역

이라고 생각되는 그곳에서 들리는 까마귀 소리는 등골을 오싹하게 만든다.

이튿날, 우리는 괴레메 마을 외곽의 유명한 바위교회 단지와 그 일대의 요정굴뚝들을 둘러봤다. 바위교회 내부는 대체로 아치 조각과 기둥으로 분리된 측랑, 원형 천정의 본당, 그리고 본당과 연결된 동쪽의 후진後陣 등 한 가지 양식으로 통일되어 있었다.

그러나 미술 장식은 전혀 달랐다. 단순한 붉은 황토로 그려진 초기 기독교 미술과, 그 다음 시기의 보다 세련된 채색 프레스코화였다. 프레스코화에는 예수 그리스도와 동정녀 마리아, 천사들과 성자들이 그려져 있었는데, 콘스탄티노플(이스탄불)의 비잔틴 교회 양식이었다.

여기서 나의 관심을 끈 것은 북쪽 벽에 있는, 이들 것보다 훨씬 덜 세련된 '기독교' 예술이었다. 8천5백 년이나 된 사탈 휘윅 성소의 장식 벽화(Ⅵ. A와 Ⅵ. B)와 정확히 일치하는 만자卍字 무늬와 기하학적 문양들이 있었다. 이렇게 완전히 다른 두 양식이 함께 있다니….

실로 놀라운 일이 아닐 수 없었다. 얼핏 생각하면 아주 대단한 발견을 한 것 같지만, 이 수수께끼는 논리적인 해석이 가능하다.

제임스 멜라트가 지적했듯이, 사탈 휘윅 벽화에서 발견되는 복잡한 기하학적 무늬들은 지금도 터키 동부에서 만들어지는 킬림kilim이란 양탄자에 새겨지는 무늬들이다. 그 양탄자 무늬 중 어느 것은 수천 년이나 내려온 것들이며, 이것은 그 지역에 존재했던 신석기 문명에 기원을 두고 있음을 암시한다. 실제로 멜라트는 사탈 휘윅의 제7성소에서 가장자리를 두른 바느질선인 듯한 무늬가 있는 킬림 양식의 벽화 두

카파도키아에는 지하도시가 36개나 있다. 왼쪽 페이지 사진은 터키 북부 갈라디아 지방의 이고니온 서쪽 20km에 있는 실라 마을 근처의 동굴. 초대교회의 집회소와 카타콤바로 이용된 것으로 추정된다.

비잔틴 문화 그리스 고전문화의 전통 위에 그리스도교적 요소가 가미된 것이 특징이다. 일반적으로 신비적 색채가 강하고 모자이크 장식이 많다.

해와 불을 상징하는 卍자 무늬는 중앙아시아의 북쪽 초원지대에서 출토된 토기에서도 발견된다. 서기 8세기. 카자흐스탄 크힘켄트 종교박물관 소장.

카파도키아에 있는 괴레메 동굴은 11세기경 투르크의 공격을 받은 기독교인들의 피난처이기도 했다. 괴레메 동굴의 벽화 일부.

점을 발견했다. 누가 보아도 그 벽화가 양탄자 무늬를 베낀 것임을 알 수 있다. 이렇게 본다면, 초기 신석기 시대의 사탈휘윅 무늬가 기독교 시대에 이르기까지 최소한 6천 년이나 간접적으로 이어져 왔음을 보여주는 셈이다.

그러나 일부에서는 전혀 다른 형상을 보여준다. 성 바바라 교회의 천정에는 다양한 원들이 그려져 있는데, 이상한 모양의 각선들과 지그재그로 이어진 선들, 그리고 만약 아무렇게나 그린 것이 아니라면 그림문자의 원시 형태인 듯한 점 무늬들이 포함되었다. 또 연속적인 직사각형과 각이 둥근 삼각형도 있다. 마치 덧붙여진 머리와 사지四肢를 나타내듯 지그재그 선과 작은 원이 어우러져 있다. 이 그림들의 의미는 알려져 있지 않지만, 나는 죽마竹馬같이 생긴 선들이 지하로의 하강을 의미하는 것 같다는 첫인상을 받았다.

죽마 두 개의 긴 대막대기에 나지막하게 발판을 각각 붙여 발을 올려놓고 위쪽을 붙들고 걸어다닐 수 있게 만든 것.

카파도키아의 지하 동굴교회에서는 비기독교적인 붉은 황토의 새-샤먼 그림이 그려져 있다. BC 6400~6000년경 사탈휘윅 근처의 신석기 시대 성소에서 발견된 콘도르 벽화들과 매우 유사하다.

 성 바바라 교회의 장식 중 가장 기이한 것은 조잡한 형태의 붉은 황토 그림이다. 쐐기 모양의 꼬리, 위로 들어 올려진 열린 부리, 깃털을 나타내기 위해 십자 표시로 꾸민 둥근 몸통의 새 그림이다. 기독교 학자들은 이 그림을 가리켜 초기 교회의 도상학에서 '부활'을 상징하는 것 가운데 하나인 공작이라고 말해 왔는데, 그것은 로마의 카타콤바 내부에서도 발견된다. 그러나 이 주장은 그 새의 손과 팔, 분명하게 표현된 다리를 설명하지 못한다.

 내가 보기에 그것은 전혀 기독교적인 형상이 아니다. 따라서 새의 복장을 한 샤먼인 듯한 인간 형상의 묘사가 아닐까. 아니, 올려진 부리가 토템적 머리장식의 한 형태일 수도 있다는 증거도 있다.

 그럼 4세기 혹은 5세기의 것으로 추정되는 새 샤먼의 그림은 도대체 무엇을 하고 있는 것일까. 카파도키아의 초기 기독교인들이 초기 신석기 시대로 거슬러 올라가는 훨씬 오래

카타콤바 초대교회의 지하묘지. 그리스어로 '낮은 지대의 모퉁이'란 뜻이다. 나폴리, 시라쿠사이, 말타, 아프리카, 소아시아 등 여러 지역에서 볼 수 있으며, 특히 로마 근교에 많다. 지하에 묘지를 두는 풍습은 동방에서 전래된 것이다.

된 샤먼 전통을 물려받은 사람들이었을 것이라는 추정 외에는 다른 논리적 설명이 있을 수 없다. 아마도 바위를 파서 만든 이 동굴 거주지를 기독교인들이 사용하기 전에 그들 자신의 의식적 목적으로 사용했던 한 문화의 예술적 표현이라는 것도 생각해 볼 수 있지 않을까.

지하의 세계

괴레메의 바위교회를 둘러보고 나온 우리에게 아메드는 무엇을 보고 싶으냐고 물었다.

"지하도시들을 보고 싶지 않으세요? 그곳을 보러 매년 아주 많은 관광객들이 온답니다."

"지하도시라니…?"

"이 주위에 많이 있어요. 아랍의 박해를 피하려던 기독교인들이 만들었어요. 그들은 아랍인들을 피해 지하로 내려갔는데, 그 안에 수천 명이 들어갈 수 있어요. 데린쿠유에는 아마도 2만 명까지 들어갈 겁니다."

우리는 놀라서 말이 안 나올 정도였다. 땅 속에 2만 명을 수용할 수 있는 지하도시라라니…. 일반적으로 적이 공격하면 안전한 장소로 후퇴하게 마련이다. 그것은 어느 사회나 문화가 취할 만한 논리적인 행동이기도 하다. 실제로 엄청난 수의 기독교인들이 박해를 피해 동유럽, 특히 그리스에 새로운 정착지를 만들었다. 하지만 땅 속에 구멍을 파고 숨어서 박해자들이 물러가기를 기다린다는 것은 미친 짓이나 다름 없지 않은가.

갑자기 지하도시를 보고 싶었다. 아메드가 안내한 곳은 카이마클리라는 마을이었다. 이곳에서 지하왕국을 발견한 때는 1964년이었고, 아직까지도 완벽한 조사가 이루어지지 않은 상태이다. 얼마나 많은 지하층이 있는지 모르지만 일반인들에게는 4개 층만 개방되고 있었다.

우리는 돌계단을 한참 동안 내려가 복도에 다다랐다. 통로는 가로 10피트 정도, 높이는 머리 위로 6.5피트 이상이나 될 정도로 아주 컸다. 통로를 걷다보니 넓은 단지가 나오고, 다시 여러 개의 통로로 나뉘어져 있었다. 복도의 측면마다 한때 침실, 식량 저장고, 물 저장소, 포도주 저장소, 사원들, 그리고 기독교 교회로도 쓰였을 방과 공터들이 있었다. 방은

터키의 지하도시 데린쿠유는 '깊은 못'이라는 뜻. 이곳 지하 동굴에는 1만 5천 개의 환기구가 있다. 2만 명의 공동체를 수용할 수 있으며, BC 10000년경 마지막 빙하기가 끝날 무렵에 지어졌을 것으로 보인다.

반암 얼룩진 모양의 구조를 가진 화성암. 황색, 백색, 회색이 대부분이며 알카리 장석長石이나 석영石英 등을 반정斑晶으로 한다.

반암斑岩을 정확하게 잘라내어 만든 것 같다. 방과 방 사이의 반암 벽은 매우 얇았다. 놀라운 점은 모든 층에 땅 위와 연결되는 통풍관이 설치되어 있다는 점이다. 그리고 구역이나 층마다 거대한 바퀴 모양의 검은 돌로 만든 문이 설치되어 있다는 사실이다. 그곳 사람들은 그 문을 가리켜 티르히즈 혹은 타르코즈라고 부른다.

이 지하요새를 정확히 누가 만들었는지는 전혀 알려지지 않고 있다. 교회가 있는 것으로 보아, 초기 기독교인들이 있었던 것만은 분명하다. 바위를 잘라 만든 무덤 구덩이들이 지상의 경사진 바위틈에서 발견되었는데, 이것 역시 기독교인들이 만든 것이었다. 그러나 정작 카파도키아의 기독교인들이 이 지하도시를 건설했다는 증거는 하나도 없었다.

지하도시를 나오면서, 나는 매표소에 들러 책 두 권을 샀다. 이곳 역사에 관해 기록한 책인데, 그 중 한 권은 대단히 흥미로웠다. 1968년부터 외국의 고고학 팀과 함께 이 지하도시를 발굴 조사하던 역사학자이자 고고학자 외머 데미르가 쓴 『카파도키아-역사의 요람』이란 제목의 책이었다.

네브세히르로 돌아와, 시내가 한눈에 내려다보이는 호텔에다가 짐을 풀었다. 며칠 동안 잠을 제대로 자지 못한 탓인지 무척 피곤했지만, 나는 짐을 풀자 마자 데미르의 책을 읽기 시작했다. 덕분에 나는 이곳 향토학자가 카파도키아의 지하세계에서 찾아낸 엄청난 사실을 알게 되었다.

지하도시는 한두 개가 아니었다. 놀랍게도 36개나 되는 지하도시가 카파도키아 전역에 흩어져 있었다. 그 대부분은 아직 제대로 조사되지 않았지만, 현재까지 알려진 것 중 가장 큰 것은 데린쿠유에 있었다. 1963년 그곳 주민에 의해 우연히 발견되었고, 2년 후 일반인에게 공개되었다. 데미르는 2.5

평방마일이나 되는 이 지하세계를 '세계 8대 불가사의'라고 했다. 데린쿠유 지하도시는 대략 18~20개 층으로 되어 있다고 추정되는데, 조사가 이루어진 것은 8개 층까지이다.

그 규모는 참으로 대단했다. 맨 위의 3개 층만으로도 대략 2천 가구, 만 명 가까운 사람을 수용할 수 있었다. 학자들은 최대 2만 명의 사람들이 이 단지에서 살았을 것이라고 추정한다. 따라서 카파도키아 전역에 있는 지하도시를 계산하면 참으로 엄청난 숫자이다. 적어도 10만 명에서 20만 명에 이르는 사람들이 살았을 것이 아닌가.

참으로 고대에 이곳에서 벌어졌을 일이 두려울 정도이다. 더욱 믿기지 않은 것은 몇몇 지하도시들이 긴 터널로 연결되어 있다는 점이었다. 데린쿠유의 세 번째 층에 있는 어느 통로는 5마일이나 떨어져 있는 카이마클리의 지하 단지와 연결되어 있다고 한다. 그 통로는 지표와 연결된 통풍관을 갖추고 있으며 서너 명의 사람이 나란히 걸을 수 있을 만큼 넓다고 한다.

여러분은 초기 기독교인들이 아랍 침입자들을 피하려고 이처럼 거대한 지하통로를 손수 만들었다고 생각되는가. 내가 보기에는 결코 그렇지 않다.

세계 7대 불가사의 일반적으로 7대 불가사의라고 하면, 이집트 기자의 쿠프왕 피라미드, 바빌론의 공중정원, 올림피아의 제우스상, 에페소의 아르테미스 신전, 할리카르낫소스의 마우솔루스 능묘, 로도스의 거상, 이집트 알렉산드리아의 파로스 성당 등이다.
이집트의 피라미드와 로마의 원형극장, 영국의 거석기념물, 이탈리아의 피사 사탑, 이스탐불의 성 소피아 성당, 중국의 만리장성, 알렉산드리아의 등대를 꼽는 견해도 있다.

데린쿠유 아래 깊은 곳

무엇보다도 데린쿠유 주민들이 오랫동안 잊혀졌던 그 지하도시를 우연한 경우라도 발견하지 못했다는 것이 이해하기 어려웠다. 데린쿠유란 '깊은 우물'이라는 뜻인데, 이 말은 지하도시의 모든 층을 지상과 연결시켜준 수많은 통풍관을 가리키는 것이었다. 마을 곳곳에 있는 우물에는 한 쌍의 암석이 곧게 세워져 있었는데, 그 우물들은 1962년까지만 해도 이곳 주민들의 주요 수원지水源地였다고 한다. 그런데 그 우물이 바로 발밑의 거대한 지하도시와 연결되어 있다는 것을 전혀 알아차리지 못했다니….

데린쿠유 지하도시에는 52개의 통풍관이 있다. 그것은 지상에서 65~77야드 지하까지 내려가고 있다. 그리고 지하도시 내부는 항상 섭씨 7~8도를 유지하고 있다. 말하자면 그곳은 몹시 덥거나 몹시 추운 기후를 피하기에 이상적인 장소였다.

카이마클리 지하단지처럼, 거대한 바퀴 모양의 돌문이 있어서 각 구역들을 막을 수 있고, 1만 5천 개의 통풍관이 8피트에서 10피트 거리의 땅을 뚫고 첫 번째 층을 지상과 연결시키고 있다. 불가사의한 점은 이 통풍관의 지름이 4인치밖에 안 된다는 점이다. 송곳이 아니고서는 뚫을 수 없을 만큼 좁은데, 초기 기독교인들이 그렇게 정교한 도구를 갖고 있었다는 기록은 전혀 없다.

전문가를 당황스럽게 만드는 또 하나의 의문점은 지하도시를 건설할 때 나온 암석 파편들을 어떻게 처리했느냐 하는 점이다. 어느 학자는 데린쿠유 서쪽에 있는 쇠그델레라는 언덕이 아닐까 추정한다. 데미르는 강물에 쏟아부어 카이마클리 쪽으로 흘러갔으리라고 추정하고 있다.

그 어느 가설이든 설득력이 부족하지만, 한 가지 분명한 사실은 이 지하도시의 역사가 무척 오래 전의 것이라는 사실이다. 왜냐하면 굴을 팠던 흔적이 전혀 남아 있지 않을 정도가 되려면 굉장히 오랜 세월이 흘렀을 것이기 때문이다. 『카파도키아-역사의 요람』의 저자 데미르 역시 데린쿠유의 일부가 매우 오래된 것이라고 확신하고 있다. 그렇다면 누가 이 지하도시를 건설했을까. 그리고 얼마나 오래된 것일까.

데린쿠유 동굴 내부. 굴을 팠던 흔적이 남아 있지 않다는 점에서 꽤나 오래 전의 것으로 추정된다. 그러나 초기 기독교인들이 팠을 가능성은 거의 없어 보인다. 오히려 오른쪽 페이지 사진처럼 천장과 벽면에 남아 있는 흔적으로 보아 초대교회 당시 이용했을 가능성이 높다.

여기서는 데린쿠유의 지하왕국만 보기로 하자.

　이곳에서는 기독교 시대 이전의 것으로 여겨지는 어떠한 유물이나 사람의 유골도 발견되지 않았다. 다만 건축 양식에 있어서 층마다 두드러진 차이점을 보여주고 있다. 기독교인들이 이곳의 여러 구역에서 살았다고 해도 단지 몇 층만을 새로 짓거나 재조정한 것으로 보일 뿐이다.

　데미르에 따르면, 그 지하도시의 일부는 후기 구석기 시대에 지어졌을 가능성이 충분했다. 후기 구석기 시대라면, 인류 역사에서 BC 9500~9000년경에 마지막 빙하기가 중단되었던 시기로 기록되는 시대이다.

　그는 무슨 근거로 이러한 가설을 세웠을까.

　1910년 영국인 고고학자 R. 캄벨톰슨이 데린쿠유에서 16마일 떨어진 강가 쇠그날리에서 손도끼와 바위조각들, 그리고 후기 구석기 시대의 유물들을 발굴했다. 그 유물들은 고대 지질시대에 에르시야스 닥이 화산활동을 할 때 용해된 상태로 뿜어져 나온 응회암(凝灰巖)을 파내는 데에 쓰였을 것 같은 종류였다.

응회암 지름 4㎜ 이하의 화산 방출물. 주로 화산재가 퇴적하여 생긴 암석.

　이것만 가지고 데린쿠유 지하도시의 연대를 측정하기란 불충분하지만, 데미르는 그것이 히타이트 시대에 존재했을 것이라고 확신했다. 왜냐하면 그 유물이 발견된 주거지의 기초가 지하도시에 속해 있는 우물-통풍관 주위에 있기 때문이었다. 게다가 BC 1200년경 프리지아인들이 카파도키아를 침략했을 때 완전히 파괴된 히타이트 마을과는 달리 데린쿠유는 피해를 입지 않은 채로 남아있기 때문이었다. 따라서 데미르는 히타이트인들이 지하도시의 첫 번째 층으로 피난하여 프리지아인들의 공격을 모면했음을 보여준다고 추정했던 것이다.

나는 데린쿠유를 직접 찾아가 보기로 했다. 데미르를 만나서 이야기를 나누어야겠다는 생각이 강하게 들었다.

어둠의 집
다음날, 우리는 다시 돌무스를 타고 데린쿠유를 찾아갔다. 지하도시 입구에는 밝은 차림의 몇몇 관광객들만이 있을 뿐이었다. 내부에 들어서자마자 나는 깜짝 놀랐다. 상상할 수 없을 정도로 거대한 거석의 영지가 눈앞에 있었다.

순간, 이슈타르가 '출구가 없는' '사람들이 빛을 갈망하는' '어둠의 집'으로 내려갔다는 이야기가 떠올랐다. 그리고 에드워드 베이컨이 사탈 휘윅의 지하 거주지와 성소에 대해 '이들의 먼 조상들의 집은 땅 속의 동굴이었던 듯 하다'고 언급한 말도 생각났다.

참으로 이상한 일이었다. 데미르가 가장 오래되었을 것으로 추정한 층의 통로 높이는 다른 층의 것보다 훨씬 높았다. 천장이 머리 위로 최고 7피트나 되는 높이였다. 그리고 후대의 것으로 보이는 층에서는 높이가 그리 높지 않았는데, 어느 곳에서는 허리를 굽혀야 할 정도로 낮기도 했다. 왜 어느 층은 우리가 지나기에 적당했고, 어느 층은 천정이 그토록 높을까. 분명 키가 큰 사람들이 살았을 것이다.

그렇다면 데린쿠유의 가장 초기 단계에 거주했던 키가 큰 종족은 누구였을까. 그들이 이곳에서 남서쪽으로 1백15마일 떨어진 곳에 지하도시를 세운 사탈 휘윅 문화의 조상들이었을까.

마지막 빙하기에 동반된 기후적 지질적 대변동의 시대는 바로 인류가 외부세계로부터 숨어서 보낸 기간이었다. 고고학적으로 보면, 이 시대는 후기 구석기 시대로 알려져 있다.

그리고 쇠그날리 유적지에서 발견된 돌 도구들이 만들어지고 사용되던 시기와 동일한 시대였다. 데미르는 그 유물을 근거로 삼아 이 지하도시를 구석기 시대 후기의 것으로 추정하고 있다.

외머 데미르를 만나는 것은 어렵지 않았다. 그는 이곳 유적지의 관리책임자로 일하고 있었던 것이다. 키가 크고 호리호리한 체격에 나이가 지긋했다. 짙은 색 얼굴에는 터키 남자들이 자랑삼는 텁수룩한 코밑 수염이 있었다.

그는 우리 일행을 정중하게 맞아 주었다. 이것저것 이야기를 나눈 뒤, 나는 이 도시의 역사가 후기 구석기 시대까지 거슬러 올라간다는 주장을 뒷받침하는 근거가 무엇이냐고 물었다. 그는 이곳 강가에서 출토된 유물에 대해 다시 한번 이야기해 주었다. 그리고 지하도시의 건축 양식이 층마다 달랐고, 가장 오래된 층은 금속도구가 아닌 돌도구로 파내졌음을 확신한다고 말했다. 그 역시, 천장이 거인족에 맞게 설계된

고대 우주비행 이론가인 에리히 폰 데니켄이 데린쿠유는 외계문명의 공습을 피하기 위해 건설했다고 주장하는 벽화. 날개 달린 신은 고대에 지구로 날아온 외계인의 모습을 보여주는 것이라고 추측했다.

것처럼 다른 층보다 훨씬 높다는 사실도 알고 있었다. 그밖에 그가 해준 이야기는 책에 나와 있는 내용과 별반 다르지 않았다. 다만 한 가지는 우리를 깜짝 놀라게 했다.

이곳 지하도시에 대한 고대 신비문명 연구자들의 관심이 지대하고 엉뚱하다는 점이었다. 『돌들은 말한다』와 『아틀란티스의 돌』의 작가 데이비드 징크는 데린쿠유뿐 아니라 성 바바라 교회에서 발견된, 이상한 '기독교' 벽화에도 특별한 의미를 부여하여 그 형상들을 '복구'할 수 있게끔 당국의 허가를 받았다고 한다. 또 고대 우주비행 이론가인 에리히 폰 데니켄도 이곳을 방문하고, 지금은 사라진 문명이 외계의 공습을 피하기 위해 건설했다고 결론짓고 있다. 그는 인간들이 우주의 법에 순종하지 않으면 인간을 벌하기 위해 외계인들이 다시 돌아올 것이라고까지 했다.

내가 폰 데니켄의 주장에 관심을 갖는 면은 따로 있다. 그는 지하도시 거주민들이 외부 세상에 식량을 의존했으리라고 추정하고 있었는데, 내가 보기에도 설득력이 있어 보였다. 햇빛 없이는 식물이 자랄 수 없다. 1만 명에서 2만 명의 공동체가 일정 기간 살려면 분명히 외부의 농경사회와 연결되어 있어야 한다. 그리고 설사 공격자가 있더라도, 그들이 지하도시의 출입구를 막아버려 안에 있는 사람들이 굶어죽기를 기다리면 간단하지 않은가.

이 지하도시가 공격에 대한 피난처로서 지어졌다는 것은 어리석은 생각이다. 그들은 사람들을 피하려는 것이 아니라 자연의 힘을 피하려 했던 것이다. 한 공동체가 사냥과 농경을 위해 외부 환경을 개척할 수 있으려면, 그 침략자는 자연과 같은 것이어야만 한다.

그렇다면 지하세계에 살았던 사람들은 누구였을까.

데린쿠유는 두 개의 커다란 화산(남서쪽으로 35마일 떨어진 하산 닥과 동북동쪽으로 40마일 가량 떨어진 에르시야스 닥) 사이의 거대한 분지에 위치하고 있다. 여러분은 마지막 빙하기에 활동 중이었을 가능성이 높은 화산들과 지하도시가 가까이 있는 이유를 무엇이라고 보는가. 인간의 손으로 파내기에 적합한 응회암 지역이라는 점이 하나의 단서가 되지 않을까. 그리고 또 무엇이 있을까.

사탈 휘윅 거주민들은 아나톨리아 동부의 화산을 생명의 근원으로 숭배했다는 생각은 들지 않는가. 그래서 그들은 자신들의 조상이 불에서 태어났다고 믿지 않았을까. 훨씬 후대의 아랍 전설에 등장하는 정령들과 페리처럼 말이다.

혹시 지하도시들에 살았던 사람들은 화산과 관련된 '지하의 대장장이들'인 프리지아의 카비리 전설 뒤에 있는 것은 아닐까. 그리고 이들의 후손이 카파도키아의 불 굴뚝에 거주했고, 아나톨리아 중부의 사탈 휘윅 문화를 세운 것은 아닐까. 어쩌면 이 진보한 문명이 사탈 휘윅 주거민들에게 표면에 아무런 긁힘도 없이 흑요석 거울을 만드는 기술을 제공했을 것이다. 그리고 오늘의 금속바늘로도 뚫을 수 없을 정도로 정교한 구멍을 뚫는 기술을 가르쳤을 것이다. 만일 그렇다면, 이 진보된 문명의 주인공은 정확히 누구였으며, 쿠르디스탄의 '주시자 문화'와는 어떤 관계가 있을까.

최후의 심판도 미켈란젤로 작(1563). 프레스코화. 바티칸 시스티나 성당 천장화.

제19장

지옥불과 대홍수

이마의 이야기

일찍이 동물과 신, 그리고 인간이 이란의 대광원 아이르야나 바에자흐에서 한데 어울려 평화롭게 살았다. 냇물이 흐르고 곡식이 풍성하며 끝없이 펼쳐진 신록의 동산에는 황금빛 여름이 일곱 달 지속되었다. 겨울이더라도 온화한 날씨였다. 그러나 어느 순간, 무서운 일이 일어났다. 모든 것이 변했다. 열 달의 겨울과 단지 두 달뿐인 여름. 황폐한 불모지가 되고 말았다.

왜 달라졌을까. 사악한 정령 앙그라 마이뉴가 나타난 것이다. 그는 죽음과 파괴를 일으키고자 했다. 이 '파멸적인 겨울'의 얼어붙는 듯한 추위 속에서 동물들과 인간들이 차례로 죽어갔다. 살아남았더라도 대역병大疫病이 창궐하여 끔찍한 세상으로 변해갔다. 대기는 물같이 차가웠고 물도 땅같이 차가웠다. 땅 역시 나무들같이 차가웠다. 그리고 눈이 끊임없이 내렸다.

다행히 화를 면할 길이 있었다. 일찍이 선한 정령 아후라 마즈다가 이름 높은 선한 목자, 아름다운 얼굴의 이마에게 '파괴적인 맹렬한 서리'가 대지를 삼키는 어둠의 시기가 도래할 것을 경고했었다. '황야에 사는 짐승들과 산에 사는 짐승들, 그리고 깊은 계곡에 사는 짐승들, 이 세 종류의 모든 짐승들이 마구간의 지붕 아래에서 사멸하리라'고 경고했던 것이다. 그러면서 동물들의 왕국과 인간들 가운데 유덕한 자들을 구할 방도를 알려주었던 것이다.

"네 변이 모두 승마장의 길이가 되도록 바르 *var*를 만들어라. 그곳에 모든 종류의 짐승들의 표본을 데려다 넣도록 해라. 크고 작은 가축들, 짐을 나르는 짐승들, 사람들, 개들, 새들, 그리고 붉게 타오르는 불들을."

아후라 마즈다는 바르 안에 '물이 흐르게' 하고 '물가의 나무들 속, 그 영원한 푸르름 속에 새들을' 두라고 했다. 또 모든 녹색식물과 과실수의 종자를 심으라고 했다. 모든 것이 바르 안에 견실히 머물러 있으면 '멸망하지 않으리라'는 것이다.

많은 세월이 흐르고, 마침내 '파괴적인 맹렬한 서리'가 멀리 물러갔다. 이마는 이란인과 동물을 바르에서 바깥 세상으로 되돌려 보냈다. 식물과 과실수도 빛으로 돌려보내져 새로운 활기를 띠고 다시 자라났다. 그렇게 하여 세상은 타흐무라스의 아들, 이란과 온 세상에서 가장 위대한 왕인 이마의 인도에 의해 구원되었다.

이 이야기는 조로아스터교의 『아베스타』 문헌에 나오는 이마의 이야기이며, BC 6세기경 완성된 것으로 추정된다(제6~7장 참조). 여기서 이마는 히브리 전설의 홍수 영웅인 노아

바르 지하에 마련된 성소.

이마 페르시아 신화에 등장하는 최초의 인간. 조로아스터교에서는 '사람을 즐겁게 하기 위해서 수소 고기를 먹으라고 내준 죄인이었다.

에 비견되는 인물이지만, 이란의 전승과 성서의 이야기와는 차이점이 많다.

우선 홍수가 없다. 또 노아는 거대한 방주를 만들어 동물과 가까운 가족을 태우는 데 비해, 이마는 아후라 마즈다의 지시를 받아 지하요새 또는 지하도시라는 뜻의 바르를 만든다. 즉, 이마는 이란 종족이 '맹렬한 서리'에서 살아남도록 하기 위해 바르를 건설했던 것이다.

문헌에는 지독한 추위와 끊임없이 내리는 눈이 세계를 덮친 '파멸적인 겨울'과 함께 왔다고 했다. 그렇다면 무슨 일이 일어났다는 이야기인가. 인류 역사상 언제 일어난 사건을 가리키는 말인가.

이야기에 나오는 '파멸적인 겨울'이란 분명히 지구에 닥쳐온 마지막 빙하기이다. 그 빙하기는 BC 15000년경에 시작되어 근동 지방에서 BC 8500~8300년경에 끝났다. 마지막 빙하기에 대한 이야기를 보존해온 이란 종족들의 원시적 기억은 가볍게 다루어질 문제는 아니다. 나는 그들의 먼 조상들이 급격한 기후변화를 피하여 거대한 지하의 요새를 건설했다는 점에 흥미를 느꼈다.

앞 장에서 카파도키아 평원의 지하도시를 언급했는데, 그 누가 봐도 이마의 바르 이야기와 너무나 흡사하다. 둘 사이에는 어떤 관계가 있음이 분명해 보인다. 예를 들어보자.

아후라 마즈다는 바르의 "상부에 9개, 중부에 6개, 하부에 3개의 중심가를 내도록" 했다. 이 숫자를 합치면 중심가는 18개가 된다. 아후라 마즈다는 또 "상부의 거리에 남녀 1천 쌍, 중부에는 6백 쌍, 하부에는 3백 쌍이 자리하게 하라"고 했다. 이 숫자를 합하면 1천9백 쌍, 즉 어른 3천8백 명이 된다. 그런데 아이들이나 친척들에 대해서는 전혀 언급하고 있지 않다. 참고삼아, 노아의 방주 안에는 8명이 있었다. 이밖에 아후라 마즈다는 "바르 위에 빛을 위한 창문을 내라"고 말했다. 카파도키아 요새의 통풍관을 떠올리게 하는 말이다.

그렇다면 이마의 바르는 어디에 있었을까.

유감스럽게도 문헌에는 정확한 장소가 언급되어 있지 않다. 그러나 불멸자들의 왕국이자 이란 종족의 근원지인 아이르야나 바에자흐를 언급했으므로, 쿠르디스탄 부근의 어딘가에 있는 것만은 거의 확실하다.

산속에 있었을까.

나는 그럴 리가 없다고 생각했다. 쿠르드, 아르메니아 고원의 사람들과 아나톨리아 동부 평원에 사는 사람들끼리는 항상 교류가 있어 왔다. 실제로 카파도키아는 16세기 터키제국에게 멸망할 때까지 줄곧 쿠르디스탄의 위성지역으로 여겨져 왔다. 그러므로 카파도키아의 지하도시가 후기 구석기 시대에서 유래한다면, 쿠르디스탄 동부의 구비설화를 거쳐 이란 신화에 정착된 전설의 주제가 될 수 있었을 것이다.

물론 이마의 바르 이야기는 지하요새를 실제로 만들었다는 뜻이 아니라 이란인들이 마지막 빙하기를 맞아 지질학적 대변동과 급격한 기후 변화 속에서도 살아남았다는 점을 보여주는 하나의 상징일 수도 있다. 그럴 경우, 바르가 될 수 있는 지하요새들은 얼마든지 많아질 수 있다. 카파도키아에 있든, 쿠르디스탄이나 이란 내에 있든 관계가 없을 것이다. 여기서 잠시 지구상의 대격변에 대해 살펴보자.

마지막 빙하기

어떤 문화가 마지막 빙하기의 끝 단계에서 지하로 내려갔다는 것이 가능한 이야기일까. 사탈 휘윅에서 발굴된 일련의

BC 15000년경에 시작된 지구의 마지막 빙하기는 BC 8500~8300년경에 끝났다. 홍적세로 알려진 지질시대가 도래할 무렵, 지구에는 지질학적인 대격변, 극심한 기후변동이 닥쳤다. 사진은 그 당시의 흔적인 아이슬랜드 바트나 빙하지대.

출토품들은 이 문화의 초기 조상들이 일찍부터 그런 방식으로 살았음을 분명히 암시한다. 만일 그렇다면, 아나톨리아 동부의 후기 구석기 시대 사람들의 생활은 어떠했을까.

대단히 오랜 기간에 걸쳐 맹렬한 폭풍설暴風雪이 평원을 휩쓸었으니, 그 기후는 마치 북극과 같을 것이다. 이런 조건에서는 가장 강인한 동물이나 가장 기운 있는 인간만이 살아남을 수 있다. 그리고 이러한 기후변동이 올 것이라고 예견한 사람이라면, 화산활동에 대한 두려움이 있다손 치더라도 당연히 거대한 지하요새를 건설했을 것이다. 그 지하의 온도는 섭씨 약 7~8도 정도를 유지했을 것이다. 옷을 많이 껴입는다면, 불을 피우지 않더라도 일정 기간 살 수 있는 조건이다. 식량을 저장해 두었지만, 부족한 경우에는 눈과 얼음을 가로지르는 사냥 원정에 나섰을 것이다. 그럭저럭 지하생활은 유지되었을 것으로 보인다.

내가 이렇게 말하면 어떤 사람들은 '허구적인 공상'이라고 말할지 모른다. 사실 그럴지도 모른다. 그러나 지구상에는 마지막 빙하기의 끝 단계에서 엄청난 대재해가 발생했고, 사람들이 지형을 이용하여 피하거나 높은 산꼭대기로 올라갔다는 증거물이 한두 가지가 아니다. 더욱이 이 대격변은 근동 지방에만 국한해서 일어난 일도 아니었다. 세계 곳곳에서 발생하여 어떠한 형태로든지 수많은 문화의 신화와 전설에 보존되어 있다.

지질학자들에 따르면, 거대한 빙관들과 빙하들이 3만 년에서 5만 년간 북미 대륙과 유럽 대부분을 뒤덮었다. 그리고 어떠한 이유인지는 몰라도 BC 11000년경 빙하들이 쇠퇴하기 시작했다. 빙관들은 2천 년에서 3천 년에 걸쳐 완전히 사라졌고 홍적세洪績世로 알려진 지질시대가 도래했다. 해빙으로

빙관 산 정상을 돔처럼 뒤덮고 있거나 북극 섬처럼 평평한 땅을 뒤덮고 있는 빙설氷雪.

홍적세 170만 년 전부터 1만 년 전까지의 시대. 빙기와 간빙기가 되풀이 된 빙하 시대로 이때 인류가 나타났다.

인해 서반구의 대부분 지역에서는 표면 온도가 점차 상승했다. 비슷한 시기에 빙하의 영향을 받지 않은 지역은 어떠했을까. 여기서도 극적인 변화가 일어나고 있었다.

예컨대, BC 11000년대의 어느 기간, 시베리아 북부에서는 글자 그대로 수천 마리의 동물들, 특히 매머스가 얼어죽었다. 그 중 상당수가 입과 위에 풀이 들어 있었고, 서있는 모습으로 발견되었는데, 이로 미루어 그들은 운명의 순간에도 풀을 뜯고 있었던 것이다. 몇몇 표본에서는 그들의 언 피부에 적혈구가 있다는 사실도 밝혀졌는데, 이것은 물이나 가스에 의해 질식사했음을 의미한다. 그리고 우리가 기억해야 할 점은 털로 덮인 매머스가 북극의 기후에서 살지 않았다는 점이다. 그 동물들은 초원과 습지가 많은 숲, 온화한 기후에서 살았다.

유명한 고생물학자 프랭크 C. 히븐 교수는 알래스카의 '진흙' 구덩이에서 수만 마리의 동물들이 갑자기 끔찍한 운명을 맞았다는 사실을 발견했다. 그는 1946년에 펴낸 저서 『잃어버린 아메리카인들』에서 다음과 같이 적고 있다.

매머스 홍적세 중기부터 후기에 걸친 빙하기에 생존했던 화석 코끼리. 크기는 3m로서 코끼리로서는 중형에 속한 부류이다. 어금니가 굵고 나선상으로 휘어 있는 것이 특징이다. 사진은 파리 박물관에 보존되어 있는 매머스 표본.

어둠 속에서 회색의 언 물체가 보존되어 있다. 아주 일반적으로 인대, 피부, 체모, 심지어 근육의 파편들까지 … 폭력의 증거들은 독일 포로수용소의 공포와 같이 뚜렷하다. 짐승들 혹은 인간들의 시체더미는 일반적인 자연적 수단으로는 발생할 수 없다. … 매머스와 들소들이 모두 마치 신의 노여움으로 우주의 손에 의해 당한 것처럼 찢기고 비틀어져 있다. 한 군데에서는 살점과 털, 그리고 발톱이 검게 변한 뼈가 여전히 붙어있는 매머드의 앞다리와 어깨를 볼 수 있었다. 그리고 그 가까이에는 들소의 목과 두개골이 달라붙은 척추와 건과 인대가 있고, 손상되지 않은 뿔의 키틴질 표면 … 그 중에는 무게가 몇 톤씩이나 나가는 것들도 있는데, 그 짐승들은 갈갈이 찢겨져 마치 지푸라기나 실오라기처럼 이리저리 흩어져 있다. 뼈 무더기들과 함께 나무들 역시 비틀리고 찢기어 엉킨 채 무더기로 쌓여 있다. 이 모든 것들은 체로 친 듯, 가는 흑니黑泥로 덮여 있고, 그 다음에 얼어붙은 땅이 있다.

격렬한 화산활동에 의한 융기隆起가 특히 알래스카에서 홍적세 동물들을 대량으로 파멸시켰다. 이 학설의 증거는 알래스카와 시베리아 지역에서 나온 검은 화산재 층이었다. 그러

키틴질 곤충이나 갑각류, 연체동물 겉껍질의 주성분이 되는 물질. 강인하여 산이나 알칼리에 잘 녹지 않는다.

흑니 토탄土炭이 공기 때문에 산화, 분해하여 검은 빛의 분말 모양으로 된 물질.

오늘날 세계에서 가장 긴 샤아첸 빙하. 길이 75.6km로 히말라야 산맥의 한 갈래인 카라코람 산맥에 위치하고 있다.

나 그것만은 아닌 것 같았다. 히븐 교수는 아메리카 대륙에서만 4백만 마리 이상의 많은 짐승들이 죽었으며, 큰 비버와 나무늘보, 매머드, 마스토돈, 털 많은 무소 등 많은 종들이 거의 하룻밤 새에 멸종된 것으로 추정하고 있다.

홍적세는 죽음으로 끝났다. 이것은 불분명하게 끝나는 단순하고 애매모호한 지질학적 시기의 소멸이 아니다. 이 죽음은 대재앙이었으며 모든 것을 휩쓸었다. … 그 시대에 이름을 떨쳤던 커다란 짐승들이 멸종되었다. 그들의 죽음이 한 시대를 끝냈다.

얼음이 녹으면서 그 자리를 새로운 얼음들이 대신했다는 보여주는 증거들은 한두 가지가 아니다. 예컨대, 남극대륙은 마지막 빙하기의 끝 단계로 가면서 점차 빙하 작용을 시작한 것으로 밝혀졌고, 어느 지역에서는 BC 4000년까지 얼음이 비교적 없었다.

또 소小빙하기가 짧게 일어나 다시 한번 발달하기도 했는데, BC 11000년에서 BC 10000년 사이에 유럽과 소아시아에서 발생했다. 아르메니아 북부, 볼리비아와 페루의 안데스 산맥 알티플라노에서 나온 증거를 보면, 이 시기에 동물들이 멸종했을 뿐 아니라 땅이 해수면 위로 상승했음을 보여준다.

빙원의 쇠퇴, 동물들의 대량 멸종, 지질학적 대격변, 기후 변동, 그리고 땅의 융기 등 지구에 무슨 일이 있었기에 그같은 대참사가 일어났을까. 지질학자도, 고생물학자도 확실한 답을 주지 못하고 있다. 정말 해답이 없는 것일까.

햅굿의 해답

나는 미국 뉴햄프셔대학의 지질학 교수였던 고故 찰스 햅

나무늘보 야행성으로 나무에 무리지어 서식하면서 나뭇잎이나 열매를 먹는 포유류의 일종으로 추정된다.
마스토돈 꼬리가 도룡뇽처럼 생긴 멸종된 코끼리의 일종. 두 골이 1m이며 전체 길이는 3m가 넘을 것으로 추정된다.

예를 들어, 아르메니아 세반호 부근의 바위투성이 지역에서 발견된 순록의 두개골은 완벽한 수수께끼이다. 순록은 고지대가 아닌 평원에서 풀을 뜯는 동물이며, 이 지역에 순록이 살았다는 증거는 전혀 찾아볼 수 없다. 아마도 샤먼의 일부로서 인간이 데리고 왔을 가능성이 크다. BC 10000년까지 거슬러 올라가는 연대였다는 사실이 이 문제에 대해 다른 시각을 갖도록 만든다. 만약 이 동물이 실제로 이 지역에 살았다면, 일반적으로 자생할만한 지역에서 왜 그토록 먼곳으로 왔을까.

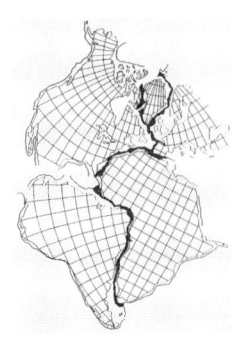

대륙이동설 현재 지구상의 호주, 남극을 제외한 5대 대륙이 상대적으로 이동하고 있다는 학설. 위 지도는 대륙간을 적당한 거리와 회전각을 주어 움직이고 가장 잘 맞춰지는 형을 계산하여 생긴 모양이다.
마그마 땅속 깊은 곳에서 녹아 섞인 고온의 암석물질.

굿의 학설을 주목한다. 1955년 그가 발표한 학설은 앨버트 아인슈타인 박사의 지지를 받았다. 그는 응결 당시의 자극磁極을 기록하는 암석을 집중적으로 연구했고, 그 결과 지질시대가 시작된 이래로 지리적 극들이 2백 번이나 위치를 이동했음을 알아냈다.

그 이동은 제4기, 즉 홍적세에만 열 여섯 번이나 발생했다. 물론 지질학자들에게 극의 이동이나 역전 현상은 대수롭지 않은 일이다. 그들은 이 변화를 가리켜, 우리들이 지질학 시간에 배웠을 '대륙이동설'이란 용어로 설명할 뿐이다.

대륙이동설은 광대한 대륙이 얇은 지각 아래로 약 30~40마일 되는 곳에 있는 연한 마그마층 위에서 미끄러진다고 설명한다. 그러나 햅굿은 대륙이동설로 극의 축들이 이동하고 역전하면서 수반한 것으로 보여지는 전지구적인 대변동은 설명될 수 없다고 했다.

따라서 그는 대륙이동은 극 이동의 과정에 수반되지만, 극 이동이 발생하는 시점에서 지구의 지각 전체가 일제히 휘어지고 미끄러진다고 결론지었다. 쉽게 말해서 오렌지의 속은 움직이지 않고 껍질 전체가 도는 것을 상상하면 지각이동 개념이 어떤 것인지 이해될 것이다.

모든 범위에 걸친 이 회전운동은 지축이 지표를 따라 천천히 이동하게 했을 것이다. 극 지방의 빙원들을 사라지게 했고 기후가 온화했던 지역에 새로운 빙원을 생성시켰을 것이다. 햅굿 교수는 지난 10만 년 동안 지각 이동이 최소한 세 차례에 걸쳐 발생했다고 주장했는데, 이것이야말로 각기 다른 시기에 빙하작용 기간이 지역적으로 다양하게 전개된 현상을 설명해 줄 수 있다고 본다.

단층이 생길 때마다 일련의 엄청난 융기가 일어났다가 비교적 조용한 시기가 뒤따르고, 다시 융기가 일어났다가 조용해지는 과정이 반복되면서 이동이 완결될 때까지 수 천년 동안 계속되었을 것이다. 또 지각이동은 땅을 해수면 높이로 상승하도록 극적인 변화를 일으켰을 것이다.

이처럼 고도와 기후 변동은 세계 곳곳에서 일어났으며, 그때마다 많은 동물들이 멸종되었고, 화산 폭발, 대지진 등 파멸적인 지질상의 격변이 뒤따랐을 것이다. 또 불가피하게 조수의 차가 심했을 것이고 상상을 초월하는 대홍수가 발생하였을 것이다. 더욱이 2차 효과로 화산재가 대기 속으로 흩어져 기온 급강急絳을 초래했을 것이다. 그에 따라 비는 더욱 많아져서 많은 동물들이 익사하게 되었을 것이고 광풍과 폭풍들이 더욱 심한 참상을 불러일으켰을 것이다.

햅굿은 홍적세의 증거로부터, 5만 년에서 1만 7천 년전 사이에는 북극 빙원이 캐나다의 허드슨만 부근에 있었으며, 남극 빙원은 오스트레일리아의 남극 영토인 태평양의 윌크스 해안 부근에 있었을 것이라는 결론을 내렸다. 극지방에는 햇

허드슨만 캐나다 북부에 있는 거대한 내해. 허드슨 해협을 통해 북서대양으로 통한다.
윌크스 해안 남극대륙의 동경 100°~142°20′의 부분. 오스트레일리아의 극지 탐험가 윌킨스(1888~1958)가 1838~1842년에 발견했다.

멕시코 유타카 반도에서 고대 문명을 이룩한 마야족들에게도 화산이 폭발하며 거대한 건물이 무너질 때가 있었다. 노아와 같은 인물이 홍수를 피하고 있는 모습을 부조한 돌 장식띠.

빛이 거의 도달하지 않고, 또 도달한다고 해도 너무 약해서 기후에 주목할 만한 영향을 끼치지 못했을 것이므로 북미 대륙의 많은 지역은 2마일 두께의 빙관으로 덮였을 것이다. 그러고 나서 그가 BC 15000년경이라고 추정한 때에 거대한 지각 변동이 일어났을 것이다.

물론 왜 이러한 일이 일어났는지는 아무도 말할 수 없다. 그러나 그 결과, 북미 대륙은 남쪽으로 미끄러지면서 서반구 전체를 함께 끌고 갔고, 지구의 반대편인 동반구는 동등하게 북쪽으로 기울어졌을 것이다.

북극은 30도, 즉 2천 마일(3,200 km) 정도 움직여서 현 위치인 북극해에 왔고, 그때가 되어서야 비로소 얼음이 비교적 적어졌을 것이다. 반대로 남극 또한 동시에 남극 대륙 위로 1천 마일을 움직였는데, 햇빛이 너무나 부족했기 때문에 남극이든 북극이든 거대한 얼음처럼 차가운 물을 생성했고, 이것이 쌓여서 새로운 빙원을 형성케 했을 것이다.

같은 기간, 시베리아와 알래스카처럼 예기치 않게 북극과 가까워진 동반구 북부에서는 전에 없던 지질상의 대변동과 동물들의 대멸종을 초래한 매서운 북극의 기후가 찾아왔을 것이다.

햅굿은 지구의 마지막 지각이동이 완결되기까지 대략 5천 년이 걸렸을 것으로 추정했다. 그의 추정에 따르면, 종결 시기는 BC 10000년경으로 추산되는데, 이와 비슷한 시기에 근동에서는 기후 변동이 있었다.

지금까지 내가 요약한 햅굿의 지각이동 학설은 1958년에 출판된 그의 저서 『이동하는 지각』(1970년에 『극점의 진로』로 개정 출판), 1966년에 출판된 『고대 바다 왕들의 지도』에 소개되어 있다. 이들 저서를 보면, 마지막 빙하기의 끝 무렵에 일어난 일을 설명할 수 있다.

나는 그의 학설에 전적으로 동의한다. 그러나 지각이동이 소아시아 사람들로 하여금 지하도시로 들어가게 만들었다고 단정짓기에는 좀 부족한 설명이 아닐까 싶다. 단순히 기후 탓인지, 아니면 또 다른 급박한 이유가 있었던 것인지는 좀 더 살펴볼 필요가 있을 것 같다.

하늘에서 내리는 불

전세계적인 대홍수 이전 혹은 이후에 대화재가 있었다는 이야기들은 세계 도처에서 전해오는 신화와 전설에 엄청나게 많이 등장한다. 예를 들어, 과테말라 키세 인디언들의 경전인 『포폴 부』를 보면, 대규모 참사 이야기가 생생하게 묘사되어 있다.

> 하늘의 심장 후라칸의 뜻에 의해 물들이 동요되어 거대한 홍수가 일어났다. … 끈적한 물질(역청) 덩어리들이 떨어졌다. … 지구의 얼굴은 흐려졌고, 짙은 어둠의 비가 시작되었다. 낮에 비가 내리고, 밤에 비가 내렸다. … 하늘에서는 마치 불에 의한 듯 엄청난 소리가 들렸다. 절망에 가득 찬 사람들이 서로 밀치며 마구 달렸다. 그들은 집 위로 올라가려 했으나 집들은 완전히 무너져 버렸다. 그들은 동굴 속에 숨으려 했으나 동굴은 그들 앞에서 함몰되었다. … 네 번째 창조 이전에 있었던 마지막 대재앙의 시기에 물과 불이 온 세상을 파멸시켰다.

또 다음과 같이 기록하고 있다.

> 무시무시한 비와 우박 폭풍, 그리고 불타는 역청의 낙하가 …

생존을 너무나 어렵게 했다. 겨우 살아남은 남자 넷과 여자 넷은 보다 나은 은신처가 되어줄 동굴로 피난하기로 했다.

북미대륙의 토착부족들 역시 그들 조상의 역사에서 '물이 일어나 세계를 휩쓴 거대한 불을 끈' 아득한 시대를 말하고 있다. 이번에는 색과 폭스족의 전설을 보자.

색과 폭스족 미국 오클라호마와 아이오와주에 정착한 알곤킨계의 인디언.

먼 옛날, 강력한 두 신은 영웅 위사카로부터 모욕당했다고 생각했다. 때문에 그들은 적을 죽이기 위해 땅 위에서 날뛰며 포효했다. 대지는 그들의 성난 발길 아래 신음하고 흔들렸다. 그들은 위사카가 숨어 있다고 생각되는 곳이라면 어디든지 찾아가 불을 질렀다. 그리고 나서 엄청난 비를 뿌렸다. 물이 차 오르자, 위사카는 자신의 은신처를 떠나야 했다. 그는 높은 산봉우리에 올라갔고, 그 봉우리의 꼭대기에 있는 높은 나무에 올라갔다. 얼마 안 되어 온 땅이 물에 잠기자, 그는 카누를 타고 목숨을 건졌다.

그러나 내가 가장 흥미있게 생각하는 전승은 볼리비아의 유루카레족이 보존해온 이야기이다. 그들은 다음과 같은 때를 기억한다.

먼 옛날, 악마 아이마수네가 하늘에서 떨어지는 불로 동식물과 사람을 멸망시켰을 때였다. 그 재앙을 예견했던 한 사람이 동굴 안에 식량을 풍부하게 넣어두고 숨어서 불우박을 피했다. 그는 가끔 긴 막대기를 동굴 밖으로 내밀어서 불이 아직도 한창 내리는가를 알아봤다. 두 번은 그 막대기가 까맣게 탔지만, 세 번째에는 괜찮았다. 그는 나흘을 더 기다렸다가 그 피난처를 떠났다.

아나톨리아 동부에 있는 하산 닥으로 추정되는 화산의 분출을 표현한 그림. BC 6200년경. 사탈휘윅 벽화.

여러분은 이 전설을 듣고서 퍼뜩 머리에 스치는 영감이 없는가. '불우박'이 멈추었는지를 알아보기 위해 동굴 밖으로 긴 막대기를 내보냈다는 것은 신화학적 맥락으로만 해석하기에는 대단히 짜임새 있는 구도이다. 사실적 근거가 전혀 없는데, 누가 이러한 이야기를 지어낼 수 있겠는가.

그렇다면 아나톨리아 동부에 거주하던 사람들이 지하에 도시들을 짓고 피하려 했던 것도 비슷한 종류의 공중폭격이 아닐까. 만일 그렇다면, 그것은 화산에서 기인한 것이 아닐까 생각된다. 그리고 사탈 휘윅의 초기 신석기시대 사람들의 화산 숭배와도 연관되지 않을까 싶다.

원시시대의 불과 홍수에 대한 기억은 아메리카에만 국한되어 있는 것이 아니다. 브라질, 멕시코, 뉴질랜드, 인도 지방의 오래된 종족들의 신화와 전설들에서도 얼마든지 찾아볼 수 있다. 히브리 전승에는 노아의 대홍수에 수반되었을 다음과 같은 화재 이야기도 들어있다.

깊은 샘에서 물이 넘쳐나는 것을 보자, 사람들은 무자비하게도 자식들을 데려다가 그 샘의 입구를 막았다. 이것을 본 주님이 화가 나서 이번에는 하늘에서 홍수를 내렸다. 그러나 그들은 키가 크고 강했다. 깊은 샘이나 하늘의 홍수도 그들을 혼내주지 못했다. 결국 주님은 하늘에서 불비를 내려보내 그들을 모조리 멸했다.

하느님이 죄 많은 거인들로 묘사되는 옛 사람들을 지상에서 일소하려 했다는 이야기이다. 여러분은 이 이야기를 듣고서 주시자들과 네피림이 불과 물에 의해 멸망했다는 대목을 상기하기 바란다.

이제 다시 본론으로 접근하자. 쿠르디스탄의 주시자들이 이 마지막 빙하기의 끝 단계에 존재했다는 것이 가능한 이야기일까. 사해 두루마리에서 발견된 『에녹서』 문헌은 "2백 명의 악마들(주시자들)은 4명의 (대)천사들과 격렬한 싸움을 벌였다. 그 천사들은 마침내 불, 석뇌유石腦油, 유황들을 사용했다"고 적고 있다. 그 기간에 '유덕한 4만 명'의 사람들이 죽었다고 했다. 다른 부분에서는 셈야자의 네피림 아들 두 명이 꿈속에서 2백 나무들, 즉 주시자들이 있는 지상의 낙원이 '모든 물'에 의해 멸망하여 '불이 모두를 태우'는 것을 보았

석뇌유 석유, 콜타르, 함유 세일shale 등을 증류하여 얻어지는 기름. 끓는 점이 낮은 탄소와 수소의 혼합물로 이루어져 있다.

다는 대목도 있다. 대홍수와 관련되어 언급되는 하늘의 불에 대한 이야기들은 마지막 빙하기의 끝 단계에 있었던 지구의 대격변과 분명히 관련이 있어 보인다.

지옥의 불

성서를 보면, 대홍수를 이야기하면서 대천사들이 사악한 주시자들과 그들의 자손 네피림들을 멸하기 위해 하늘에서 불을 내려보냈다는 언급은 없다. 학자들은 사해문서와 『에녹서』가 모세 오경보다 훨씬 후대에 기록된 것이며, 하늘의 불 이야기는 훨씬 이후에 원 주제가 좀더 잘 꾸며진 것에 불과하다고 할 것이다.

하지만 나의 견해는 전혀 다르다. 창세기가 초기 에녹 문헌의 이야기에 영향을 받은 것이지, 그 반대가 아니라는 나름대로의 충분한 근거가 있다. 그리고 무엇보다도 '불에 의한 형벌'이라는 유대인들의 믿음을 무시할 수 없었다. 그것은 유대인의 상상 속에 남아, 사악한 자들이 불고문을 받으며 괴로움에 몸부림치는 불의 계곡 게헤나라는 모습으로 다시 나타났다. 여기에서도 2백 명의 타락천사들이 하늘에서 제명되고 쫓겨난다.

게헤나는 예루살렘 외곽에 있는 시의 쓰레기 소각지와 같은 이름이지만 그 개념 자체는 대단히 오래된 것이다. 특히 그것은 거대한 '심연'이나 '담이 둘러쳐진 도시'란 뜻의 셰올 Sheol에 대한 유대인의 믿음과 깊이 연관되어 있다.

'망각의 땅' '침묵의 땅'이라고도 알려져 있는 셰올은 어떠한 신도 다스리지 않으며 야훼는 죽은 자를 망각한다고 한다. 초기 기독교 시대에 게헤나와 셰올에 대한 유대인들의 믿음은 영원한 형벌의 장소 '지옥' 관념으로 변형되기 이전

지옥 원시민족은 사후에 인간이 가는 곳을 고통스러운 지역으로만 여기지 않았다. 처음에는 새로운 생활이 시작되는 재생의 장소로 생각되었다. 고대 수메르에서는 죽은 자가 한번 들어가면 다시 돌아올 수 없는 나라 쿠르 Kur가 있다고 생각했다. 바빌로니아나 아시리아에서도 칠흑처럼 캄캄해서 빠져 나오려 해도 나올 수 없고 먼지와 진흙을 먹고 사는 아룰루 arallu를 죽은 사람의 거주지로 여겼다. 고대 인도에서는 죽은 사람이 하늘로 가서 최초로 죽은 인간인 야마 Yama와 함께 거주하지만 이와 달리 마귀나 살인귀가 사는 암흑의 나락을 상정했다.

게헤나 예루살렘의 남서쪽에 있는 계곡. 가나안인과 예루살렘인이 몰로크의 신에게 바치기 위해 여기에서 아이들을 불태워 죽였기 때문에 이 명칭은 지옥과 같은 뜻으로 쓰이기도 한다. 성서에는 요시아왕이 우상을 파괴함과 동시에 예루살렘의 오물과 진애 塵埃를 이 계곡에 버리도록 명령했다.

이탈리아의 시인 단테(1265~1321). 그의 최대의 걸작 『신곡』을 들고 있다. 이탈리아 피렌체 성당 벽화.

하데스 그리스 신화에 나오는 명계冥界의 신. 지하에 있는 사자死者의 나라의 지배자이며 지하의 부富를 인간에게 준다고 해서 플루톤(부자)이라 했다.

타르타로스 그리스 신화에 나오는 신. 지하의 가장 밑에 있는 나락奈落을 뜻한다. 지상에서 타르타로스까지의 깊이는 하늘과 땅 사이의 거리와 맞먹는다고 한다.

에 하데스 또는 타르타로스라는 그리스 개념의 지하계와 융합되었다. 그리고 이처럼 다양한 관념들이 융합되자, 타락천사들 역시 지옥에서 살고 있다는 믿음을 낳았다. 그들은 루시퍼가 지배하는 이곳에서 죽은 자들 가운데 죄인들과 신앙심 없는 자들을 벌하는 임무를 맡는다.

지옥은 초기부터 모든 선량한 기독교인들에게 주입시키려 했던 대로 사악한 불길과 타오르는 유황의 음울한 영역이다. 그곳에는 뜨거운 불만이 유일하게 빛나고 사악한 자는 영원한 형벌 속에서 살아간다.

한편, 기독교 신앙에서 지옥의 개념은 4세기 이후 상당히 대중화되었다. 그리하여 일반 신자들에게 하느님에 대한 두려움을 불러일으키는 데에 자주 이용되었다. 로마 교회로부터 등을 돌리는 자는 누구든지 영원한 저주의 고통을 받도록 불의 심연에 던져진다고 했다. 중세시대에 이르러서는 특히 예술과 문학에서 유행했다. 단테의 『신곡』 가운데 '지옥편'이 그 대표적인 예이다. 단테가 지옥을 얼마나 생생하게 묘사했는지, 상당수의 사람들은 그가 정말로 지옥에 가 보았을

지옥편 단테의 『신곡』 제1부. 단테가 35세 때 인생의 올바른 길을 잃고 어두운 숲속을 헤매다가 지구의 북반부에 있는 지옥에 3일간 머물면서 본 내용을 기록한 것이다.
오른쪽 사진은 지옥편의 한 판본에 있는 지옥의 삽화. 구스타프 도레 작.
오른쪽 페이지 사진은 로댕(1880~1917) 작. 지옥의 문.

것이라고 믿을 정도였다. 여러분이 단테의 『신곡』을 읽어봤다면 한 가지 이상한 점을 느꼈을 것이다. '지옥편'에 묘사된 다양한 형벌과 고문 중에서 사악한 자들의 머리 위에 떨어지는 것은 오직 불우박뿐이라는 것을.

참으로 이상한 일이다.

내가 보건대, 지옥은 유대와 그리스의 이야기들에서 원용한 초기 믿음을 바탕으로 교회가 창조한 것 같다. 그리고 그 기원은 먼 옛날 최초의 우리 조상들이 혹독한 기후조건과 무서운 지질학적 대변동, 그리고 화산 분화구에서 엄청나게 분출되는 불우박을 피해 어두운 지하요새에서 보내야 했던 긴 시간들에 대한 기억에서 유래한 것이다.

이렇게 말하면 여러분은 혹 상상이 지나치다고 할 것이다. 어쩌면 여러분의 생각이 맞을지도 모른다. 그러나 타락천사들의 흔적을 찾으려면 우선 지옥이 존재한다고 가정해야 한다. 물론 그것을 증명할 어떠한 증거도 갖고 있지 못하지만.

두 번의 홍수?

이제 다시 주시자들의 본거지를 찾아 떠나보자.

떠나기에 앞서, 풀리지 않은 문제가 없는가부터 살펴보자. 크하르삭 판에 나타난 아난나쥐의 이야기가 정말 쿠르디스탄 고원에서 일어났던 사건을 반영한다면, 그 공동사회의 종말에 발생했다고 여겨지는 암흑기와 북극의 기후, 그리고 극심한 홍수 등 일련의 심각한 기후 변동은 어떻게 설명될까.

만일 크하르삭에서 발생한 사건들이 마지막 빙하기의 끝무렵에 있었던 지질상의 융기 및 기후 변동과 어느 면으로든 연관된다면, 그것은 크하르삭이 BC 11000년의 훨씬 이전에 세워졌다는 것을 의미한다. 그러나 이것은 어불성설이다.

무엇보다도 빙하기라는 해답을 갖고서는 BC 2000년과 BC 1000년대의 수메르, 아시리아, 바빌로니아의 문헌에 보존된 홍수 이야기를 전혀 설명할 수 없다. 이들 문헌의 홍수는 성서에서 언급한 것처럼 하늘에서 비가 쏟아져서 생긴다. 극지방의 빙원들이 녹는 것처럼 물이 천천히 위로 떠오르는 것이 아니다. 따라서 빙하기라는 설명을 갖고서는 홍수 영웅의 후손임을 자랑하는 쿠르디스탄의 예지드족이 왜 두 번의 홍수(그 중 두 번째가 노아의 홍수이며, 7000년 전에 일어났다고 한다)가 있었다고 믿고 있는지를 설명할 수 없다.

이 명백한 모순을 설명하는 방법이 있을까.

논리적으로 설명할 수 있는 유일한 방도는 근동에서 사실상 완전히 다른 두 번의 기후 대변동이 있었다고 생각하는 것이다. 첫 번째는 BC 10500~9000년 마지막 빙하기의 끝 무렵이고, 두 번째는 예지드족이 정확하게 보존해온 연대, 즉 BC 5000년경이다. 그러나 안타깝게도 두 번째의 시기에 그러한 기후 변동이 있었다는 증거는 거의 없다. 있다면 고대 수메르의 도시를 발굴했던 레너드 울리 경의 고고학적 주장뿐이다.

수메르 시대의 도시 우르 유적지에 있는 우물 자리. 레너드 울리는 이곳에서 '깨끗한 충적층'을 발견했다.

1929~34년간에 걸쳐 이라크 남부에 있는 고대 도시 우르 유적지를 발굴하던 그는 예기치 못한 상황을 만났다. 인공 유물이 전혀 출토되지 않은 '11피트 깊이의 깨끗한 충적층'이 있었던 것이다. 이 충적층 바로 위 아래의 지층에는 BC 4500년에서 BC 4000년 사이에 살았던 우바이드 문화의 유물인 토기 파편들이 흩어져 있었다. 말하자면 두 연대 사이의 어느 지점, 아마

BC 3500년경 수메르인들이 쓰던 수레바퀴. 우르 출토. 밀라노 레오나르도 다 빈치 박물관 소장.

도 좀 이른 시기(우바이드 문화는 BC 5000년경부터 이라크 북부에 있었다)에 홍수가 그 지역을 덮쳤던 것이다. 물이 빠지자, 땅은 두껍게 쌓인 흙모래로 덮였고, 그것이 굳어지면서 우바이드인들이 다시 살았던 것으로 보인다.

당시 그는 이 놀라운 발견을 가리켜 노아의 대홍수를 확인시켜 주는 증거라고 결론지었다. 그러나 유감스럽게도 그것은 사실이 아니었다. 우르 유적지에서 불과 15마일 떨어진 에리두 유적지에서는, 우르보다 지대가 낮은데도 불구하고 홍수 지층이 전혀 발견되지 않았다. 반면에 키시 유적지를 비롯하여 우루크, 라가시, 그리고 우트나피쉬팀의 고향인 슈루파크(오늘의 파라) 유적지에서 잇달아 홍수 지층이 발견되었다. 물론 이들 지역은 역사상 훨씬 후대인 BC 3000년대 전반기의 것이다.

학자들은 이라크 남부에서 이처럼 다소 모순되는 발굴에 대해, 그 평원에서 국지적인 홍수가 여러 단계에 걸쳐 일어난 것이라고 추정하고 있다. 확실한 증거는 아직 하나도 없다. 어쩌면 태양이 작열하는 이라크의 모래 밑에 놓여져 우리의 손길을 기다리고 있는지도 모른다.

어쨌든 이들 개별 사건들에 대한 집합적인 기억이 훨씬 이전, 아마도 마지막 빙하기 말기의 홍수 신화에서 영향을 받았을 것 같다. 만일 이 가설이 맞다면 쿠르디스탄의 산중에 있는 아난나쥐의 정착지 크하르삭에 대한 우리의 접근은 더욱 의미 있는 작업이 될 것이다.

이제 거대한 홍수를 포함한 두 번째 기후변동 시기가 있다고 전제하자. 그러면 크하르삭이 왜 기록된 그들 역사의 마지막 무렵(크리스천 오브린이 제안한 바로는 BC 6000~5000년)에 극심한 기후조건으로 고통받았는지가 설명될 수 있을 것이다. 내가 보기에, 홍수가 두 번 있었다는 예지드족의 믿음 뒤에도 이와 같은 혼동이 있었던 것 같다. 또 히브리 전설의 주시자들이 어떻게 에덴을 세웠으며, 그 후 두 번째 홍수 때(BC 5000년경의 노아의 홍수) 파멸을 겪었는지도 설명된다. 그리고 그들의 수많은 네피림 자손들이 우바이드 시대 중기에 고대 이라크의 낮은 평원을 삼켜버린 그 국지적인 홍수 기간에 사라졌다는 추정도 가능하다.

두 번째 홍수의 범위는 신화와 전설에서 크게 과장되었겠지만, 주시자들의 흥망에 대해 믿을 만한 연대를 알려주는 귀중한 단서가 된다. 이제 정리를 해보자.

에덴/크하르삭의 정착지는 BC 9500~9000년 마지막 빙하기가 끝날 무렵에 세워졌다. 이들은 비교적 고립된 채 살았는데, 주민들 사이에서 모종의 누설이 발생함에 따라 많은 수의 주시자들/아난나쥐(히브리 전승에서는 2백 명, 수메르 문헌에서는 6백 명)가 주변의 평원으로 내려와 인간들 사이에서 살게 되었다. 시기적으로 보면, BC 5500년경 수메르에서 최초의 도시국가 에리두가 창설되던 시기였을 것이다.

그 후 BC 5000~4500년경, 보다 국지적인 일련의 기후 대변동이 일어났고, 그때부터 아난나쥐, 즉 주시자들에게 대립되는 두 진영(하나는 '아누의 천국'이고 다른 하나는 땅속, 즉 메소포타미아 평원에 있는 것)이 생겨났다. 특히 후자는 거대한 몸집에 흡혈 성향을 가진 에딤무라는 지하 종족에 대한 아시리아, 바빌로니아의 전설에 자극을 주었을 것이다.

만일 이러한 연대기가 맞다고 하면, 그리고 만일 야렛, 에녹, 므두셀라, 라멕, 노아와 같은 성서의 족장들이 실제의 역사적 인물로서 존재했다면, 그들은 BC 5500년에서 BC 4500

년 사이에 살았을 것이라는 결론을 내릴 수 있다. 그 시기는 아난나쥐, 즉 주시자들 사이의 누설 혹은 '타락'이 있었으며 두 번째 '노아의 홍수'가 일어났다고 여겨지는 시기이다.

이제 나는 하늘의 천사들과 『에녹서』 및 사해문서의 주시자들이 초기 단계부터 BC 3000년대에 이르기까지 근동 문명들의 설립에 지대한 영향을 끼친 고유한 문화였다는 것을 굳게 믿게 되었다. 그들이 어떻게 생겼는지, 어디에 살았는지, 그리고 그들이 인류에 미친 영향과 그 시대의 다른 문화들의 눈에 어떻게 비쳤는지를 알게 되었다. 이 책을 여기까지 읽은 독자라면, 여러분도 나와 같을 것이다.

그러나 나는 진짜 풀어야 할 숙제를 아직 풀지 못하고 있다. 그들이 누구인지, 어디서 왔는지를 전혀 모른다. 또 그들의 조상이 카파도키아의 지하도시를 건설했는지에 대해서도 아는 것이 하나도 없다. 그리고 그 뒤 유프라테스강이 아나톨리아 동부를 거쳐 반 호수 부근의 원류를 향해 동쪽으로 우회하는 흐름을 따라갔는지, 아니면 내가 전혀 생각해보지도 못한 곳에서 온 것인지도 모르고 있다.

아무래도 시간대를 더 거슬러 올라가야 할 것 같았다.

주시자들이 마지막 빙하기의 쇠퇴 이전에 존재했던 훨씬 더 중요한 종족의 자취임을 암시하는 증거가 있는지를 알아봐야만 했다. 마침내 내게 올바른 방향을 제시해준 단서는 가장 기대하지 않았던 자료에서 나왔다.

중동 지방의 모든 민간설화에서는 모든 출발점을 이집트로 삼고 있다는 점이 특징적이다. 사진은 누비아라고 알려진 이집트 아스완 근처의 나일강.

제20장
이집트의 기원

이집트로 향하는 상상

잃어버린 문명이 태초에 존재했다면 어디서부터 찾아야 할까. 주시자들이 쿠르디스탄에서 진화한 것이 아니라면 다른 곳에서 왔을 것이고, 그곳에 가면 분명 주시자들과 관련된 사실을 어떤 형태로든 보존하고 있을 것이다. 물론 주시자들의 후손일 가능성이 가장 높은 쿠르드족에게 그들 조상이 어디서 왔느냐고 물어보면 간단할 것이다.

이라크 고원지대의 산기슭에 사는 천사숭배족인 예지드족은 최초의 조상이 노아이고 그의 방주가 7천 년 전에 알 주디 산에 도착했다고 답할 것이다. 말하자면, 쿠르디스탄의 토착민이라는 것이다. 또 아르메니아와 네스토리아파 기독교인 역시 비슷하게 답할 것이고, 이슬람교의 시아파나 수니파 교도도 마찬가지일 것이다. 이란의 영향을 좀더 많이 받은 야레산족과 알레비족은 당연히 메디아의 마왕 아즈히 다하카의 손아귀에서 구출된 사람들이라고 말할 것이다. 어쩌면 그

1459년에 제작된 이집트 지도. 이탈리아 베네치아 마르시아나 도서관 소장.

들은 이란의 신비로운 왕들과 인도-이란 종족 전체의 고향 이었던 이란 대광원 아이르야나 바에자흐가 기원이라고 생각할지 모른다. 내가 보기에는 쿠르드의 유대인만이 주시자들의 기원에 대해 가장 가능성 있는 암시를 줄 수 있을 것 같다. 왜냐하면 이교도 쿠르드인들은 마귀의 자식들, 즉 솔로몬의 궁전에서 온 5백 명의 마귀들(다른 판본에서는 1백 명의 마귀들)과 유럽에서 온 5백 명의 처녀들(혹은 1백 명의 처녀들)이 결합한 산물이라는 그들의 생각이 가장 타당하고 설득력 있다고 보여지기 때문이다.

여러분은 일부 쿠르드족에서 코카서스 백인종의 특징이 나타나고 있다는 점을 기억하기 바란다. 그리고 설명하기는 어렵지만, 주시자들의 뚜렷한 특성인 악마 같은 생김새는 아랍과 야레산 신화의 타락한 동료 천사인 마귀에게서 온 것으로 여겨져 왔다. 그렇다면 이 마귀들은 왜 예루살렘의 솔로몬 궁전에서 왔다고 하는 것일까. 그 점에 대해서는 확실한 대답이 없다. 어쩌면 이 민간 전설도 그 자체로는 별로 의미가 없을지 모른다.

나는 이라크 남부 습지 아랍인들의 종교인 만다교도 문헌들을 훑어보았다. 학자들은 그들이 BC 5000년을 전후하여 자그로스 산맥에서 고대 이라크 평원으로 이주해온 우바이드 문화의 직계 후손이라고 여겼다. 이러한 견해는 만다교도의 전설에서 자기들은 쿠르디스탄 동부에 있는 산맥에 위치한 전설적인 장소 마다이산에서 왔다고 하는 믿음과 일치된다. 그러나 만다교도들은 마다이산이 진짜 토착지가 아니며, 다른 왕국에서 마다이산으로 이주해 왔다고도 말한다. 그리고 그 왕국은 파라오의 나라 이집트였다.

만다교도들은 자신들의 조상이 이집트에서 마다이산으로

만다교도들의 주장 가운데 설명하기 힘든 또 하나의 사실은 이집트인들을 가리켜 같은 만다교도로 여긴다는 점이며, 만다이족의 원래의 선조는 이집트로부터 튜라 드 만다이로 이주해 왔다는 주장이다.

이주한 시기를 BC 1300년경에 있었던 모세의 출애굽과 연관시키고 있다. 그러나 이 신화적 연대는 그들의 종교적 전승과 앞뒤가 맞지 않는다. 내가 보기에는 그들 역시 중동의 다른 종족들처럼 종족사種族史를 성경의 연대기에 끼워 맞추려 했던 것 같다. 그 결과, 전설과 민간설화들을 뒤섞은 왜곡된 이야기를 만들어냈고, 후대에 바빌로니아의 고전 및 페르시아 신화가 도입되면서 더욱 혼란스러워진 것 같다. 그러므로 우리는 만다교의 전승에서 가장 먼 조상이 이집트에서 왔다고 주장하는 사실만 받아들이면 된다.

여기서 우리는 하나의 공통점을 발견할 수 있다. 유대인의 민간설화든 만다교의 전설이든, 다같이 남서쪽으로 시리아와 이스라엘, 팔레스타인을 거쳐 이집트로 향하는 거대한 상상의 화살을 만들어 내고 있다는 점이다. 그러나 이것은 그저 흥미로운 지표의 역할일 뿐, 그 이상도 이하도 아니다. 쿠

총길이 6,690km로 세계에서 두 번째로 긴 이집트의 나일강변.

르디스탄, 이라크, 그리고 이란의 신화와 전설들은 주시자들의 기원에 대해 더 이상 어떤 빛도 줄 수 없기 때문이다.

만일 주시자들이 BC 8000년경부터 시작된 근동의 신석기 문화를 일으킨 '불분명한 힘'(쿠르드 학자 메흐르다드 이자디의 지적)이었다면, 거기에는 곡물 재배, 가축 사육, 식물학, 야금술, 도기류 제조에 관한 기술과 함께 천문학, 창조 신화, 시간 주기 등 보다 비밀스런 지식도 포함되어 있을 것이다.

따라서 주시자들이 근동 지방이 아닌 외부에 존재했다는 증거를 찾기 위해서는 BC 9000년경의 마지막 빙하기가 끝나기 이전 단계에 그러한 기술과 지식이 서아시아에 존재했었다는 확실한 증거를 찾아야 한다. 만일 카파도키아의 지하도시들이 BC 10500년에서 BC 8500년경의 구석기 시대 마지막 단계에 건설되었다면, 당시 그러한 기술과 지식이 존재했다는 증거물이 될 수 있을 것이다.

예리고의 근원

나는 공동체 생활과 조직된 사회, 원시적 기술에 대한 인류 역사부터 살펴보기로 했다. 우선 중동에서 가장 오래되고 가장 중요한 정착지 중 하나인 예리고에 주목했다.

예리고는 BC 8500년경 초기 나투피안 정착민들에 의해 수원지 근처에 건설된 것으로 추정된다. 그 엄청난 연대 때문에 고고학자들은 거의 알려지지 않은 인류문명 진보의 신기원을 '원原신석기시대'라 부르고 신석기 혁명이 시작되기 직전으로 분류할 수밖에 없었다.

그럼 예리고의 원신석기인들은 누구였을까. 우리가 아는 것이라고는 그들이 활과 함께 금이 새겨진 화살촉을 만들어 썼다는 것이 전부이다. 그들은 어떤 종류의 토기도 쓰지 않

예리고 사해의 북쪽 8km 요르단 서부의 요르단강 하곡에 있는 유적. 신석기 시대 초두에서 청동기 시대 후기에 이르는 많은 유적이 남아 있다. 햇볕에 말린 벽돌로 도시를 만들고 돌로 시벽市壁을 두르는 등 놀라운 선진문명을 나타내어 세계 최고最古의 도시 중 하나이다. 텔과 집단 묘지로 되어 있다. 오른쪽 페이지 사진은 놀랄 만한 토목기술로 관개수로를 만들었던 예리고의 유적. 돌계단 밑 둥근 축대가 망루 부분이다. 규모는 높이 26m, 긴 지름은 300m, 짧은 지름은 100m의 규모이다.

았지만 돌로 만든 아름다운 접시를 사용했다. 송곳, 칼, 톱, 긁개 역시 정교하게 조각한 돌이나 흑요석으로 만든 것이었다. 이 유리질 화산암을 분석한 결과, BC 8300년경 아나톨리아 중부에서 수입된 것으로 추정되었다(그뒤 1천8백 년이 지나 사탈 휘윅 문화가 일어나기 전까지 아나톨리아 구석기인들에 대해서는 거의 알려진 것이 없다).

과연 인류문명사의 초기 단계에서 행해졌던 흑요석 수출의 배후에는 어떤 문화가 자리잡고 있었던 것일까. 혹 카파도키아의 지하도시와 연관성이 있는 것은 아닐까. 나는 그럴 가능성도 충분하다고 보지만….

예리고는 그 뒤 천 년이 지나고 상당히 발달된 요새와 같은 모습으로 변했다. 달걀 반쪽 모양의 진흙벽돌 집들은 16피트 높이의 세 겹 성곽으로 보호되었고, 그 성곽들은 다시 단단한 암반을 파서 만든 깊은 도랑으로 둘러쳐져 있다. 요새의 성채 위로 거대한 돌탑이 우뚝 솟아 있는데, 직경 30피트에 내부 계단까지 완비되어 있다. BC 7500년의 구석기 시대의 성이라기보다는 중세 십자군의 성채에 더 어울리는 모습이다.

예리고 성을 본 사람이라면 누구든지 한 가지 의문점을 느낄 것이다. 이들은 왜 그토록 엄청난 요새를 건축했을까. 수많은 인력을 동원해야 했고 오랜 기간 걸렸을 요새를 건설했다면, 분명히 외부의 침입을 막기 위한 목적이었을 것이다. 그들은 누구였을까. 어떤 문명이었기에 그들에게 대항하려 했을까. 예리고

가나안 땅에서 예리고로 가는 길. 멀리 성곽처럼 보이는 것은 헤로데왕 궁전으로 보내는 용수로이다.

에서 출토된 유물로 미루어, 이들은 BC 8000년대에 아나톨리아 중부의 알려지지 않은 원산지로부터 흑요석을 운송받았을 것이다. 유리질 화산암은 반 호수의 주시자들과 관련된 교역품 중 하나였던 것 같은데, 그렇다면 주시자들이 예리고와 교역했다는 말인가.

아무도 모른다.

예리고가 성립된 BC 8300년경과 구석기 시대 마지막 시기인 BC 10500~8500년경 사이에 중동에서 살았던 사람들의 생활에 대해서는 알려진 것이 거의 없다. 다만 근동의 유적지에서 가축 사육의 한두 가지 유물만이 발견되었을 뿐이었다. 원신석기 시대를 나타내는 것이라고는 팔레스타인의 나투푸 문화의 것으로 보여지는 유물이 몇 개 있다.

이들 지역에서 발견된 외짝 맷돌, 막자사발, 낫, 저장 움은 제임스 멜라트가 언급했듯이 '농경의 시작'을 암시한다. 그리고 가축 사육과 원시농경의 증거물이 시리아 북부의 유프라테스강 상류(텔 아부 후레야) 언덕에서 발견되었을 뿐이다. 이곳 공동체의 생활은 방사성 탄소 측정 결과, BC 9500년으로 거슬러 올라간다. 그렇다면 어떠한 형태의 원시적인 기술을 가진 문명사회가 BC 9000년에서 BC 8500년 사이에 있었다는 이야기인가.

백과사전을 뒤적이다가 우연히 BC 13000년대에 이집트에서 원시농경의 '실험들'을 언급한 대목이 눈에 띄었다. '실험들'이라는 단어는 무슨 뜻일까. 나는 BC 13000년대 이집트에서 무슨 일이 일어났는가를 알아야만 했다.

그러나 마이클 A. 호프만의 저서 『파라오 이전의 이집트』를 읽으면서 타락한 종족의 기원을 찾으려는 나의 탐색은 전혀 기대치 않았던 새로운 상황으로 가고 있었다.

물로써 멸망하다

내가 이집트의 구석기 부족문화에서 가장 흥미를 느낀 것은 고대 종족인 이스난족의 특이한 행적이었다. 그리고 이집트에서 BC 13000~12000년에 아주 특별난 일이 실제로 일어났을 것으로 확신하게 되었다.

아스완으로부터 나일강 상류로 1백25마일 올라간 곳에는 이스나Isna, 나카다Nakada, 디쉬나Dishna, 투쉬카Tushka 등 이스난족의 유적지가 있는데, 고생물학자들은 이들이 곡물을 분류하여 재배했다는 증거를 찾아냈다. 곡물 수확에는 돌칼이 사용되었고 낱알을 많이 얻어내기 위해 맷돌이 사용되었다. 이들은 또 가축 사육에 대해서도 잘 알고 있던 것 같

아스완 나일강 중류에 있는 도시. 옛부터 이집트 오지와의 교통의 요지이다.
나카다 나일강 서안 룩소르 북쪽 25km 지점에 있는 유적.

이집트에는 BC 13000~12000년에 뛰어난 농경문화가 있다가 BC 10500년 돌연 사라졌다. 사진은 「사자의 서」에 그려진 농경도. 런던 대영박물관 소장.

고, 미세한 칼날을 만드는 기술도 갖고 있었던 것으로 보인다. 그런데 어느 날 갑자기 이들의 진보된 기술이 사라졌다. BC 10500년경, 맷돌이며 곡물 생산용 칼이 흔적도 없이 사라지고, 나일강 계곡의 덜 발달된 다른 문명에서 사용되던 훨씬 유치한 종류의 석기로 대체되었던 것이다.

이집트에 다시 농경이 도입된 것은 그로부터 5천여 년이 지난 BC 5500년경에 팔레스타인에서 다시 도입되었던 것으로 추정된다. 더욱 놀라운 일은 BC 10500년 이후 적어도 1천년간 세계의 어느 곳에서도 농경문화가 나타나지 않았던 것이다.

BC 5000년경 '나카다 2기'라 불리는 이집트의 게르제문화 역시 외래 문물을 받아들인 흔적이 뚜렷하다. 사진은 누비아 지방에서 출토된 갈색 연마토기. 이 시기의 토기 양식은 황갈색이 특징적이다.

왜 그랬을까. 문명은 후퇴하지 않는다. 일단 무엇인가 발명되고 나면 그 이전의 보다 원시적인 생활방식으로 되돌아가지 않는다고 한다. 그렇다면 이스난족에게는 어떤 일이 일어난 것일까.

고생물학자들은 BC 10500년경부터 이집트를 잠식하기 시작한 건조한 기후와 홍수 때문이라고 추정한다. 앞에서 확인했듯이, 이 시기는 마지막 빙하기의 휴식기에 밀어닥친 전지구적인 대홍수와 기후변동의 시기이기도 하다. 그것은 햅굿 교수가 주장하고 있는 지구의 지각이동으로 인한 것이었다. 그러나 어떤 문명이 있었고 그들이 대재난을 예상했다면, 분명히 그러한 사태에 대비했을 것이며 좀더 안전한 지역으로 이주하지 않았을까.

이집트의 뛰어난 고대문명을 엿볼 수 있는 벽화. 토지를 측량하고 계산하고 있다.

이집트 선대문화

물론 이것은 하나의 가능성이다. 그리고 이 수수께끼를 푸는 유일한 단서는 이스난족이 BC 13000년부터 BC 12000년 사이에 왜 그렇게 빨리 진보하기 시작했는가를 이해하는 것

이집트의 게르제 문화에서는 채문토기 외에도 동물이나 물고기 모양을 한 팔레트, 동물 형태의 석제용기, 정교한 플린트제製 나이프, 그리고 동銅의 야금술이 발달했다. 사진은 BC 3400년경의 나이프. 게벨 엘 아르크 출토. 파리 루브르 박물관 소장.

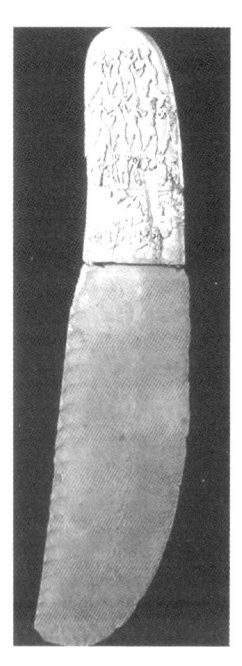

뿐이다. 어떻게 해서 그들은 중동 지방의 어느 누구보다도 빨리 진보를 시작했을까. 가장 손쉬운 해답은 그들이 다른 종족들보다 빨리 진보할 수 있는 지적 능력을 소유하고 있었으며 정신적으로 우월한 문명에 속하고 있지 않았을까 하는 점이다.

대단히 그럴듯한 가설이다. 그러나 이런 접근도 가능하지 않을까. 그들이 처음부터 뛰어난 지적 능력을 갖고 있었던 것이 아니라, 다른 문명으로부터 그 능력을 받아들였을 가능성은 없을까.

만일 그렇다면, 그들에게 기술적 능력을 전해준 이들은 누구였을까. 혹 같은 시기에 이들보다 더 뛰어난 종족이 이집트에 있었던 것은 아닐까. 그리하여 주시자들이 쿠르디스탄에서 했다고 여겨지는 것처럼, 미개한 공동체에다가 자기들의 기술을 전했던 것은 아닐까. 어쩌면 나일강 유역에 살았던 후기 구석기 시대의 종족들은 고도로 진화된 이 문명과 협동했을지 모른다.

일단 이러한 추정이 옳다고 전제하자. 그렇다면 이스난 공동체가 농경과 미세한 칼날의 제조 기술을 돌연 중단한 것은 그들 스스로 이주했기 때문이 아니라 그들을 가르치던 종족이 BC 10500년경 갑자기 이집트를 떠나버렸기 때문일지 모른다. 다시 말하면, 그 동안 뛰어난 능력의 선생님 밑에서 생활해 오다가 그 선생님이 갑자기 떠나자 종전과 같은 생활, 즉 그 시대의 다른 문화들처럼 수렵-채집 생활로 되돌아간 것이다.

물론 이러한 추정은 하나의 가설에 불과하다. 그러나 구석기 시대에 이집트에서 농경이 갑자기 나타난 것과 BC 8000년경 이후 쿠르디스탄 고원지대에서 농경이 다시 나타난 것

사이에는 분명히 연관성이 있다고 본다.

그럼 어디에 그 연결고리가 있는 것일까. 혹시 지금 말한 이집트 선대문화의 자취가 쿠르디스탄의 신석기문화 배후에도 있었던 것일까. 무엇보다도 이 알려지지 않은 문명은 누구였을까. 주시자들의 조상이었을까. 또한 이집트에서 마다이산으로 왔다는 만다교도들의 최초의 조상에 관한 전설의 배후에도 있었을까.

만일 그렇다면, 쿠르디스탄의 깊은 산중에 5백 명의 '유럽인' 처녀들과 정착했다는 5백 명의 마귀 전설 배후에도 이들의 문화가 존재한다는 실제적인 가능성이 있어야 했다. 아무래도 고대 이집트의 신비를 보다 깊이 연구해야만 이 수수께끼를 풀 수 있을 것 같다는 생각이 들었다.

두상이 긴 종족

마지막 빙하시대의 종말을 알렸던 지구의 융기와 기후 변화의 혼란기 이후, 이집트에서는 모든 것이 평온해 보였다. 고기후학적 연구에 따르면, 이집트는 BC 8000~5000년 사이에 '신석기 시대 아우기亞雨期'라고 명명된 긴 우기를 겪

이집트 제18왕조의 12대 왕 투탕카멘(재위 BC 1361~1352) 묘에서 발굴된 황금 장식물. 3개의 획이 그어진 풍뎅이는 아침의 태양신 케페르의 상징이다. 이집트인들은 풍뎅이의 일종인 쇠똥구리가 땅 위에서 짐승을 둥글게 만들어 굴리는 것을, 태양신 레가 태양을 굴리면서 하늘을 가로지르는 것과 같이 여겨 신성시했다.

었는데, 이 시기의 이집트 문화에 대해서는 거의 알려져 있지 않다. 이곳에서의 인류 활동은 신석기인들이 이집트에 도착하면서부터 시작되었다. 이들은 구석기 시대의 조상과는 달리 영구적인 공동체와 부락을 건설하고 조직된 사회를 형성했다. 가축을 길들이며 농사 짓고 원시적인 산업을 확립했고, 외부와 교역하기도 했다.

파라오 이전 시대의 마지막 두 시기는, 북부 이집트의 룩소르 근처 마을 엘 암라흐 가까이 있는 암라티아인과, 카이로 남쪽 45마일 지점에 있는 마을 엘 게르제호 가까이 있는 게르지아인으로 대표된다.

암라티아 사람들은 BC 4000~3500년경에 살았으며, 토기에 토템 형상을 사용한 최초의 종족이었으며 무덤의 둘레에 진흙 벽을 세웠다. 그리고 게르지아인들은 암라티아인들의 후손으로서 선실을 갖춘 파피루스 배를 갖고 있었고 갈대, 진흙, 짚 등으로 집을 짓기도 했다. 청록색으로 빛나는 도기류인 파양스 도자기를 비롯하여 손도끼, 단검, 검 등 동제(銅製) 도구와 무기를 주조한 것으로 알려져 있다. 또 서남아시아에서 납과 은을, 아프가니스탄에서 청금석을 수입하는 등 고대 이라크를 포함한 서남아시아와 교류가 잦았던 것으로 보인다. 그러나 게르지아 문명은 우리가 알고 있듯이 이집트가 건조한 사막으로 변해 가는 마지막 시기인 BC 3100년경에 종말을 고하고 말았다.

같은 시기에, 이집트에는 여러 족장 혹은 왕들이 각기 독특한 토템 상징과 인식 표지를 사용하면서 나름대로의 지역을 통치하고 있었는데, 나르메르와 호르아하(그리스어로 메네

파라오 고대 이집트 왕의 호칭. '큰집'이란 뜻이다.
룩소르 이집트 카이로의 남쪽 550km 지점. 나일강 동안(東岸)에 있는 도시. 고대 이집트 신왕국 시대의 수도 테베의 남쪽 교외에 있다.

나르메르 상上 이집트의 왕(BC 3100?~?). 델타 지방도 정복하여 신화적인 메네스 왕의 모델로 알려지고 있다.
아래 사진은 상 이집트의 초기 수도였던 히에라콘폴리스에서 출토된 나르메르왕의 화장판. 왕의 50세 생일을 축하하는 장면이 부조되어 있다.
오른쪽 페이지 사진은 같은 장소에서 출토된 나르메르왕의 팔레트. 팔레트 양쪽에 양각된 암소는 풍년의 여신 하토르이다. 작은 사진은 팔레트의 뒷면. 이집트 카이로박물관 소장.

금지된 신의 문명 2 | 193

호르아하 고대 이집트 제1왕조의 창시자. 상이집트의 티니스 출신으로 BC 3100년경 하下이집트를 정복하여 통일왕국의 수도로 두 이집트의 경계에 가까운 나일강 서안西岸 멤피스(미트 라힌스)에 새로운 도읍을 정했다.

피트리 영국의 고고학자(1853~1942). '이집트 고고학의 아버지'라 불린다.
에머리 피트리의 제자이며 사카라에서 이집트 제1왕조 무덤을 발굴한 영국 고고학자(1903~1971).

오른쪽 사진은 이집트 최초의 융성기였던 고왕국 시대(BC 2686~2181)의 수도 멤피스에 있는 스핑크스.

스)와 같은 파라오들이 군소 왕들을 진압하고 통일하면서 왕조 이집트의 건설이 이루어졌다. 수메르 문명이 발생하기 1백 년 전이었다.

그렇다면 '신석기 시대 아우기'에 이집트에는 고도로 진보된 종족이 없었을까. 그러한 종족이 BC 4000년대 말까지 이집트에 존재했다는 흥미로운 연구가 있다.

'이집트 고고학의 아버지'라 불리는 영국의 고고학자 윌리엄 매슈 플러더스 피트리는 나일강 서안의 나카다 일대에서 수많은 선왕조 시대의 고분을 발굴했는데, '두개골이 크고 원주민보다 큰 몸집을 가진 종족의 해부학적 잔해들'이 있었다. 그로부터 한 세대가 지나고 이집트의 고고학자 월터 브라이언 에머리는 1961년 펴낸 저서 『고대의 이집트』에서 선왕조 시대와 초기 왕조 시대의 이집트를 연구한 결과를 다음과 같이 밝혔다.

이 사람들이 그 이전의 종족에서 갈라져 나왔다는 어떠한 추측도 불가능하다. 두 종족의 융합은 분명 고려할 만하지만, 그것은 그리 빠른 속도가 아니어서 통일 때쯤에 가서야 어떤 방법으로든 완성되었을 것이다. 왜냐하면 고대 시기(BC 3100~2700년 간의 제1~2왕조) 전체를 통틀어, 문명화된 지배계급과 대다수 토착민의 구별은 매장 관습에서 뚜렷하게 나타나기 때문이다. 하층계급이 지배계급의 장례 건축과 매장 방식을 받아들였다는 증거는 제2왕조 말기가 되어야 찾아 볼 수 있다.

그렇다면 이집트 왕가를 형성하고 토착민들에게 새로운 매장 관습을 전한 큰 체구의 '지배계급' 종족은 누구일까. 에머리는 그들이 셈수호르, 즉 매의 머리를 한 새 호루스의 동

료들이자 추종자라고 추정했다. 튜린 파피루스에 보존된 고대의 왕 목록에 의하면, 호루스는 최초의 파라오 나르메르와 호르아하가 왕위에 오르기 전에 1만 3천4백20년이라는 엄청난 세월 동안 이집트를 다스렸다고 한다.

한편, 이집트에서 가장 오래된 거주민들과 메소포타미아 최초의 도시국가들 간에 관련이 있다는 또 다른 증거가 두개골의 연구로 밝혀졌다. 프랑스 고고학자 자크 드 모르강은 1897년 북부 이집트의 아비도스 유적지에서 조사하면서 선왕조 시대의 묘지에서 두개골들을 발굴했고, 이 두개골들을 인류학자 D. 푸케가 연구한 결과, '머리가 크고' 길고 갸름한 소위 장두형으로서, 이집트의 고대 및 현대인들과 전혀 다른 종족이었다.

그런데 이와 유사한 형태의 두상이 메소포타미아의 초기 수메르 고분에서 똑같이 발견되었다. 즉, 수메르족과 전혀 다른, 두상이 긴 두개골이 키시 유적지와 이라크의 젬데트 나스르 유적지의 가장 낮은 유적층에서 발견된 것이다. 측정 결과, 그것은 적어도 5천 년 전의 것이었다.

고고학자 헨리 필드는 1933년 「미국 인류학지」에 게재한 글에서, 수메르 고분에서 출토된 두개골은 BC 3000년을 전후하여 상당히 다른 두개골형을 가진 토착문명에 점령당하기 전에 수메르 이전 도시국가의 원 설립자였을 '원시셈족' 문명의 증거를 보여준다고 결론지었다.

주시하는 신들

과연 두상이 긴 그들은 누구였을까. 이집트의 최초의 발전 단계에 살았던 문화의 후손들일까. 아니면, 그 이집트 문화의 몇몇 흔적이 수메르의 건설을 가능케 한 역할, 다시 말해

호루스 고대 이집트 신화에 등장하는 신. 태양, 하늘의 화신으로 매의 머리를 가진 모습으로 표현된다.
위의 사진은 고왕국 시대의 황금 호루스상. 히에라콘폴리스 신전터에서 출토. 이집트 카이로박물관 소장.
왼쪽 페이지 사진은 제4왕조(BC 2620~2500)의 왕 케프렌의 입상. 기자 대피라미드 계곡의 신전 출토. 이집트 카이로박물관 소장.

아비도스 나일강 중류의 고도 테베 서북쪽에 있는 고대 이집트의 유적. 오시리스 신의 영지靈地였다.

이집트 신화 태초에 눈Nun이라 불리는 바다가 있었고 여기서 아툼이 태어났다. 그는 태양신 라Ra와 동일시된다. 그는 스스로의 수정受精 작용으로 겝, 슈, 테프누트, 누트를 낳았다. 이 네 명은 서로 다툰 끝에 겝은 대지, 슈와 테프누트는 공기와 증기, 누트는 하늘이 되었는데 겝과 누트는 부부가 되어 남매 오시리스와 이시스를 낳았다.
그뒤 오시리스는 이시스와 근친결혼하여 이집트를 28년간 통치했으나 동생 세트에게 살해당하여 사자死者의 나라의 왕이 되었다. 이시스가 죽은 남편과 상관하여 호루스를 낳았고, 호루스는 아버지를 복수하고자 세트와 싸웠다. 이때 세트와의 단독 대결에서 한쪽 눈을 잃었으나 결국에는 승리를 거두고 눈을 되찾아 오시리스에게 바침으로써 효자의 원형이 되었다. 호루스는 이때부터 상하 이집트의 왕이 되었는데 왕권의 표상이 된 신성한 뱀을 그 자리에 놓아줌으로써 머리가 매의 형태를 띠게 되었다.

이드푸 신전에 있는 거대한 호루스 화강암 석상.

서 크리스천 오브린과 내가 이미 에덴의 주시자들에게 돌렸던 역할을 했던 것은 아닐까. 인류학자들은 타락한 종족과 관련하여 기록된 '뱀 같은 얼굴'을 가리켜 이집트와 수메르의 가장 오래된 고분에서 발견된 '두상이 긴' 사람들의 특징과 일치한다고 말한다.

만일 주시자들의 조상이 이집트 선왕조 시대에 살았던 '두상이 긴' 종족과 관련 있다면, 우리는 이 알려지지 않은 문화에 대해 더 이상 무엇을 알아낼 수 있을까. 그들이 정말로 1천3백4백20년 동안 이집트를 다스렸다는 셈수호르, 즉 호루스의 친구들이었을까.

흥미로운 사실은 튜린 파피루스의 왕 목록에는 그 나라를 다스렸다는 이 신화적 인물보다 이전의 시대에는 이집트가 'ntr'의 영토였다고 언급한다는 점이다. 'ntr'이란 '신들'을 의미하는 단어이다. 더욱이 'ntr(신들)'과 인간족 사이의 중개자로서 기능하는 우르슈, 즉 '주시자들'이 있었다는데, 이것은 아마도 셈수호르에 비교될 만한 종족인 '신성한 존재들'일 것이다.

그렇다면 'ntr'와 다른 '성스러운 존재들'은 육체적 형태로 이집트에 살던 시대가 실제로 있었을까. 이 신화 시대와 주시자들의 기원을 잇는 하나의 가설적 연결고리는 바로 'ntr'이라는 말과 연관된다.

잠시 만다교의 전승에 대한 기억을 되살려 보자. 그들은 인간의 육신이 죽고 나면, 영혼이 '총알처럼' 프타힐의 하늘 왕국으로 간다고 말한다. 하늘 왕국으로 직접 가는 것이 아니라 일단 거대한 흰 산(수르)를 넘어 날아가는데, 그 너머에는 심판의 장소 마타라타가 있다. 여기서 영혼은 'ntr' 혹은 주시자의 집을 찾는데, 빛의 존재들이 각자의 왕국인 마타르타를 주시하는 곳이다. 이곳에서 영혼이 선하다면 45일 후 (때로는 40일 후) 북극성으로 여행하는 것이 허락되지만, 생전에 저지른 악행이 선행과 비슷하거나 더 많으면 그곳에 머물러 정화와 징벌을 받게 된다. 그리고 본질적으로 악하면, 우르라는 거대한 뱀의 뱃속에 떨어져 심판의 날이 올 때까지 불과 얼음으로 고통을 겪게 된다. 그런데 마타라타는 북극성 방향에 위치하기 때문에 만다교도들의 고국 북쪽에 위치해 있다. 그곳은 쿠르디스탄 고원 방향이다.

만다교도들이 천상의 왕국은 북쪽에 있으며 그 왕국이 하늘의 탑에서 '주시'하는 '빛의 존재' ntr에 의해 다스려진다고 믿는다는 사실은 매우 중요하다. 근동 지방의 언어를 보면, 어근 ntr, 즉 이집트어로 '신' 혹은 '신들'에 해당하는 단어가 '주시하다'라는 동사와 '주시자'라는 명사에 관계되기 때문이다.

프타흐 이집트 신화의 창조의 신. '건립자'란 뜻. 미라가 된 남자의 모습으로 표현된다. 프타흐로부터 세상의 지배권을 이어받은 것이 레/아툼이다.

만다교의 전승이 이집트 신화와 깊게 연관되어 있음을 보여주는 또 하나의 단서는 만다교에서 죽은 자의 영혼인 프타힐 *Ptbahil*이라는 이름의 어근이다. 그것은 도공의 물레에서 인류를 창조했다는 이집트의 신 프타 *Ptah*와 너무나 흡사하다. 따라서 두 단어가 같은 어원에서 파생되었을 것은 거의 확실하다.

프타힐의 접미사 'il'이 단지 '신'을 뜻하는 말로 첨가되었다는 사실은 이 가설을 더욱 강하게 뒷받침해 준다. 그리고 그 신의 실제 이름은 프타흐 *Ptbah*라는 것을 알 수 있다. 만다교도들은 항상 자신들의 뿌리가 이집트에 있다고 주장했으니, 이런 어원 비교는 놀랄 일도 아니다.

이렇게 본다면, 이집트의 'ntr'(신들)과 쿠르디스탄의 주시자들을 연결시키는 것은 합리적이고 정당성이 있는 것처럼 보인다. 그러나 신神왕들이 대대로 다스렸던 조직적인 사회가 근동 지방에서 최초의 문화가 출현하기 수만 년 전에 이집트에 존재했다고 추리하는 것은 납득이 가지 않는다.

다시 고대 이집트로 돌아가자.

고대 이집트인들은 젭 테피, 즉 '최초의 시대'라는 것에 대해 이야기한다. 일종의 황금시대로서, 창조의 순간에 시작되어 오시리스와 그 아들 호루스에 의해 통치되었던 시대이다. 저명한 이집트어 학자 R. T. 런들 클라크에 따르면, 이집트인들은 이 황금시대를 '분노, 소란, 싸움, 소동이 생기기 전의' 절대 완전시대라고 생각한다. '레의 시대' '오시리스의 시대' 혹은 '호루스의 시대' 등으로 알려진 이 축복된 시대에는 죽음도 질병도 재난도 없었다.

레 고대 이집트의 태양신. 원초의 바다 누에서 태어나자 최초의 우주를 만들고 신과 인간을 지배했으나 늙어서는 누트의 등에 타고 하늘로 올라가 현재의 세계를 창조했다고 한다.

오른쪽 페이지 사진은 람세스 1세 묘실에 있는 오시리스 벽화. 지하세계의 왕인 그는 녹색 또는 검은 색의 턱수염을 길렀고, 힘의 상징인 도리깨와 끝이 굽은 지팡이를 가진 남자의 모습으로 표현된다.

플라톤 고대 그리스의 철학자 (BC 429?~347).

플라톤의 티마이오스

그리스 철학자들도 이집트족의 역사가 무척 오래되었음을 확신하고 있다. 플라톤은 그의 저서 『티마이오스』에서 '나의 증조부의 친척이자 위대한 친구'인 솔론의 이야기를 전하고 있는데, 기독교 시대 6백여 년 전의 일이다.

솔론은 이집트로 여행을 가서 나일강 삼각주의 마을 사이스 안에 있는 여신 네이트 신전의 승려들과 다소 계몽적인 이야기를 나눈다. 한 승려가 솔론에게 그리스인들의 긴 역사에 대해 다음과 같이 설명한다.

"오 솔론, 그대 그리스인들은 단지 어린아이일 뿐, 그리스인으로서 노인이란 없소."

솔론이 무슨 뜻이냐고 묻자 그가 대답했다.

"정신적으로 그대들은 모두 어리다는 뜻이오. 그대들에게는 고대로부터 전해 내려온 오래된 생각이 없고, 긴 세월로 인한 숭엄한 지식도 없소. 내가 그 까닭을 말해주겠소. 인류는 여러 원인들로 인해 파멸되어 왔고 앞으로도 그러할 것이요. … 이는 긴 시간 간격을 두고 반복되는 엄청난 대화재 때문이기도 하오. 이 대화재가 발생하면 강가와 바닷가에 사는 사람들보다는 산과 건조한 고지대에 사는 사람들이 멸망하기 쉬울 것이요. 그리고 우리의 변함없는 구원자 나일강이 이 참화에서 우리를 구해줄 것이요. 한편, 신들이 홍수로써 지상을 정화할 때에는 그대들 중 산에 사는 목자와 양치기들이 살아남을 것이며, 도시에 사는 이들은 강물에 휩쓸려 바다로 떠내려갈 것이요. 그러나 이 나라에서는 그때 언제든, 물은 위에서 땅으로 내려오는 것이 아니라 항상 밑에서 올라오게 되어 있소. 이런 까닭으로 이곳에 보존된 것들이 가장 오래된 것이라 하는 것이요."

노승려는 계속해서 '이전에 존재했던 이들 중 가장 아름답고 고귀한 사람들'과 '헤라클레스의 기둥들' 너머에 있는 전설적인 아틀란티스 섬이 그 당시로부터 '9000년' 전에 일어난 무서운 지진과 홍수로 인해 파괴된 이야기를 말해 준다 (이는 마지막 빙하기의 종말을 알린 지각 격변과 기후변동의 연대와 정확히 들어맞는 BC 9600년경으로 추정된다). 또 '신성한 기록'에 따르면 이집트족은 '8000년' 전에 형성되었다고 말해주는데, 아틀란티스가 침몰하고 이 '고귀한' 종족의 생존자들에 의해 그리스족이 생겨난 1천 년 후이다.

이에 대해 학자들은 플라톤이 잘못 알았다면서 그 연대를 부정한다. 플라톤이 진짜 말하고자 한 것은 900년이나 9000 태음주기를 뜻하려던 것이었다고 증명하려 했다. 그러나 그리스-이집트 학자들은 플라톤이 9000년이라고 기록했으면 태양력 9000년을 의미하는 것이지 그 이상도 그 이하도 아니라면서 반박했다.

만일 플라톤의 주장이 옳다면, 전지구적인 지각 격변이 발생할 때마다 세상은 그 전까지의 기억을 상실하는 습관이 있다는 뜻이 된다. 그 동안에 우리는 우리 자신을 신이 이 세상에 내려 준 최초이며 유일한 인류라고 생각하고 싶어하는 것이다.

후기 구석기 시대로부터 파라오 시대까지의 이집트의 정통 인류학과 고고학은 나로 하여금 지금까지 잃어버렸던 기억을 재발견하도록 이끌어 줄 수 있었다. 고대 이집트의 흥미진진한 신화와 전설에는 신들이 이집트를 다스렸던 시대에 대해 상당히 많이, 그리고 중요한 언급이 가득하지만, 내가 보기에 그것만으로는 충분치 못했다. 나는 더 이상 이집트의 선대문화에 대한 핵심적인 증거를 찾아 옛 전설을 탐닉

헤라클레스기둥 스페인 남쪽 끝에 있는 지브롤터 바위(표고 425m)와 모로코 북서 해안에 있는 세우타 섬을 가리키는 말. 지브롤터 해협은 지중해의 서쪽 입구라는 중요성 때문에 그리스 시대부터 '헤라클레스 해협'이라 일컬어졌다.

하지 않기로 했다. 전설보다는 실제적으로 다룰 수 있는 것이 필요했던 것이다.

곰곰이 생각해 보니, 이집트의 마지막 비밀을 푸는 모든 열쇠는 하나의 유물에 들어 있었다. 바로 스핑크스였다.

고대 이집트의 마지막 비밀은 스핑크스였다. 사진은 이집트 기자의 스핑크스.

제21장
공포의 아버지

세계 최대의 불가사의

 카이로 시의 불빛 너머로, 만원버스는 비에 흠뻑 젖어 휘청거리는 거리를 달렸다. 거리에는 경적을 울려대는 자동차들과 지쳐 빠진 당나귀들, 코카콜라 광고판, 모터사이클을 탄 젊은이들로 가득했다. 어느새 날은 점점 어두워져 갔다. 황량한 교외를 한참 달리던 버스가 마침내 생기 넘치는 한 도로에 정차했다.
 어디로 가야 할까. 방향 감각을 상실한 나는 그저 기념품 가게들이 죽 늘어선 좁은 길을 따라 무작정 걸었다. 그런데 발걸음을 옮기기가 점점 힘들었다. 그곳이 솟아오른 고원지대였고, 나는 그곳을 향해 걷고 있었던 것이다.
 한참을 걸었을까, 문득 고개를 들어 쳐다보니 내 생애에서 가장 감동적인 광경이 한눈에 들어왔다. 피라미드 두 개가 내 생전에 본 어느 것보다도 높이, 아니 어마어마한 거인처럼 하늘 높이 치솟아 있었다. 밝은 빛이 그 장엄한 검은 윤곽

네페르티티 이집트 제18조의 왕 아멘호테프(재위 BC 1377~1358)의 왕비. '미녀는 오다'라는 뜻이다. 위 사진은 1914년 페루 에루아마르나에서 발견된 석회석 채색 흉상. 베를린 국립미술관 소장.
투탕카멘 이집트 제18조의 12대 왕(재위 BC 1361~1352). 아래 사진은 투탕카멘의 제3관. 이집트 카이로박물관 소장.

을 비추고 있었고, 그 기부基部로 이어지는 도로 주변에는 글자 그대로 수백의 노점상들, 낙타 상인들, 도붓장수들, 경비원들이 가득했다. 참으로 결코 잊지 못할 광경이었다.

카이로의 나일강 서안에 위치한 기자의 피라미드들은 진보된 기술, 엄청난 건축 능력, 정확한 측지학, 정밀한 기하학, 그리고 동시대의 다른 어느 문화보다도 앞선 천문학 지식 등, 오늘날 세계인들의 마음속에 그려진 고대 이집트의 모든 것을 상징한다.

이집트 역사 하나만으로도 세상에서 가장 생생하고 신비한 영상을 마음속에 그려내기에 충분하다. 클레오파트라, 네페르티티, 그리고 소년왕 투탕카멘. 이것이야말로 고대 이집트 왕국에 대해 대부분의 사람들이 상상하는 것들이다. 그러나 그것의 실체는 어떠했을까. 공상과 상상이 끝나고 진실이 시작되는 곳은 어디일까.

이집트에서 파라오의 시대가 본격적으로 시작된 것은 BC 3100년경이었다. 상하上下 이집트가 통일되고 하나의 왕에 의한 연합왕국 통치가 펼쳐졌던 것이다. 뒤를 이어 나르메르와 그의 후계자 호르아하가 이집트 학자들에게 상고시대, 즉 제1~2왕조라 불리는 시대를 확립했다. 그리고 BC 2700년경 제3왕조의 시작과 함께 고왕국 시대라고 알려진 시대가 도래했다.

이 시기에 이르러, 이집트인들은 갑자기 다급하게 피라미드를 짓기 시작

앞 페이지 사진은 기자의 피마미드 전경.

사카라 이집트 카이로 남쪽 25km 떨어진 나일강 좌안左岸에 있는 작은 마을. 10여 개의 피라미드와 마스타바(묘소)가 있다.
조세르 이집트 제3왕조의 왕(BC 2650?). '신성한 통치자'라는 뜻.
아래 사진은 사카라에 있는 6층 높이의 계단식 피라미드. 높이 62m, 기저부는 동서 125m, 남북 109m의 피라미드이다.

했다. 그것은 죽은 왕의 시신을 보존하여 내세에서 그의 영혼이 멸하게 않게 할 수단을 찾아야 한다는 믿음에서였다. 가장 먼저 지어진 것은 BC 2650년에 착공된 사카라의 장대한 계단식 피라미드로서 파라오 조세르 Djoser/Zoser를 위한 것이었다.

나일강의 서쪽 제방을 따라 더욱 거대한 피라미드들이 건축되었고, BC 2620~2481년의 제4왕조 시대에는 고왕국의 가장 위대한 업적인 대大피라미드가 건축되었다. 기부의 한 변의 길이가 230미터, 높이가 146.5미터에 면적이 13에이커

가 넘는 이 피라미드는 인간의 손으로 만든 것 중 가장 훌륭한 작품일 것이다. 그러나 그 역사나 주인공에 대해서는 이설異說이 많다.

　서기 820년 아랍의 칼리프 알 마모운이 고용한 일꾼들은 단단한 석회암 석재들을 몇 주일 동안이나 파낸 뒤 대피라미드 안으로 들어갈 수 있었다. 그들은 왕의 현실玄室에서 유명한 화강암 석관을 발견했는데, 뚜껑이 없는 돌상자 안에는 사람 모양의 형상(인체형으로 만든 관)이 들어 있었다고 한다. 그 안에 들어 있는 시신 위로는 금과 보석으로 장식된 흉판

이집트 카이로의 나일강 서안에 위치한 기자에 있는 3대 피라미드 중 하나. 사카라의 계단식 피라미드보다 한층 발전한 방형추체方形錐體의 피라미드이다. 최근 피라미드 근처에서 쿠프왕의 장례 때 사용되었던 길이 40m의 목선 두 척이 발견되었다.

쿠프 이집트 제4조의 제2대 왕 (재위 BC 2589?~2566). 그리스의 역사가 헤로도투스에 따르면, 그의 피라미드는 10만 명의 노동자가 3개월 교대로 20년 걸려서 건조했다고 한다.
위 사진은 아비도스에서 출토된 그의 상아좌상. 이집트 카이로박물관 소장.

오른쪽 페이지 사진은 미세리노스의 삼신상三神像. 가운데 인물이 BC 2500년경 제4왕조의 4대 왕인 멘케우레이고 왼쪽은 다산과 풍요의 여신 하토르, 오른쪽은 디오폴리스 파르반주 여신이다. 밸리 신전 출토. 이집트 카이로박물관 소장.

이 있었고, '값을 매길 수 없는 칼'과 '달걀만한 크기의 홍옥'(아마도 루비로 보이는 붉은색 보석)이 놓여 있었다고 한다.

그러나 고고학자들과 피라미드 학자들은 알 마모운의 생존시 기록임에도 불구하고 이 발견을 허구虛構로 치부하는 경향을 보여주고 있다.

우선 알 마모운의 기록을 믿기로 하자. 그렇다면 그의 일꾼들이 발견한 것은 무엇이었을까. 피라미드 건설자의 시신일까, 아니면 훨씬 후에 매장된 유물일까.

대피라미드의 설계자에 관해서는 옛날부터 여러 설이 제기되었지만, 오직 헤로도토스만이 정답을 알았던 것 같다. 그는 저서 『역사』에서 대피라미드의 건설자는 케옵스라고 했는데, BC 2596년경부터 23년간 통치했던 제4왕조의 파라오 쿠푸를 그리스어로 번역한 이름이다.

그 후, 이 고대의 전설은 후대의 작가들에 의해 반복되면서 아직까지 불확실한 채로 남아 있다가 19세기 중반 자칭 이집트 학자라는 영국 출신의 보물사냥꾼 리차드 하워드 바이스 대령이 왕의 현실 위에 있는 휴식실에서 쿠푸의 카르투시(타원형으로 둘러친 서명)가 있는 사각표지를 발견했다고 하여 다시 한번 화제에 올랐다. 일반적으로 이 표지는 BC 2590년경 채석공들이 남긴 것으로 여겨지고 있는데, 몇몇 학자들은 바이스 대령이 이집트 학자로서의 공신력을 높이려는 의도로 만들어 낸 가짜라고 믿고 있다.

대피라미드의 옆에는 두 개의 피라미드가 있다. 하나는 BC 2550년경 쿠푸의 아들 카프라(그리스어로 케프렌)의 것이며, 다른 하나는 BC 2500년경 카프라의 후계자 멘케우레(그리스어로 미세리노스)의 것이다. 그러나 그 어느 것이든 왜 지어졌는지는 아무도 확실히 모른다. 수백 권의 연구서적이 저

마다 서로 다른 의견들을 내놓고 있다. 건설자의 무덤으로 쓰였을 법도 하고, 내세에서의 파라오 영혼의 여행과 관련하여 장례의식이나 제식의 장소로서 주된 역할을 했을 수도 있다. 대피라미드가 태양의 연주 운동을 뚜렷이 보여주는 거대한 천체시계라고 하는 학자도 있고, 그것의 각도, 치수, 기하학이 지구의 실제 크기와 움직임, 축과 측지학적으로 관련을 갖는다고 주장하는 학자도 있다. 모든 학설들이 적어도 부분적으로는 옳다고 본다.

기자의 스핑크스

내가 관심을 갖고 보고자 하는 것은 피라미드만이 아니다. 두 번째 피라미드 왼쪽에서 좀 떨어진 곳, 무너진 사원들이며 고분들 사이에 또 다른 보물, 스핑크스가 숨어 있다. 어둠 속에서 찾기가 쉽지는 않았으나 그 규모가 큰 탓인지 낮은 담벽 너머로 얼른 눈에 띄었다.

음산하게 빛나는 조명의 불빛이 스핑크스의 머리와 길고 평평한 등을 부분적으로 비추고 있었다. 깊이 긁힌 얼굴에 코가 떨어져 나간 스핑크스의 긴 앞발톱과 배, 그리고 말려진 꼬리는 고대인의 손으로 만들어진 깊숙한 직사각형의 구획을 덮은 어둠의 담요 아래 남아 있었다.

나는 네메스 머리장식으로부터 이어진 그 고요한 자태를 아주 오랫동안 서서 올려다봤다. 기록에 따르면, 이 신비한 건축물은 기자고원 동쪽 끝의 자연암석에 조각된 것으로서 대략 BC 2550년 전후에 만들어졌다고 한다. 전장이 70미터, 높이 20미터, 어깨의 넓이 10 미터 남짓 된다. 두 번째 피라미드의 건설자로 추정되는 카프라 왕의 명령으로 만들어졌고, 그 얼굴은 카프라 왕의 생전의 모습이라고 한다. 이 스핑

스핑크스 본래 동물의 왕자 라이온에 대한 주물呪物 숭배에서 비롯되었다. 시대에 따라 그 모습이나 성격이 달라진다. 매나 숫양의 머리를 한 것, 서 있거나 앞다리만 가진 것 또는 권력을 상징하거나 신전 장식용 등 다양하다. 이집트 카르나크의 대신전에서는 길 양쪽에 서로 마주보면서 수십 개의 스핑크스가 나란히 서 있다. 위 사진은 시리아의 스핑크스. 이르슬란 타시 출토, 시리아 다마스커스박물관 소장.
왼쪽 사진은 세계에서 가장 크고 오래된 카프라 왕의 스핑크스. 이집트 기자의 피라미드 가까이에 있다. 파손된 것 중 턱수염 조각은 런던 대영박물관에 있다.

크스의 얼굴과 매우 닮은 형상의 파라오 상이 근처 밸리 신전 유적지에서 실물 크기로 발견되었는데, 이 신전은 흰 석회암 벽돌로 지은 것이다.

　이집트 학자들은 스핑크스가 오랜 세월을 지나는 동안 모래바람에 마멸되었다고 한다. 실제로 스핑크스는 모래바람에 상당히 풍화되었으며 모래로 목까지 묻혀 버리는 경우가 많았다. 이에 관해서는 재미있는 전설이 있다.

　젊은 왕자 투트메스가 사냥을 나갔다가 사막의 모래 위로 드러난 스핑크스의 머리를 마주하고 잠을 잤는데, 꿈속에서 스핑크스의 정령이 나타나서는 자기를 덮고 있는 모래를 치워 준다면 그 보답으로 파라오가 되게 해주겠다고 약속했다. 그래서 주변을 청소했더니 스핑크스가 나타났고, 스핑크스는 약속을 지켜 투트메스가 BC 1413년경 투트메스 4세로 등극했다는 것이다.

　그는 꿈 이야기를 석판 또는 석비石碑에 새겨 스핑크스의 두 발 사이에 세웠다는데, 그것은 오늘날까지도 거기에 남아 있다. 세월이 흘러, 스핑크스는 다시 모래에 목까지 묻히게 되었으며, 당시 그곳을 지배하던 로마인들이 파내기는 했지만 몸체는 계속 사막에 묻혀 있었기에 오늘날까지 그 모양이 보존되어 왔다고 전한다.

　스핑크스의 코가 없어진 데에도 전하는 이야기가 있다. 1380년경 사임 엘 다르라는 열렬한 이슬람교도가 있었는데, 그는 세상 사람들이 이 이교적異敎的인 상징물에 관심을 쏟는다는 점이 화가 나서 고의로 코를 잘라 버렸다고 한다. 그런가 하면, 유럽인 여행자들은 스핑크스의 얼굴과 입술에서 조각을 떼어내어 행운의 부적으로 썼다고 하고, 한때 터키인 기병들은 스핑크스의 머리를 연습용 표적으로 삼았다고도

투트메스 4세 이집트 제18왕조의 8대 왕(재위 BC 1413?~?).

한다. 이 스핑크스에 대한 본격적인 발굴작업은 1816년에 이르러서야 시작되었다. 그 결과, 한때 석관石冠을 쓰고 수염이 있었으며 얼굴이 붉은 색으로 칠해진 적도 있었다는 사실을 알게 되었다.

그러나 로마시대 이래 처음으로 모래 속에서 완전히 구출해 낸 것은 1930년대에 이집트학자 셀림 하산 박사가 맡고 나서였다. 하산 박사의 발굴업적에는 BC 1308~1087년경 신왕국 시대 동안 스핑크스가 특별한 숭배와 왕가의 순례의 대상이었다는 점도 포함되어 있다. 그렇다면 이제부터 이 거대한 석상이 고대 이집트인들에게 어떤 의미를 가지고 있었는가를 살펴보자.

이집트에서 스핑크스는 남성다운 존재이며 태양신의 표현이고 신격화된 파라오의 상징이다. 제18왕조 때부터는 '지평선의 호루스'와 동일시했다. 사진은 멀리서 본 기자의 스핑크스.

호루스의 지평선

스핑크스는 정확히 동쪽 지평선을 바라보고 있다. 매년 3월 21일과 9월 22일을 전후한 태양주기의 중간, 즉 춘분과 추분에 태양이 떠오르는 곳에 위치하고 있다.

신화적으로 말하자면 이 사자 형상의 기념물은 많은 정체성과 기능을 갖고 있지만, 무엇보다도 먼저 호르 엠 아크헤트(지평선 속의 호루스)와 호르 아크헤티(지평선의 호루스)와 관계된다. 이 둘은 모두 태양신 호루스의 형상이다. 스핑크스는 바로 이러한 능력 때문에 사자 모습을 한 짐승인 아케르와 동일시되기도 한다.

아케르는 태양신이 밤마다 성스러운 매의 모습으로 서쪽 지평선 위에 안착한 후에 들어가는 지하세계 통로의 출입구를 지킨다고 한다. 이 신화적 순환에서 호루스의 본래 역할은 태양신 레이다. 레는 '완전한 존재' 아툼 또는 아툼 레의 형태로서, 해가 저물면 지하세계의 어두운 동굴을 지나고, 새벽이 되면 다시 레 하라크티 신의 모습으로 동쪽 지평선에

스핑크스가 춘분과 추분에 태양이 떠오른 곳에 위치한 것은 태양신의 저승 여행과 관련이 깊다.
위 사진은 해가 서쪽 지평선 밑으로 내려가는 순간. 태양신은 밀실에 안치되고 그것을 사자 모습을 한 아케르가 지키는 모습. 밑에서는 아비누스가 사자死者를 미라로 만들고 그 영혼을 오시리스의 법정으로 인도한다. 람세스 2세(재위 BC 1279~1213)의 묘의 벽화. 이집트 카이로박물관 소장.
왼쪽 페이지 사진은 초승달과 태양으로 이루어진 표상을 머리에 쓰고 있는 호루스 신과 파라오.

헬리오폴리스 '태양의 도시'라는 뜻. 이집트 카이로 남쪽 나일강 우안右岸에 있는 마을. 아래 사진은 이집트 제18조의 왕 아멘호테프와 그의 아내 네페르티티가 태양의 빛(레)을 받고 있다. 아마르나 왕궁 출토. 이집트 카이로박물관 소장.
오른쪽 페이지 위 사진은 이집트 제19왕조의 제2대 왕 세티 1세(재위 BC 1318~1304)의 암굴묘 북쪽 벽화. 신들이 저승세계의 물을 가로질러 항해하고 있다. 아래 사진은 중왕국 시대 (BC 2050?~1750?)의 벽화. 미이라를 실어나르는 배가 분묘로 향하고 있다.

나타난다고 한다. 내가 보기에 이 원原신화는 의심할 나위 없이 고왕국 시대에 레 숭배의 중심지였던 아누 혹은 헬리오폴리스의 천문학자 승려들이 만들어 낸 것 같다. 그곳은 오늘날 카이로 근교의 매연 가득한 어느 지역에 있다.

'지평선 속의 호루스'라는 호르 엠 아크헤트를 그리스어로 번역하면 하르마키스이다. 고전 시대에는 스핑크스가 이 이름으로 더 많이 알려졌었다. 그리고 춘분과 추분의 해돋이, 즉 두 개의 지평선과 스핑크스의 연결은 왜 기자고원이 한때 아크헤트 쿠프, 즉 쿠프의 지평선이라고 알려졌는지를 설명해 준다. 이밖에 스핑크스는 '수호자'란 의미의 후 hu, 레가 풍뎅이 모습을 한 크헤페라 Khepera, '사자와 같은 자'라는 뜻의 루티 Ruty/Ruty 등 여러 가지 이름으로 불린다. 여기서 루티는 '지하세계의 먼 북쪽 끝에' 있는 무시무시한 수호신이자 보호자이다.

그런가 하면 서기 1200년경, 엘 라티프라는 아랍인은 스핑크스가 아랍인들에게 '공포의 아버지'로 알려져 있다고 주장했다. 다시 말하면 기자고원의 전능한 수호신으로서의 역할과 관련이 있다는 이야기이다.

아무튼 위에서 말한 내용들이 스핑크스에 대해 지금까지 어느 정도 인정받고 있는 이야기들이다. 그러나 내가 관심을 갖는 것은 일부 진보적인 성향을 띤 학자들의 주장이다. 그들의 관점을 좇다보면, 이집트 문명 창시에 대해 세계가 이제껏 알고 있던 모든 것을 재고해야만 한다.

220

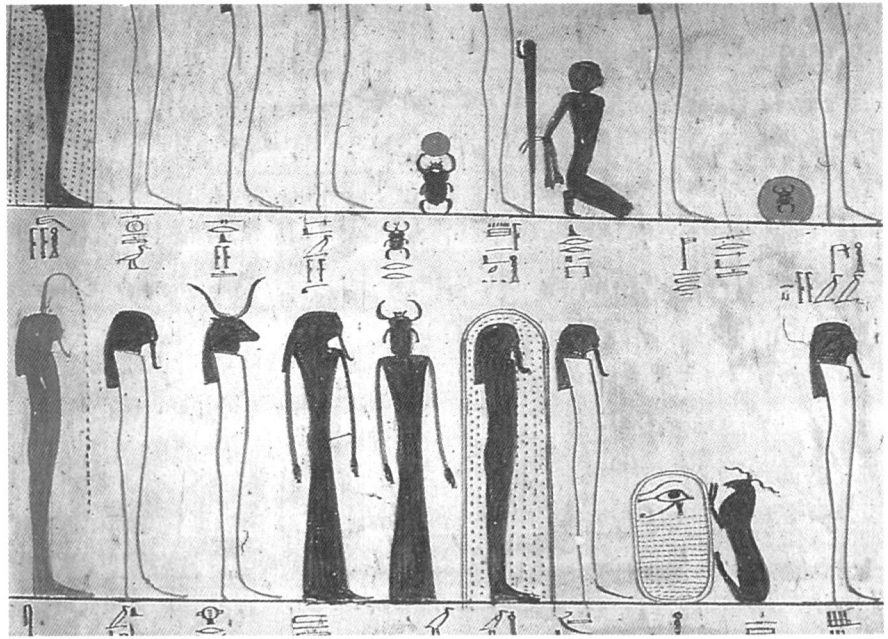

가장 큰 수수께끼

지난 몇 년간 '열린 사고'를 가진 사람들은 스핑크스의 기원과 연대에 대한 전통적인 관점이 갖는 명백한 모순들을 지적했다. 예를 들면 스핑크스의 얼굴은 머리의 다른 부분과 균형이 너무나 맞지 않다. 또 머리 자체가 몸체의 다른 부분에 비해 너무나 작다.

또 다른 문제는 스핑크스의 정체에 관한 점이다. 뉴욕 경찰청의 중견 법정 전문가인 프랭크 도밍고는 스핑크스의 얼굴 측면을 세밀히 연구한 끝에, 그것은 알려져 있는 카프라의 특징과 거의 닮지 않았으며 이집트의 파라오보다는 아프리카인이나 누비아 흑인의 얼굴을 나타낸다고 결론지었다.

그렇다면 훨씬 이전의 사자나 신 혹은 여신의 얼굴이었던 것이 지금의 얼굴로 바꾸어진 것일까. 그리스 신화에서 유명한 수수께끼를 냈던 테베의 스핑크스가 암컷이었다는 점을 상기하기 바란다.

스핑크스의 연대에 대해 가장 이상한 점은 스핑크스의 거대한 두 발이 가슴을 향해 세워져 있는 투트메스 4세의 석비이다. 그 석비는 아래 부분이 심하게 침식되어 '운 네페르 … 카프라에게 … 아툼과 호르 엠 아크헤트를 위하여 만든 조각상'이라는 글귀만을 겨우 알아볼 수 있다.

이 구절의 뜻을 놓고서 이집트 학자들은 논란이 분분했다. 투트메스가 카프라왕을 찬양한 것은 그가 스핑크스를 만들어서가 아니라 투트메스 자신이 했듯이 그 역시 1천 1백 년 전에 스핑크스 주변의 모래를 치워

왼쪽 페이지 사진은 아홉 명의 신이 저승의 배를 타고 함께 여행하는 모습. 이집트 제18왕조의 6대 왕 이집트 '왕가의 계곡'에 있는 투트메스 3세(재위 BC 1504~1450઼)의 묘실 벽화에 그려진 암두아트(저승길)의 일부.

수수께끼 스핑크스가 이집트 테베의 암산 부근에서 지나가는 사람에게 "아침에는 네 다리로, 낮에는 두 다리로, 밤에는 세 다리로 걷는 짐승이 무엇이냐?"고 물어 이 수수께끼를 풀지 못하는 사람은 잡아먹었다는 전설. 오이디푸스가 "그것은 사람이다"라고 대답하자 스핑크스는 몸을 던져 죽었다고 한다. 오이디푸스의 말은 '사람은 어렸을 때 네 발로 기고 자라서는 두 발로 걷고 늙어서는 지팡이를 짚어 세 다리로 걷는다'는 뜻. 사진은 앵그르 작(1808). 파리 루브르미술관 소장.

이시스 이집트 신화 속의 최고의 여신. 호루스의 어머니이다. 옥좌를 머리에 이고 있거나 소의 뿔 사이에 초생달을 놓은 관을 쓴 것으로 표현된다.
위 사진은 이집트의 아스완댐 건설로 수몰되기 전의 이시스 신전 부조.

주어서라고 해석할 수도 있기 때문이다. J. H. 브레스티드나 가스통 마스페로와 같은 저명한 이집트 학자들은 이 해석에 논란의 여지가 있음을 시인하기도 했다. 이 흥미로운 수수께끼에 의문을 더하는 것은 19세기 중반 프랑스 출신의 이집트 학자 오귀스트 마리에트(1821~1881년)가 대 피라미드 동쪽에 있는 이시스 여신의 소小신전에서 발견한 비석이다. 그 비석에는 쿠프왕이 어떻게 이시스에게 바쳐진 신전(아마도 같은 것이 아닌)을 '스핑크스의 구멍 옆에서 혹은 로스타의 주인 오시리스의 집 북서쪽에서' 발견했는가를 기록하고 있다.

여기서는 스핑크스에게 '호레마크헤트 … 시선으로 바람을 인도하는 대기의 수호자'라는 이름이 주어지는데, 왕이 스핑크스와 벼락을 맞은 거대한 무화과나무를 보기 위해 계속 나아갔다고 적고 있다. 이 벼락은 스핑크스의 네메스 머리장식(머리 뒷부분)을 일부분 떨어뜨린 벼락으로 추측된다. 쿠프왕은 카프라왕의 아버지라는 점에서 볼 때, 이것은 명백히 스핑크스가 쿠프왕의 재위 기간에 이미 존재했음을 보여준다.

문제는 또 하나 있다. 현재 카이로 박물관에 보관되어 있는 이 비석의 연대는 BC 664~525년인 제26왕조, 즉 후기왕조 시대의 것이다. 따라서 고왕국 때 새겨진 원문을 필사한 것이 아닐까 추정되고 있다. 여기서 우리는 이집트인들은 새겨 넣거나 써놓은 왕가의 원본을 당시의 문법으로 번역하여 세심하게 필사했다는 사실도 기억해야 한다.

물론 스핑크스가 무척 오래 되었다는 것을 증명하는 가장 확실한 증거는 심한 침식의 흔적이다. 이는 스핑크스의 마모된 몸체와 그를 둘러싼 구획의 벽면, 또 스핑크스 신전과 근처 밸리 신전의 유적에서도 확연하게 볼 수 있다. 그러나 이 풍화작용에 대해 공식적으로 이의를 제기한 사람이 있었다.

초기 왕조시대(BC 3100?~2686?) 하下 이집트의 수도였던 티니스에서 출토된 세스홍크 2세의 황금장식물. 이집트 카이로박물관 소장.
풍뎅이로 표현되는 케페르가 둥근 태양을 동쪽 지평선 위로 밀어올리고 있다. 동쪽에서 아침에 다시 태어나는 순간과 마찬가지로 죽음에서 부활하는 모티프를 보여준다. 케페르 양옆에는 이시스 여신과 오시리스의 누이동생 네프튀스 신이 도와주고 있다.

바람인가 물인가

이집트 학자이자 저술가인 존 앤토니 웨스트는 저서 『하늘의 뱀-고대 이집트의 현자』에서 바람이나 모래의 침식 때문이 아니라 물에 의한 것이라고 주장했다. 그는 프랑스의 수학자이자 철학자인 R. A. 슈발러 루빅츠의 관찰법을 토대로 하여 스핑크스의 몸체 둘레에 난 깊숙한 수평의 흠집에 주의를 기울였던 것이다.

그의 추정은 간단하다. 스핑크스와 그에 딸린 신전들은 지난 4천5백 년간의 대부분을 모래에 묻혀 있었기 때문에 남쪽으로부터 주기적으로 불어오는 사막의 바람의 피해를 면할 수 있었다는 것이다. 만약 바람과 모래 때문에 침식되었다면 스핑크스의 남쪽 면이 보다 심한 침식결과를 보여야 하는데 그렇지 않다는 것이다. 오히려 몸의 전체를 둘러싸고 수평의 도랑이 평평하게 그어져 있다고 한다.

이와 비슷한 암석 침식은 아비도스, 룩소르 등 나일강을 따라 노출되어 있는 유적의 절벽 면에서도 똑같이 발견된다. 이에 대해 지질학자들은 이구동성으로 물에 의한 침식 현상이라고 했다. 그리고 고대 이집트에 호우가 계속되던 시기에 만들어진 것이라고 했다.

그렇다면, 어째서 거의 같은 침식의 흔적이 스핑크스에서 발견된 것일까. 웨스트는 1989년 미국 보스턴대학의 과학부 교수 로버트 쇼흐 박사의 도움을 받아 그의 하수 침식이론을 처음으로 검증했다.

쇼흐 박사는 예일대학에서 지질학과 지구물리학의 학위를 받은 지질학자로서 암석에 대한 풍화 침식효과를 연구하고 있었는데, 웨스트와의 연구에서는 스핑크스뿐만 아니라 그것의 직사각형 구획, 그리고 근처의 스핑크스 신전과 밸리 신전에 사용된 석회석 석재에 대해서도 정밀하게 연구했다. 그 결과, 암석면, 특히 스핑크스 위에 난 깊은 수평의 흠과 수직의 균열이 강우로 인한 하수 침식의 '고전적이고도 교과서적'인 예라는 연구결과를 발표했다.

아래 사진은 이집트 카이로 남쪽에 있는 룩소르 신전의 거대한 탑문과 입구 양 옆으로 늘어선 스핑크스. 이집트의 마지막 왕조인 제30왕조의 넥타네보 1세(BC 380～362)가 세웠다. 오른쪽 사진은 룩소르 신전 입구에 있는 람세스 2세의 거상.

확실히 고대 석조물에서의 풍식의 흔적은 이집트 학자들이 스핑크스와 연대가 같다고 주장하는 스핑크스 부근의 고왕국 시대 고분에서도 볼 수 있다. 그러나 이 풍화는 전적으로 다른 것이었다.

일반적으로 매서운 바람에 의해 날리는 모래는 암석의 무른 층을 벗겨내고 단단한 층은 남겨 둔다. 그리하여 평평하게 패인 부분과 함께 폭우의 침식과는 아주 다른 뚜렷하고 날카로운 측면을 만든다. 반면에 폭우의 침식은 암석의 무른 층으로 파고들어 가는 파상의 부드러운 단면을 형성하며, 암석 표면으로 물이 흘러내리면서 깊은 수직의 균열을 만든다.

쇼흐 박사의 주장에 대한 반론도 만만치 않았다. 1992년 이집트학 회지인 KMT 여름호에서 스핑크스의 권위자인 마크 레너가 한 가지 중요한 점을 들어 반박했다. 비록 스핑크스의 풍화가 물에 의한 것이라 하더라도 그 시기는 고왕국 시대의 일이며, 조각상을 만들 때 저질 암석을 사용한 결과라고 주장한 것이다. 그는 바람과 모래에 풍화된 스핑크스 부근의 고왕국 고분들을 사례로 제시하면서, 이 고분들은 훨씬 견고한 흰 석회석으로 조각되었다고 지적했다.

두 사람의 견해 중 어느 쪽이 진실일까.

영국 BBC 방송의 후원을 받은 타임워치 연구팀, 쇼흐 박사와 웨스트의 발견에 관해 다큐멘터리를 찍으려는 미국의 한 제작사와 함께 다시 조사에 나섰다. 그들은 스핑크스의 구획 주변에서 독자적으로 지질학적 조사를 실시했다.

결과는 쇼흐 박사의 승리였다. 고왕국 시대의 모래에 마모된 고분들은 스핑크스의 몸체와 똑같은 재질로 조각되었음을 발견한 것이다. 1992년 미국 산티아고에서 열린 지리학 총회에서 쇼흐 박사는 자신의 연구 결과를 발표하여 열렬한

왼쪽 사진은 람세스 2세를 묘사한 석상. 룩소르 신전.

지지를 받았다. 그 누구도 쇼흐 박사의 논제에 대해 문제점을 지적하지 못했다. 한마디로 그 모임은 쇼흐 박사를 위한 잔치였다.

쇼흐 박사는 스핑크스와 그것을 둘러싼 구획, 스핑크스 신전과 밸리 신전은 석회석 기반암으로 조각된 것이 틀림없다고 했다. 그리고 역사상 그러한 역逆하수침식을 초래하기에 충분한 호우가 내렸던 시기에 만들어졌다가 적어도 5천 년 동안 외부로 드러나지 않은 채 남아 있었다고 결론지었다.

그는 또 스핑크스의 건축 연대는 동부 사하라지역에 집중적이고도 계속적인 강우가 있었던 소위 신석기시대 아우기인 BC 7000~5000년이라고 추정하고, 이를 증명하는 것으로 같은 연대에 아나톨리아 중부의 사탈 휘윅과 팔레스타인의 예리고와 같은 원시 신석기 공동체에서 정교한 건축계획이 이루어지고 있었음을 지적했다. 말하자면, 개인적 기술뿐만 아니라 공동체적 통솔력이 필요했다는 이야기이다. 처음에 스핑크스의 구획에서 거대한 석재를 들어내어 스핑크스를 조각하고, 이를 옮겨낸 석재로 스핑크스 신전과 밸리 신전을 건축할 때에 필요했던 것과 유사한 공동체적 통솔력을 필요로 했다는 이야기이다.

사자자리 시대에 만들어지다

보다 최근의 연구에서는 스핑크스의 연대를 쇼흐 박사와 웨스트가 추정한 것보다 2천5백 년 정도 앞선 BC 10500년경으로 계산하고 있다. 건축기사이자 이집트 학자인 로버트 보벌이 저널리스트 겸 작가인 핸콕과 공동으로 기자고원의 복합적인 천문고고학을 광범위하게 조사한 결과에서 제시된 계산이다.

오벨리스크는 이집트 왕조 때 태양신앙의 상징으로 세워진 기념비. 하나의 거대한 석재로 만들며 위로 올라갈수록 가늘어져 끝은 피라밑 형태이다.
위 사진은 람세스 3세의 오벨리스크. 카르나크 신전 출토. 이집트 카이로박물관 소장.
오른쪽 페이지 사진은 룩소르 신전 입구에 있는 람세스 2세의 오벨리스크. 본래 2개가 있었으나 북쪽의 것은 파리의 콩코드 광장으로 옮겨졌다. 람세스 2세의 치적이 적혀 있다.

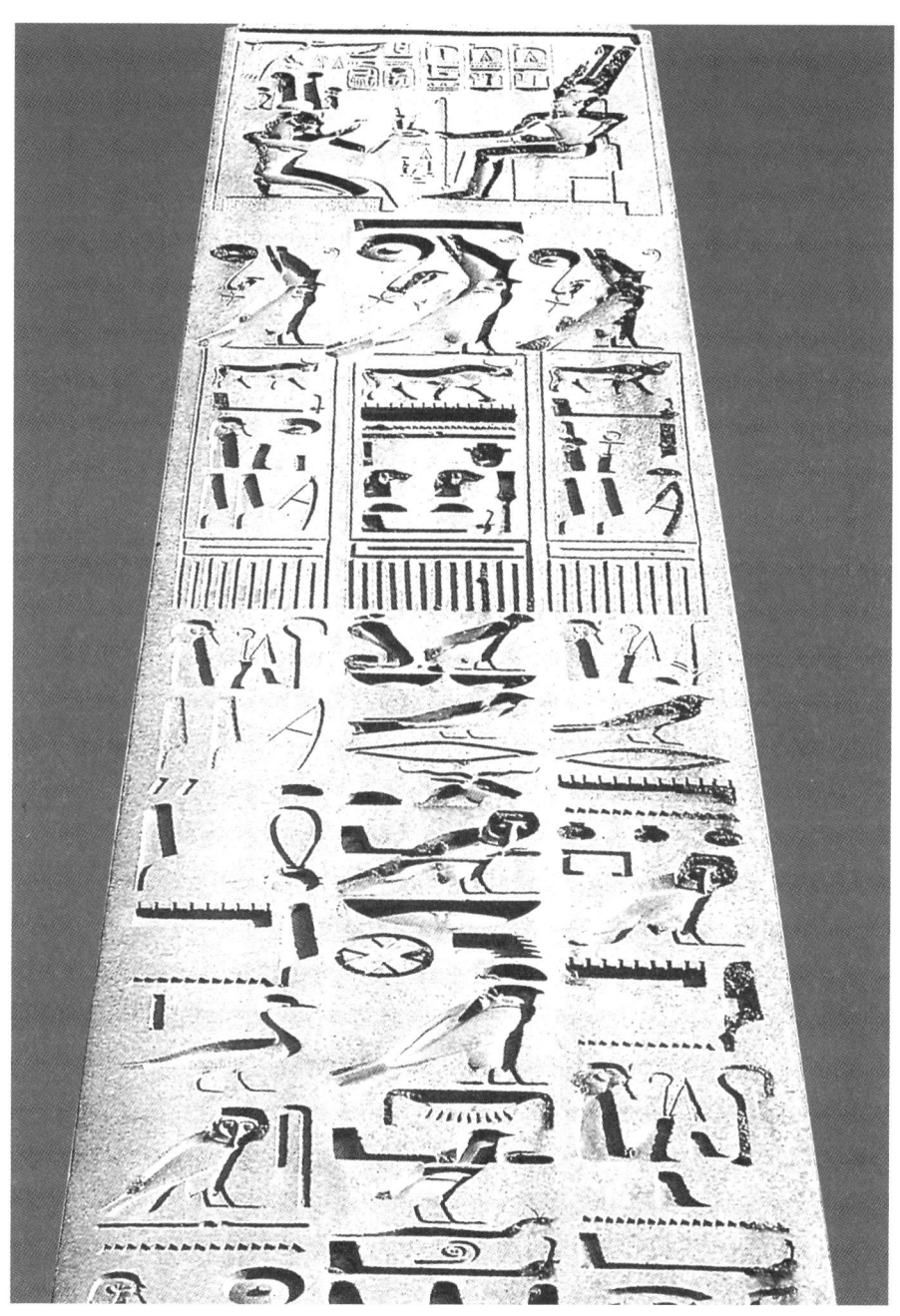

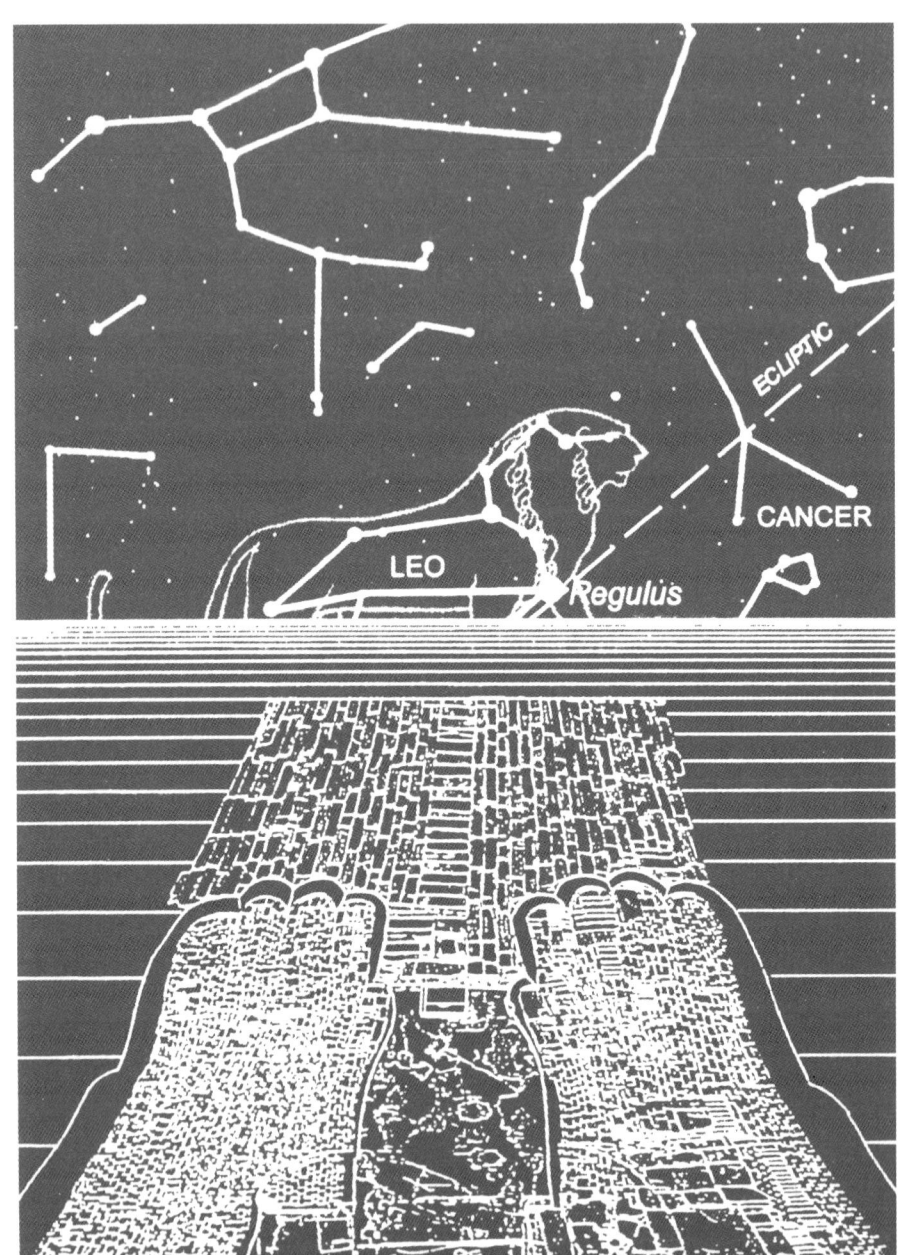

두 사람은 저서 『기원의 보존』에서 스핑크스가 춘분과 추분 때 동쪽을 향해 있는 것은 이집트 학자들이 생각해 왔던 것보다 훨씬 중요한 의미를 갖는다고 했다.

그들은 스핑크스가 세차歲差, 즉 지구가 지축의 둘레로 서서히 흔들리며 만들어 내는 천체현상에 대한 고대 이집트인들의 이해와 직접적으로 관련 있다고 주장했다. 쉽게 말하면, 누워 있는 아이의 머리 위 천장에 달아 주는 회전 물체가 빠르게 돌아갈 때 천천히 흔들리는 것을 볼 수 있는 것과 마찬가지 현상이다.

이러한 지구의 완만한 흔들림은 눈으로 볼 수 있는 다양한 현상들을 불러일으키는데, 그 중에서도 가장 중요한 것이 바로 천문학자들이 말하는 세차 운동이다. 이것은 별들이 있는 천개天蓋, 즉 창공이 매 72년마다 황도黃道를 따라 1도씩 이동하는 것처럼 보이는 현상이다. 이 천문학 순환은 선사시대로부터 매 춘분날 해돋이 직전에 어떤 별자리가 뜨는지를 주목하여 관찰, 기록되어 왔다.

오늘날 우리가 알고 있는 황도궁黃道宮과 이에 대응하는 12개의 별자리는 주기가 2만 5천9백20년인 천상의 회전목마를 구성한다. 한 개의 별자리가 주야 평분시의 일출선과 교차하는데 2천1백60년이 걸리고 다음 별자리로 대체된다. 이렇게 해서 12개의 별자리가 역순으로 3백60도를 완전하게 회전하기 때문에 뒤로 움직인다는 뜻으로 '세차(전진운동)'라는 용어가 쓰이게 되었다.

틀에 박힌 매년의 황도에서 그러하듯 궁수자리 뒤에 염소자리, 염소자리 뒤에 물병자리가 뒤따르는 대신, 물병자리 뒤에 염소자리, 염소자리 뒤에 궁수자리가 따르게 된다. 오늘날 춘분 때 태양과 함께 떠오르는 것은 물고기자리이다.

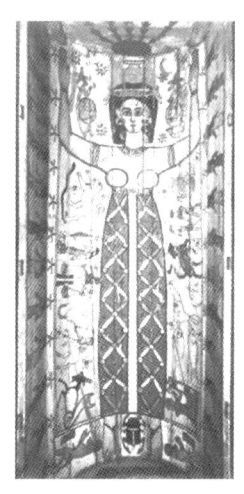

황도 지구에서 보아 태양이 지구를 중심으로 운행하는 것처럼 보이는 천구天球상의 궤도. 적도와 23° 27′ 경사되어 있다.
황도12궁 춘분점을 기점으로 황도의 둘레를 12등분하여 매겨놓은 별자리 이름.
왼쪽 페이지 사진은 BC 9220년의 춘분날 해뜨기 직전에 스핑크스 머리에서 발끝까지 일직선상에서 본 동쪽 지평선의 별자리. 아래 사진은 황도12궁을 그려놓은 이집트 미라. 서기 2세기.

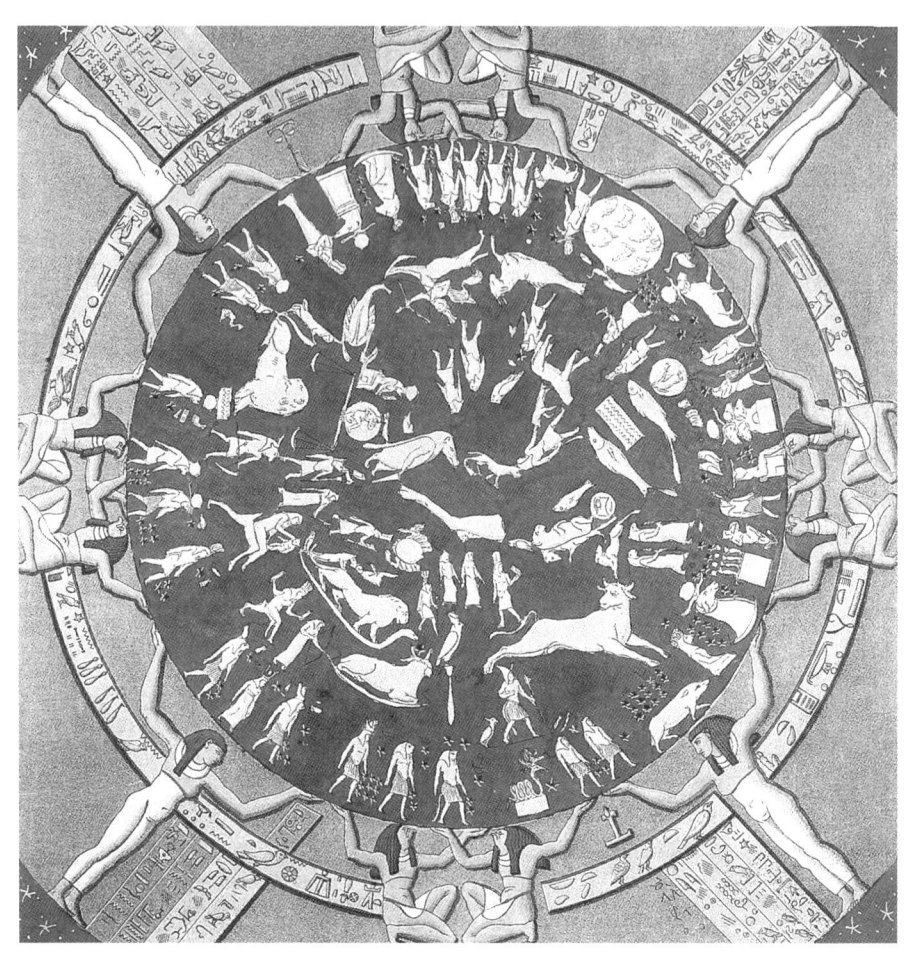

이집트 나일강 중류에 있는 덴데라의 하토르 신전 천장에 그려진 황도12궁도. 파리 루브르 미술관 소장.

그리고 이것은 곧 다음 2천1백60년간 우리를 인도할 물병자리에 자리를 비켜주게 될 것이다. 이렇게 하여 유명한 '물병자리 시대'가 도래하는 것이다.

보벌과 핸콕은 이러한 사실을 유념하여, 스핑크스가 정확하게 현재의 세차 궁宮이 매 춘분마다 해뜨기 직전에 나타나는 동쪽 지평선을 향하고 있는 것은 우연이 아니라고 생각했다. 이집트의 천문학자 승려들은 천체의 배열이나 별과 관련된 상징을 사용하는 데 신중을 기했으므로, 사자 모양의 짐승이 주야 평분시의 일출선을 가리키고 있다는 것은 춘분에 사자자리가 나타나던 시대, 즉 사자자리 시대에 스핑크스가 만들어졌다는 것을 의미한다는 뜻이다. 물론 여기에는 하나의 문제점이 있다. 지난번 사자자리 시대는 BC 10970~8810년까지였기 때문이다.

어쨌든 두 사람의 주장은 비범한 학설이었다. 그리고 그 학설을 증명하기 위해서는 고대 이집트인들이 과연 세차를 알고 있었는지가 확인되어야만 한다.

대부분의 천문학자들은 BC 2세기에 그리스인들이 천구에 대한 장기간의 관찰과 아주 간단한 약간의 산술적 계산을 통해 그 개념을 형성했다고 보고 있다. 이것은 사실일 수도 있다. 그러나 보벌과 핸콕의 연구에 뒤이어, 미국의 이집트 학자 제인 B. 셀러스의 연구보고는 이집트인들이 세차를 알고 있었을 뿐만 아니라 신화적 사건들에 나타난 세차의 존재도 인식했고, 서서히 변하는 세차 주기를 피라미드의 설계와 방향에 합치시켰다는 사실을 분명히 하고 있다.

사실 대피라미드와 세차 주기와의 관련은 19세기 중반에 알려진 사실이었다. 이집트 학자이자 천문-신화학자인 제럴드 마사는 저서 『세계의 빛 고대 이집트』에서, 스핑크스와 사자자리 시대와의 결합은 또한 스핑크스가 아케르와 지평선 속의 호루스, 호레 암 아크헤트와의 신화적 관련을 형성했다고 결론지었다. 그는 "우리는 스핑크스를, 스스로에게서 매우 거대한 삶을 이끌어 냈던 이 위대한 (이집트의) 건설자이자 사상가들이 약 1만 3천 년 전에 세운 기념물이라고 볼 수 있다"고 단언하기도 했다.

현대 천문학자들은 한 번의 세차운동 주기가 2만5773년이라고 계산했다. 춘분점을 지나기 위해서는 각각 2148년이 필요하며 1도가 움직이는 데는 71.6년이 필요하다는 것이다. 여기서는 혼란을 없애기 위해 고대 계산에 맞췄다.

이집트 신화 속의 하늘의 여신 누트. 태양은 저녁에는 누트의 입으로 들어가서 밤 동안에 누트의 몸 안을 통과한 뒤에 아침이 되면 다시 누트의 자궁에서 태어난다. 태양의 하루 24시간의 움직임을 표시한 미라 관. 이집트 제26왕조(BC 656~525) 때의 것으로 뉴욕 메트로폴리탄 미술관 소장.

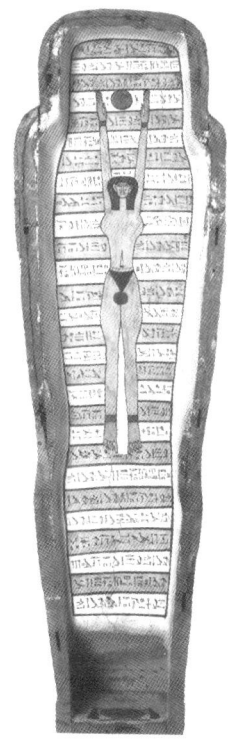

오시레이온 신전의 비밀

만일 보벌과 핸콕이 주장했듯이, 스핑크스가 사자자리 시대에 미지의 문화에 의해 건설되었다면, 그것은 분명히 예리한 천문학적 지식을 소유하고 시간의 거대한 순환을 표시해야 할 엄청난 중요성을 느끼고 있었던 종족이 이루어낸 소산이었을 것이다. 아니, 스핑크스 신전과 밸리 신전을 짓기 위해 구획에서 거대한 석재를 옮겨냈다는 사실만 보더라도 그 종족은 거대한 건축물을 지을 만한 기술과 능력이 있었다는 의미가 된다. 물론 그때 다른 세계, 즉 메소포타미아 지역에서는 문명사회의 기초를 습득하려고 애쓰고 있었다.

만일 우리가 이 사실을 받아들인다면, 그들이 이뤄낸 업적은 스핑크스 신전이나 밸리 신전에 국한되지는 않을 것이다. 어쩌면 선왕조 시대의 중심지였던 아비도스 유적지에는 기자의 신전들과 똑같은 양식으로 지어진 또 다른 건축물들이 땅속 깊이 묻혀 있을지 모른다.

여기서 잠시 아직도 수수께끼에 싸여 있는 오시레이온 신전에 대해 살펴보기로 하자. 그곳을 가본 사람이면 누구나 알 수 있는 것이지만, 거대한 화강암 기둥과 그 위를 커다란 석재 가로대로 지은 엄청난 규모의 석조물이다. 중앙 홀의 바닥에는 낮은 곳에 지하수면이 생기도록 만든 샘이 위치해 있는데, 설계할 때부터 수면이 위치하도록 주도면밀하게 포함시킨 것으로 보인다.

내가 보기에, 오시레이온 신전은 수메르 이전 시대 이라크의 초기 신전들 밑에서 발견되는 압주 웅덩이들과 아주 비슷한 용도로 쓰였을 것이 분명하다.

오시레이온 신전은 BC 1세기경 아비도스 방문에 참여한 그리스 지리학자 스트라보가 처음으로 언급했는데, 그 실체가 확인된 것은 1903년 나빌 교수가 세티 1세의 신전을 발굴하기 시작하면서였다. 그러나 제 모습이 드러난 것은 나빌 교수가 1912~14년에 걸쳐 아비도스 유적지 발굴작업을 재개할 때로, 높이 1백 피트, 너비 60피트의 거대한 건축물이었다. 나빌 교수는 이 건물의 건축양식과 기자의 밸리 신전을 비교하여 '오시레이온 신전은 장식 없이 거대한 석재로 건축물을 지었던 동시대의 산물'이라고 지적하면서, 이집트에서 가장 오래된 석조건물이라고 결론지었다.

그러나 1925년부터 1930년까지 헨리 프랑크푸르트의 아

나빌 스위스의 이집트 학자(1844~1926). 하트셰프수트 여왕의 신전과 델 엘 바하르 신전을 발굴했다.

이집트 제18왕조 제5대 여왕 하트셰프수트(재위 BC 1503~1482)의 장제전葬祭殿. 델 엘 바하르 소재.

비도스 유적지 발굴 작업이 재개되면서 나빌 교수의 주장은 퇴색하기 시작했다. 오시레이온 신전의 중앙 홀로 이어지는 현관 위 화강암 이음새에서 세티 1세의 서명이 발견되었고, 세티 1세를 건물 내부구조와 연결시킬 수 있는 몇몇 유물을 발견한 것이다. 결과적으로 그 건물은 세티 1세의 재위 기간과 동시대의 것으로 간주되었다.

물론 초기 발굴 작업에 참여했던 인류학자 마가렛 머리는 BC 2700∼2159년 고왕국 시대의 건축양식이며 프랑크푸르트가 발견한 장식들은 세티 1세가 나중에 덧붙인 것이라는 확신을 굽히지 않고 있다. 그녀는 저수지가 있는 이 건축물이 이집트에서 가장 오래된 신 오시리스의 신비를 찬양하기 위해여 지어졌다는 것이다.

비슷한 논쟁은 밸리 신전에 대해서도 있다. 학자들은 이

아비도스에 있는 람세스 2세의 신전. 나일강의 신 하피를 묘사하고 있다. 고대 이집트인들은 나일강 수량이 그해 수확을 좌우하므로 하피에게 제물을 바친다. 여자처럼 부푼 가슴에 물에서 자라는 식물(연꽃이나 파피루스의 관)을 머리에 인 남자의 모습으로 표현된다.

신전의 내부에서 카프라 왕의 조각상 하나와 카르투시 하나가 발견되었다는 이유로 BC 2550년경 카프라의 재위 기간에 만들어졌으며 두 번째 피라미드와 동시대의 것으로 간주했다. 그러나 신전의 풍화된 석회암 외벽(화강암 내벽이 아님)을 보면, 스핑크스와 정확히 같은 시기, 적어도 1만 년 전의 것으로 볼 만한 충분한 이유가 있었다. 다시 말하면, 아비도스 유적지의 오시레이온 신전도 비슷한 연대에 세워진 것으로 볼 수 있다.

나는 이들 건축물이 그렇게 오래 되었다는 점을 인정하지 않으려는 이집트 학자들의 입장을 충분히 이해한다. 그럴 경우, 그들이 이집트 역사에 관해 지금까지 말해온 모든 것을 부정하는 결과가 되기 때문이다. 이런 점에서 진보적인 성향을 가진 몇몇 학자들의 견해는 우리가 주목할 만하다. 사실 연대를 거슬러 올라간다는 게 그리 어렵고 믿기 어려운 일도 아니다. 예리고의 유적을 보자. BC 7500년경 이곳의 원시 신석기인들은 암석을 깊이 파낸 도랑을 설치한 거대한 요새 속에 커다란 돌탑을 세웠다. 그곳은 기자로부터 불과 3백 마일밖에 떨어져 있지 않다는 점을 유념하기 바란다.

결론적으로, 나는 스핑크스와 스핑크스 신전, 밸리 신전, 그리고 아비도스의 오시레이온 신전이 BC 10970년에서 BC 8810년 사이의 사자자리 시대의 것으로, 이집트에서 융성했던 선대 문화의 마지막 자취일지 모른다는 가능성을 인정하고 있다.

그러나 이 가설을 받아들인다고 해도 이들 건축물의 배후에 있던 사람들에 관해서는 전혀 아는 것이 없다. 또 이 종족이 카파도키아의 지하도시 혹은 쿠르디스탄의 주시자 문화와 현실적으로 관련이 있는지 없는지도 알지 못한다. 지금까지 확인한 것이라고는 '귀족계급'에 속했던 큰 체구에 두상이 긴 사람들의 자취가 1897년 자크 드 모르강에 의해 아비도스의 선왕조 시대 묘지에서 발견되었다는 것, 그리고 그들의 해부학적 잔해가 최초의 수메르 묘지에서 출토되었다는 것이 전부이다.

과연 그 당시 엘리트 종족이 있었고, 이들이 기자의 스핑크스와 거대한 건축물들, 그리고 훨씬 뒤에 이루어진 쿠르디스탄의 신석기 문화와 메소포타미아 최초의 도시국가 건설 등을 해냈다는 추론이 가능성 있는 이야기일까.

스핑크스를 건축한 사람들이 누구이든 간에, 그들은 분명히 건축과 토목기술에서 그 이후에 등장하는 모든 문화의 수준을 훨씬 앞섰다는 점만은 분명하다. 제4왕조의 피라미드 건설자들을 제외해야겠지만(피라미드의 건설 연대는 새로운 증거가 나타나지 않는 한 이 연대로 보아야 한다).

밸리 신전을 건설하는 데 쓰인 석재의 일부는 그 무게가 개당 2백 톤 이상이다. 오늘날에도 그런 중량을 들어올릴 수 있는 기중기는 거의 없다. 그렇다면 이처럼 엄청나게 큰 석재를 옮기려면 엄청난 노력을 기울였을 것이 분명하다. 물론 기술적으로 불가능하다는 뜻이 아니다. 단지 이러한 양식의 건축은 이집트 역사의 어느 시기에서도 찾아볼 수 없는 특이한 현상이라는 뜻으로 하는 이야기이다.

이제 나는 어디로 가야할까.

이집트에서는 잃어버린 문화에 대해 더 이상 알 것이 없었다. 기자 고원에 남겨진 천문학적 기록, 그리고 사자자리 시대라는 구체적 시기 외에는 나의 연구에 도움이 될만한 요소가 거의 없었다. 무엇보다도 그들에게 왜 이 시대가 그렇게 중요했는지, 특정한 세차 시대를 표시하기 위해 왜 사자 모양의 상을 만들었는지, 모든 것이 의문투성이이다. 이 진보된 문화가 신앙과 제사 의식의 목적으로만 스핑크스를 만들지 않았을 것은 확실하다. 그럼 미래의 인류에게 왜 그러한 유산을 남긴 것일까.

  아무래도 눈길을 고고학적 업적보다는 그들의 우화적인 이야기에서 찾아야 할 것 같다. 분명 그들은 사자자리 시대의 실제적 의미와 스핑크스의 진정한 목적을 후세에 남겼을 것이고, 그 이야기들은 모닥불 주위에서 화제로 떠올려지다가 마침내 고대 시대에 이르러 문자로 기록되었을 것이다. 물론 그때쯤이면 상당히 추상화되고 왜곡되었을 것이지만, 그 안에는 진실의 씨앗이 남아 있기 마련이다.

스스로 '아톤에게 이로운 자'라는 뜻인 아케나톤으로 이름을 바꾸고 수도마저 테베에서 현재의 텔 엘 아마르나로 옮긴 이집트 제18조의 10대 왕 아멘호테프 4세. 그의 치세 기간, 주신 아몬의 이름은 사라졌으나 그가 죽은 후 아몬 신앙은 되살아났다. 이집트 룩소르박물관 소장.

제22장
코스모크라토르

알 마소우디의 기록

지구의 나이가 약간 적었을 때의 일이다. 대홍수 이전에 3백 년을 살아온 이집트의 사우리드 이븐 살호우크 왕은 밤마다 무시무시한 악몽에 시달려 잠을 잘 수가 없었다. 그는 '대지가 온통 뒤집어지고' 사람들 역시 그렇게 되는 것을 봤다. 또 남자와 여자들이 땅에 엎드리고 '별들이 떨어지며 어마어마한 소리와 함께 서로 부딪치는' 것을 봤다. 그리하여 '모든 인류가 공포에 떨며 피난했다.'

그러나 그는 아무에게도 꿈 이야기를 하지 않았다. 어느 날, 또 한차례 똑같은 꿈을 꾼 그는 마침내 꿈을 풀이해 줄 사람을 찾았다. 이집트 전역에서 1백30명의 승려들이 왕 앞에 나타났다. 그들 중 우두머리는 학식 있는 알마몬, 즉 아클리몬이었다. 승려들은 왕으로부터 기이한 꿈 이야기를 듣고는 각각 높은 별들에게 그 뜻을 물었다. 그리고 왕에게 돌아와서는 다음과 같이 풀이했다.

사자자리 봄철에 남쪽 하늘에서 볼 수 있는 별자리. 게자리 서쪽에 있는 황도 제5의 별자리이다. 그리스 신화에서 헤라클레스에게 퇴치된 괴수에서 비롯되었다. 사자의 앞다리에 해당하는 1등성 레굴루스는 제일 밝은 별이다.

먼저 대홍수가 일어나 세상을 뒤덮고 그 다음에는 '사자자리 방향에서' 대화재가 올 것이며, 그 뒤에는 '창공이 이전의 제자리로 돌아올 것'이다.

이야기를 들은 왕이 다시 한번 확인했다.

"재난이 정말 올 것인가?"

"그렇습니다. 그리고 이 나라를 파괴할 것입니다."

왕은 왕국에 닥칠 미래의 운명을 받아들이기로 결심했다. 그리고 놀랄 만큼 커다란 피라미드 셋과 매우 튼튼한 지하고를 짓도록 명했다. 건물이 완성되자, 왕은 점성학과 수학, 기하학에서 얻은 '비밀의 지식들'을 가득 채워 넣고는 훗날 누군가가 와서 이 비밀 장소들을 발견할 때까지 봉해진 채로 남아있도록 했다.

이 이야기는 9세기의 인물로 알려진 이븐 압드 알호큼, 서기 943년경 죽은 알 마소우디를 포함한 아랍과 콥트의 여러 역사가들에 의해 기록된 내용이다. 특히 알 마소우디는 저서 『황금의 들판-보석의 광산』에 기록을 남기고 있다. 그러나 고대 이집트 문헌에는 이와 유사한 이야기는 하나도 남아 있지 않다. 그리고 사우리드 이븐 살호우크 왕이란 인물에 대해서도 전혀 알려진 것이 없다(제4왕조 시대에 기자의 피라미드를 지었다는 파라오와는 다른 인물).

이 문헌에서 '대지가 온통 뒤집어진다'(다른 판본에는 '일그러진다'로 되어 있다)는 표현은 예사롭지 않은 구절이다. 만일 이 이야기가 실제로 일어난 사건을 우화적으로 보존해온 전승이라면, 지구의 축이 이동하여 전지구적인 대참사를 일으킨다는 햅굿 교수의 견해가 입증되는 셈이다. 여기서 더욱 흥미로운 것은 최후의 대격변이 '사자자리의 방향에서 온다는 대목이다.

이것은 무슨 뜻일까.

문헌에는 이 이야기에 앞서서, 어느 한 사람이 어떤 천체(소행성이나 혜성)가 지구의 대기를 뚫고 들어와 가스 불덩어리들이 비오듯 떨어지고, 그 행성이 지나가는 길의 모든 것들을 태우며 죽음과 파괴의 흔적을 남기는 것을 상상하도록 시험 당하는 대목이 있다.

내 생각으로는, 어쩌면 그와 같은 일이 실제로 일어났을 것이다. 그리고 방향을 '사자자리에서 온다'고 언급한 것은 사자자리가 위치한 창공의 범위가 아니라, 이러한 사건들이 일어난 기간, 즉 사자자리 시대를 가리키는 말이라고 생각된다. 만일 그렇다면 BC 11000년대에 발생하여 BC 10000년대까지 계속된 것으로 보여지는 지질상의 융기 및 기후 변동과 일치한다. 이처럼 지각 격변의 시대와 세차에 의한 사자자리 시대 사이의 연관성이 뚜렷하다는 것은 나 혼자만의 상상이 아니다.

9세기에 아랍어로 번역된 콥트 교회의 고본稿本에는 '사자자리의 심장이 게자리 머리의 처음 시기에 들어올 때 홍수가 일어날 것이다'라는 내용이 기록되어 있다. '사자자리의 심장'은 사자자리의 '주요 별'인 레굴루스의 옛 이름으로, 낮에 태양이 하늘을 가로질러 가는 길인 황도 위에 위치한다. 그리고 게자리는 단지 세차주기로만 사자자리를 따르므로(사자자리는 연年주기로 게자리를 따른다), 이 전설이 실제의 역사적 사건에 대한 기억뿐 아니라 그 사건들이 발생한 기간까지 보존해 왔다는 것을 입증하는 셈이다.

나는 전자공학을 전공하는 로드니 헤일의 도움을 받아 아보우 호르메이스에 담겨 있는 천문학적 정보를 컴퓨터에 입

레굴루스 '작은 임금님'이란 라틴어에서 비롯되었다. 황도상에 위치하기 때문에 달에 가려질 때가 많다. 또 황도상을 운행하는 별 가까이 통과하는 별이 많아 옛날부터 점성술에 이용되어 왔다.

력해 보았다. 스카이글로브 3.5 프로그램을 사용했는데, 사자자리의 주요 성星이 주야 평분시平分時의 일출 바로 직전에 동쪽 지평선에서 떠오른 마지막 시점이 BC 9220년경이라는 사실을 밝혀냈다.

결국 고대 이집트의 천문학자들은 '사자의 심장'인 레굴루스가 더 이상 춘분점 위의 태양과 함께 떠오르지 않자, 이것을 사자자리 시대의 종말과 게자리 시대의 시작 혹은 게자리가 이미 천궁 상에서 자신의 '처음 시기'에 진입했음을 알리는 징후라고 여겼던 것으로 해석된다. 그리고 이 정보는 9세기의 콥트 고본이 근동에서 '이 시기쯤' 혹은 조금 후에 대홍수가 일어났다고 기록하고 있는 이유를 설명해준다.

만일 나의 추론이 모두 옳다면, 이집트의 '더 오래된 문화'는 전지구적 대참사가 일어났던 사자자리 시대와 결합되어 있을 가능성이 높다. 그리고 이들이 스핑크스를 건설한 것은 기자고원에 있는 피라미드들의 표지이자 수호신으로 삼았을 뿐 아니라 인류 역사상 이 고난의 시대에 일어났던 대 지각변동을 상기시키기 위한 의도가 담겨 있었을 것이다. 그렇다면 기자고원의 사자 수호신의 이름이 왜 '공포의 아버지'로 불렸는지도 설명될 수 있을 것이다.

무시무시한 눈

이 혼란스런 수수께끼를 풀 수 있는 또 하나의 단서가 있다. 이집트의 여신 세크메트(세케트)와 결합된 신화 주기를 보면, 그녀는 다양한 신화에서 '강대한 여인, 불의 여왕'이라고 기록되고 있다. 이집트 미술에서는 사자 머리에 여인의 몸을 한 모습으로 묘사된다. 전설에 따르면, 이 여신은 '맹렬히 태우는, 파괴적인 태양열'의 힘을 가졌다고 한다.

평분시 천구天球상에 나타난 태양의 중심 위치(眞太洋)에서 남중南中을 기준시각으로 하여 다시 남중에 올 때까지의 시간을 24등분하는 시법時法.

BC 1만 년 전에는 태양이 뜨기 전 20분의 시간을 춘분에 레굴루스 별이 태양과 같은 시간에 뜨는 것을 예언하는 것으로 여겼다.

비평가들은 황도12궁이 BC 600년, 즉 양자리의 행렬시기(현대 점성술에서의 12궁과 춘분 사이의 연결시기)에 그리스인들에 의해 발견되었다고 주장할 것이다. 그러나 다른 초기의 12궁은 알데바란별 또는 타우루스궁에 있는 황소자리의 눈과 함께 시작되는데, 타우루스 별이 춘분시 태양과 함께 떠오르는 시간, 즉 BC 4490~2330년의 시간대에 일어난 것을 모방할 것이다. 이집트 북부 덴데라의 하토르 신전 지붕에서 발견된 황도12궁도를 보면 이집트 제1왕조 이전 시대의 것을 그대로 모방하여 만들어졌음을 기록하고 있다.

세크메트 고대 이집트의 전투와 역병의 신. 보통 암사자의 모습으로 표현되며 두려움의 대상이다. 인류의 악업을 벌하려고 태양신 레가 지상에 보냈다고 한다.

왼쪽 페이지 사진은 람세스 2세의 아내 노프레타리 묘실의 벽화. '레의 눈'은 보통 건강과 행복의 원천으로 여겨졌다.

신화에서는 태양신 레가 망령이 들어 인류를 멸망시키기 위해 이 여신을 이용하는 것으로 되어 있다. 그녀는 아버지 레(혹은 라)의 머리에 자리잡고는 이글거리는 불을 퍼부어 가까이 다가오는 적을 모두 불살라 버렸다. 그리고 좀 멀리 떨어진 자들에게는 빠른 불화살을 던졌고 그 화살은 마귀들의 몸 깊숙이 뚫고 들어갔다.

태양신 레가 인류를 멸망시키려 한 것은, 인류가 그를 '너무 늙었다'고 여기고 등을 돌렸기 때문이다. 언젠가, 태양신은 모든 신을 불러 그가 '세상을 창조한 곳에 모이도록 했다. 그리고 자신의 무시무시한 '눈Eye'인 세크메트(때때로 하토르라고도 한다) 여신도 데려오도록 했다. 그는 모인 신들 중의 지도자인 누에게 다음과 같이 말한다.

아래 사진은 세트 1세 묘의 천장 그림. 북쪽 하늘을 묘사하고 있다. 암사자와 도마뱀의 형상은 세크멘트 신과 파이윰 지방의 수신水神인 소베크 신으로 추정된다.
오른쪽 페이지 사진은 세크멘트 여신상. BC 1567년경. 카르나크의 무트 신전 출토. 이집트 룩소르박물관 소장.

"오 최초로 태어난 신이여, 그로 인하여 내가 존재하도다, 오 (나의) 조상인 신들이여, 인간들이 행하는 것을 보소서. 당신의 눈에 의해 창조된 자들이 나에게 불만을 늘어놓고 있습니다. 나를 보시고 계획을 주소서. 그러면 나는 그대가 (내가 무엇을 해야 할지) 말해줄 때까지 그들을 살해하지 않겠나이다."

그러자 누는 레를 찬양하고 그의 눈(세크메트)이 '그대에게 불경한 말을 지껄인' 자들을 파멸시키도록 하라고 제안한다. 이때 레는 "인간들이 이 산으로 도망했다"고 답했다. 당연히 그 눈은 '산에 있는 사람들을 살해'했다. 그러나 그녀가 너무나 잔혹하게 사람들을 죽였으므로 레는 그 여신이 인간을 완전히 멸망시키기 전에 중재에 나

금지된 신의 문명 2 | 251

서야만 했다. 이번에는 세크메트 여신이 그의 말을 들으려 하지 않았다. 레는 할 수 없이 맥주와 피, 그리고 잘게 부순 맨드레이크 혼합물을 온 땅에 놓아두었고, 세크메트 여신은 이 포도주에 취해 인류는 살아남게 되었다.

이번에는 레가 땅의 신 겝을 불러 그의 영토 안에서 싸움을 일으키는 '뱀들'(혹은 벌레들)을 감시하고 겝의 '빛'으로 '구멍들'에서 그것을 찾아내라고 명했다. 이것은 동굴과 땅굴 속에서 피난하고 있는 사람들을 가리키는 말이다. 그러자 레는 '힘있는 말의 지식을 지닌 사람들에게 그들(뱀들)의 지배권을 줄 것이며, 그가 그들을 주술과 마법으로 구멍 속에서 나오도록 할 것을 약속'한다.

곰곰이 따져보면, 무서운 암사자의 천상의 불이 지상을 휩쓴다는 생각은 사자자리에서 내려온 거대한 불에 관한 아랍과 콥트의 이야기와 너무나 흡사하다. 내가 보기에 이 두 이야기는 한때 같은 기원을 가졌던 것으로 보인다. 스핑크스가 암컷이었다는 기억을 떠올리면, 두 이야기의 연관성은 더욱 뚜렷해질 것이다.

레가 인류를 멸망시킨 것은 사자자리 시대를 마감하게 한 사건을 매우 상징적인 형태로 보존하는 것인지도 모른다. 그것은 무서운 대격변이 일어나면서 이집트의 선대문화가 산산이 흩어져 버렸다는 것을 암시한다.

태양신을 섬기는 이집트의 여사제. BC 9세기. 파리 루브르박물관 소장.

그들이 산으로 올라가자 불의 재앙을 맞았고, 일부가 '구멍' 속으로 숨었다는 줄거리는 인류가 전지구적인 대격변을 피하기 위해 애썼다는 다른 지역의 민간설화에 나오는 노력과도 유사하다. 그리고 세크메트 여신이 더이상 인간을 죽이지 못하도록 막은 양조주는 분명히 그 뒤에 이어진 홍수를 가리키는 말일 것이다. 즉, 콥트의 고본(아부 호르메이스)에

'사자의 심장이 게자리의 처음 시기에 들어간 때'에 일어났다고 하는 그 홍수일 것이다.

구멍 속의 뱀들

신화에서는 무시무시한 눈의 타오르는 불에서 도망하여 '구멍' 속으로 숨은 사람들을 '뱀들'이라 언급하고 있다. 화재가 멈춘 후, 이들은 겝의 빛과 '힘있는 말'의 지식을 지닌

고대 이집트의 천문학 수수께끼를 담고 있는 덴데라의 하토르 신전 전경.

사람들'에 의해 잡혀 나왔다. 이것은 '뱀들'이 레를 숭배하지 않는다는 이유로 어떤 지역에서는 환영받지 못했다는 것을 암시한다. 특히 그들이 지하장소로 보이는 곳에 숨어서 '파괴적인 눈'의 공격을 면하려 애썼고, 아마도 성공했다는 것은 상당히 뜻깊은 대목이다.

이집트 선왕조 시대에 이미 석제용기가 보편화되었다. BC 2600년. 마스타바 출토. 이집트 카이로박물관 소장.

여러분은 이집트의 초기 거주민 중 적어도 몇몇이 지하로 들어가거나 산으로 올라가 전지구적인 대격변에서 살아 남았다는 것이 가능한 이야기라고 생각하는가. 또 이 '뱀들'이 카파도키아 지하도시에 살던 사람들이고, BC 9500∼9000년에 쿠르디스탄 산맥에서 살았던 바로 걷는 그 '뱀들'이라고 보는가.

분명히, 초기 농경문화가 BC 10500년경 이집트에서 사라졌고 1천 년이나 1천5백 년 후에 쿠르드 고원에서 다시 나타났다는 점은 그 실제적인 이유가 어디에 있든지 간에 이주移住라는 사실만은 확인시켜준다.

이제 잠정적인 결론을 내려보자. 신석기문화 시기에 근동에서 갑자기 빨라진 인류의 진보 뒤에 있던 '불확실한 힘'을 그럴 듯하게 설명할 수 있는 것은 오직 한 가지이다. 이집트의 보다 오래된 문화가 이주했다고 가정하는 것뿐이다.

그들은 또한 카파도키아 지하도시를 건설하여 사용했을지 모른다. 만일 그렇다면, 그들은 빙하기의 가혹한 기후뿐만 아니라 그 지역의 활화산에서 분출되었을 불우박을 피하고 있었다는 이야기가 된다. 비처럼 쏟아지는 이 불벼락에 대한 두려움을 결코 잊을 수 없어서 그뒤 많은 문화의 신앙체계에 일부 소재가 되었을 것이다. 소아시아와 근동 지방의 문화들, 그리고 인도-이란의 불 숭배자들이 그러하고, 지옥불의 기억을 불의 계곡 게헤나 이야기에 보존한 초기 유대인들 역

왼쪽 사진은 아이슬란드 바트나 빙하지대의 화산 분출. 아마도 터키 카파도키아의 지하도시들은 이러한 화산 폭발을 피하기 위해 건설되었을 것이다.

시 마찬가지이다.

내가 짐작하기에는 그 지하 영역의 거주자들이 바깥 세상으로 나와 정상적인 상태로 돌아왔을 때, 그들 중 일부가 아나톨리아 중부로 이동하여 BC 6500년경 사탈 휘윅의 공동사회를 건설하지 않았을까 싶다. 이때쯤에는 이집트에서 나온 고대의 지식들 대부분이 사라지거나 왜곡되었을 것이다. 조금 남아 있었다면, 제임스 멜라트가 발굴한 돌 보석류와 흑요석 거울을 만드는 데에 활용되었을 것이다.

물론 주시자들이 높은 지대로 이동하기 전에 지하도시에서 살았는지, 혹은 이집트에서 곧바로 나온 것인지는 확실하지 않다. 이란 신화에 나오는 이마의 바르가 그 첫 번째 해답이 아닐까 싶다.

무한한 시간의 수호자

이집트 선대문화가 시간주기에 대해 가졌던 지식, 즉 최초의 창조로부터 그들 자신의 시대까지의 엄청난 시간주기의 지식은 주시자들에게서 물려받은 것으로 보인다.

만일 에녹이 일곱 천국을 방문했다는 이야기가 사실에 바탕을 둔 것이라면, 주시자들은 천문학적 시간주기에 대해 깊은 지식을 갖고 있었던 게 분명하다. 실제로 『에녹서』에서는 천문-신화와 세차에 대한 정보의 가설적 증거가 발견된다. 따라서 주시자들은 이 복잡한 천문학적 정보를 여러 문화에 전수했던 것으로 보인다. 그리하여 아시아의 서부와 중앙에 걸쳐 여러 문화가 발달하게 되었을 것이다. 이제 페르시아 신화가 세차적 시간주기와 사자자리 시대의 의미를 얼마나 포함하고 있는가를 살펴볼 때가 되었다.

페르시아 역사를 보면, 사산조 시대에 주르반교라고 하는

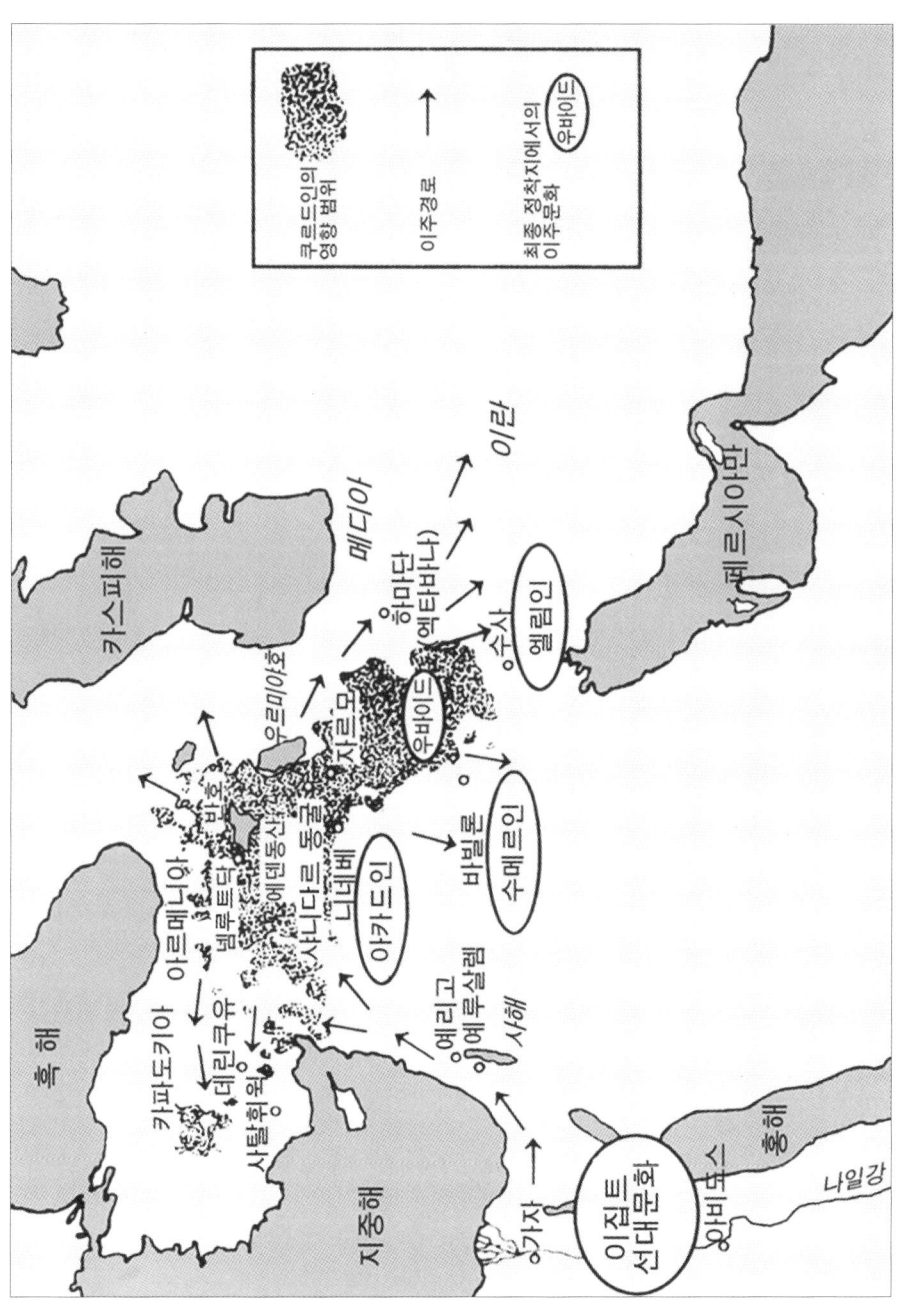

다시 쓰는 인류문명사

BC 10500~9500	사자자리 시대 종말과 함께 이집트 선대문화가 쇠퇴하여 이집트를 떠나다. 떠나기 전에 기자고원에 스핑크스와 스핑크스 신전, 밸리 신전을 건설하다. 결국 이스난 공동체에서 초기 농경문화가 중지되다.
BC 9500~9000	마지막 빙하기가 멈추고 지질상의 대격변과 기후 변동, 맹렬한 화산 활동, 대홍수가 일어나다. 이집트 선대문화가 소아시아와 쿠르디스탄 고원으로 분산 이주하다. 빙하기의 최후 엄습을 피하기 위해 카파도키아에 지하도시를 건설하다.
BC 9000	쿠르디스탄 고원의 반 호수 근처에 딜만/에덴/크하르삭 정착지를 세우다. 이 진보된 샤먼 문화는 유대 전승의 천사들과 주시자, 페르시아 전설의 아후라 마즈다, 수메르-아카드 신화 및 전승의 아난나쥐가 되다.
BC 9000~8500	대 자브강에 있는 샤니다르 동굴이 염소의 두개골, 너새와 독수리의 날개들, 그리고 콘도르 깃털과 연관되는 샤먼적 의식에 사용되다. 팔레스타인과 시리아, 특히 예리고에 초기의 원시 신석기 정착지를 건설하다.
BC 8500~5500	주시자 문화의 절정기. 쿠르디스탄 북부에 사실상 고립되어 남아 있다.
BC 6500~6000	아나톨리아 평원 사탈 휘윅 문화의 절정. 조장 풍습과 콘도르가 등장하는 진보된 형태의 무아지경 샤머니즘이 행해지다. 자르모 공동체가 북부 이라크에서 번영하다. 그 공동체와 타락한 종족과의 직접적인 접촉이 추상적인 뱀 형상 문화로 보존되다.
BC 5500~5000	주시자 집단이 점차 두 개의 상반되는 진영으로 분열되다. 하나는 쿠르디스탄 고원에 고립된 채로 남고, 다른 하나는 아르메니아와 이란, 메소포타미아의 평원에 나타나다. 이 새로운 하부문화는 에녹서와 사해문서의 네피림, 페르시아 신화의 다에바, 아시리아-바빌로니아 신화 및 전승의 에딤무 등 다양하게 기억된다. 메소포타미아 평원에 최초의 정착 공동사회를 설립하다(가장 먼저 세워진 것은 BC 5500년경의 에리두). 구약성서에 등장하는 족장들이 있었을 법한 시기로 추정되다.
BC 5000~4000	우바이드 문화가 이란과 이라크의 자그로스 산맥에서 내려와 이라크 남부와 북부의 여러 곳에 정착하다. 자르모 공동체의 뱀 형상 문화를 물려받고 주시자들처럼 토템에 염소, 뱀, 콘도르를 포함시키다. '두 번째' 홍수가 메소포타미아 평원을 강타하여 지역적 침수가 연속되다(이에 대한 기억은 BC 9500~9000년경 마지막 빙하기의 휴지기에 있었던 홍수와 관계된 훨씬 이전의 이야기들과 혼동됨). 쿠르디스탄 예지드족은 이 홍수를 '노아의 홍수'로 기억하고 있다.
BC 4000~3000	메소포타미아 평원에 도시국가들이 늘어나다(아마도 수메르-아카드에서 주시자들을 가리키는 이름인 아난나쥐의 영향이었을 것으로 추정됨).
BC 3000~2000	아난나쥐/주시자들의 영향이 수메르-아카드에 계속되다(일반적으로 신성한 결혼의식을 통한 신 또는 여신과의 접촉이나 '쿠타 판'에 등장하는 사람들과 같은 악마적인 새-인간과의 싸움으로 기록됨). 아난나쥐/주시자들에게서 내려온 왕들은 신격화되거나 반악마로서 경외받다. 이와 비슷한 접촉들이 메디아와 이란에서도 발생하다. 타락한 종족이 마지막으로 분열되다.

조로아스터교의 변형이 있었다. '운명' 또는 '운運'이란 뜻의 주르반Zurvan 신을 숭배하는 신앙인데, 그는 '무한한 시간' 주르반 아카라나의 수호신, 즉 지성知性으로 여겨졌다. 주르반교의 창조 신화는 다음과 같다.

태초에 오로지 주르반만이 존재했다. 그는 수천 년에 걸쳐 바르솜 나뭇가지를 꺾어 하늘과 땅을 다스릴 아들을 얻으려 애썼다. 마침내 공중의 불과 지상의 물을 한데 섞어 쌍둥이를 만들었는데, 오르무즈드(아후라 마즈다)와 아흐리만(앙그라 마이뉴)이다. 둘은 빛과 어둠 혹은 선과 악을 상징한다. 주르반은 쌍둥이 가운데 먼저 태어난 자에게 9천 년간 지상을 다스릴 권한을 주겠다고 약속했다.

악의 상징 아흐리만이 주르반의 약속을 알고서 먼저 우주의 자궁을 박차고 나왔다. 그러나 위대한 신은 그 아이에게서 악취가 나고 어두운 것을 보고는 적합한 후계자가 아니라는 것을 깨달았다. 뒤이어 오르무즈드가 태어났다. 주르반은 두 번째로 태어난 아이가 밝게 빛나는 것을 보고는 하늘과 땅을 다스릴 진정한 통치자라고 생각했다. 그러나 자신은 이미 먼저 태어난 아이에게 세상을 다스릴 권한을 주겠다고 공언한 바가 있었다. 결국 그는 아흐리만에게 9천 년간 지상을 다스릴 지배권을 주었고, 그 기간 동안 오르무즈드는 하늘의 고귀한 승려가 되었다. 오르무즈드는 9천 년이 지나야만 최고의 통치자가 될 수 있었다.

듣기에 따라서는 대단히 단순한 구도이다. 하지만 이 신화는 매우 중요한 우주철학적 정보를 담고 있다고 본다. 우선 9천 년이라는 언급은 주르반교도들로 하여금 오르무즈드의 빛이 하늘과 땅을 다스리기 전, 아흐리만과 그의 다에바 자손들로 구현되는 어둠의 힘이 세상을 지배한다고 믿는 기간을 말한다. 만일 이 전설이 단순히 은유적인 시간이 아닌 실제의 시간을 다루고 있다면 어떤 결과를 낳을까.

대답은 간단하다.

9천 년이란 기간은 조로아스터가 세상에 오기 직전의 시간을 가리킨다. 물론 조로아스터는 살았을 적에 앙그라 마이뉴와 그의 다에빅족의 통치를, 그리고 다에바 숭배자들을 격파한 것으로 받아들여진다. 조로아스터가 태어난 연대는 페르시아 제국이 멸망(BC 330년)하기 258년 전인 BC 588년으로 추정되므로, 주르반교도들의 시간 틀은 아흐리만이 BC 9588년부터 지상을 다스리기 시작했다는 것을 암시한다.

이와 같은 비슷한 시간 틀은 최초의 천년대가 조로아스터교 학자들이 계산한 바대로 BC 9630년이라고 하는 『분다히쉰』 문헌의 연대기(9세기 작성)에 의해서도 확인된다. 그리고 사산조 시대의 『아베스타』 문헌에서도 아후라 마즈다와 앙그라 마이뉴가 세계의 패권을 놓고 싸우는 기간(3×3000년)으로 9천 년이라는 수치가 주어져 있다.

여러분은 이 연대가 마지막 빙하기와 함께 일어난 전지구적 대격변, 플라톤이 BC 9600년이라고 언급한 아틀란티스의 침몰, 그리고 쿠르디스탄의 주시자 문화가 확립된 것으로 추정되는 BC 9500~9000년의 시간 틀과 우연히도 일치한다는 사실을 그냥 지나쳐서는 안 된다.

그렇다면 조로아스터교도들과 주르반교도들이 이란의 설립 연대(아마도 이란 종족이 아이르야나 바에자흐에서 기원한 시점)를 보존해온 전설을 은밀히 전했다는 말인가. 아니, 주르반교도들의 창조 신화가 다에바 종족(주시자들)의 등장이 BC 9600년이라는 사실을 보존했다는 말인가.

신화에서는 쌍둥이인 오르무즈드와 아흐리만이 공중의 불과 지상의 물에서 창조되었다고 한다. 이것은 분명히 마지막 빙하기의 휴식기와 함께 일어났을 대화재와 홍수를 추상적으로 언급한 것이 아닐까.

만일 그렇다면, 주르반교 신화의 쌍둥이 신은 새로운 시대가 시작될 때마다 이집트 전설의 피닉스와 똑같이 전지구적 대참사의 시대에 태어났다는 것을 암시한다. 하나는 하늘을 다스리고, 다른 하나는 지상을 다스리는 두 개의 상반되는 힘은 아마도 하늘에 충성하는 상태로 남았던 주시자들 혹은 아후라들과, 근동의 발전하는 민족들과 함께 살기로 결정한 다에바들 사이에 일어난 명백한 계급 분화에 대한 또 다른 상징일 것이다.

피닉스 고대 이집트의 상상의 신조神鳥. 불사조라고도 한다. 빛나는 진홍과 금빛 깃털을 가졌고 아름다운 소리를 내는 새로서 크기는 독수리 정도로 전해진다.

사자머리의 신

이번에는 사자자리를 둘러싼 전지구적 사건들과 페르시아 신화의 연관성을 살펴보자. 앙그라 마이뉴의 동물 형태는 사자이고, 이 결합은 한때 미트라스 신에게 바쳐진 어두운 지하 신전에서 숭배되었던 불가사의한 사자머리의 인물상에서 잘 구현된다.

날개가 달린 실물 크기의 이 상은 남자의 몸통을 하고 있으며, 한 손에는 열쇠 한 쌍을 들고 발 아래로 땅이나 우주 알을 딛고 있다. 뱀 한 마리가 그 몸통을 휘감고 있는데, 뱀의 머리는 그 상의 갈기 위로(혹은 때때로 그 사자의 입 속으로 들어가는 모습) 솟아 있다. 그 인물상의 흉곽이나 머리 위의 호형弧形에는 황도 12궁이 새겨져 있다.

미트라교는 BC 1세기에 빛을 보기 시작했다. 플루타르크에 따르면, 시실리아의 해적들이 올림푸스 산에 있는 미트라

미트라교 광명의 신 미트라를 숭배하는 종교. 그리스도교의 유럽 전파 이전에 로마제국에서 널리 유포되어 있었고, 한때 그리스도교와 유력한 경쟁관계에 있었다. 미트라의 기원은 고대 인도, 이란의 민족시대까지 거슬러 올라간다. 미트라 숭배는 BC 3세기경 페르시아에서 성행했었다.

폰투스 그리스어로 '바다'를 뜻한다. BC 337년경 미트리다테스 1세가 세웠으며 BC 63년 폼페이우스의 로마군에게 멸망했다.

황소를 죽이는 미트라. 서기 362년 로마의 율리아누스 황제는·콘스탄티노플의 궁전에 있는 미트라 동굴신전에서 황소를 죽이고 그 피를 뒤집어쓰는 의식을 거행하기도 했다. 서기 2세기. 상트 페테르부르그 에르미타지박물관 소장.

에게 '비밀의 수수께끼'를 전했다고 하는데, 플루타르크는 미트라를 숭배하는 의식이 '본래 그들에 의해 시작되었다'고 덧붙이고 있다.

당시 이 의식이 성행한 것은 시실리아의 해적들과 소아시아의 동북부 폰투스 왕국의 미트리다테스 4세가 동맹을 맺었기 때문일 가능성이 높다(미트리다테스란 '미트라에 의한'이라는 뜻이며, 미트라는 마기교에서 사후의 영혼을 심판하는 신이다). 그

러나 미트라다테스의 실질적인 동맹자는 그의 사위이자 아르메니아의 왕인 티그라네스 1세로서, 두 사람은 힘을 합쳐 BC 88년 카파도키아와 프리지아에서 로마인들을 몰아냈고, 그 뒤 티그라네스 1세의 배려로 많은 사람들이 반 호수 남쪽 티그라나케르트 요새에서 살게 되었기 때문에 시실리아에 미트라교가 들어왔을 가능성이 더 많다(제13장 참조).

아직까지도 미트라교가 어디서 시작되었는지는 명확하게 알려져 있지 않다. 추측하건대, BC 1세기에 시실리아의 도시 타르수스에서 성행했던 그리스 신화의 영웅 페르세우스 숭배가 부활한 형태로 여겨진다. 그리고 페르세우스의 속성이 페르시아의 신 미트라의 속성과 결합되어 혼성된 신 미트라스가 태어난 것 같다. 페르세우스와 미트라스는 고전 미술에서 똑같이 프리지아 모자 혹은 하데스의 모자를 쓰고 있는 모습으로 묘사되며, 그것은 미트라 신앙의 중요한 상징으로 채택되고 있다.

여기서 우리가 기억해야 할 점은 페르세우스가 마기 승려 계급들을 '꺼지지 않는 신성한 불'의 수호자로 내세웠고, 페르시아인들에 의해 그들의 선조로서 존경받았다는 점이다. 학자들은 미트라교의 발달은 마기 계급과 조로아스터교 승려계급의 영향을 받았기 때문이라는 일치된 견해를 보이고 있다. 반면에 쿠르드의 학자 메흐르다드 이자디는 그 숭배가 쿠르디스탄의 천사 숭배신앙에서 많은 것을 얻었다고 확신한다.

그렇다면 숭배받는 사자머리 신은 실제로 누구를 또는 무엇을 상징하는 것일까. 미트라교 학자 하워드 잭슨가 미트라교 교의에서 그 인물상이 차지하고 있는 위치를 다음과 같이 말하고 있다.

(사자머리의) 신이 가진, 이후의 고대 문헌에서 종종 코스모크라토르 Kosmokrator라고 불리는 것과 동일한 선상에서 충족하는 공통적인 속성은 천체 발전기의 모든 바퀴들의 끝없는 회전에 의해 생성되는, 세계를 낳고 다스리는 힘의 점성술로 조절된 구체화이다.

간단히 말하면, 그 사자머리 신은 무한한 시간의 규정자로 여겨지는 주르반과 정확히 같은 역할을 한다는 이야기이다. 또 다른 미트라교 학자 데이비드 울란시는 사자머리 신이 숭배자들에 의해 '분점分點의 전진 운동을 좌우하는 힘의 화신'으로 숭앙되었다고 결론지었다. 즉, 2만 5천9백20년의 세차주기 동안에 별의 운동을 조절한다고 여겨졌다는 말인데, 이 말을 들은 여러분은 이집트 기자고원에서 그와 비슷한 역할을 한 스핑크스를 얼른 떠올릴 수 있을 것이다.

그런가 하면, 19세기의 미트라교 학자 프란츠 커몬트는 무한한 시간의 수호신인 주르반과 직접 연관시키기도 했다. 그러나 그의 주장은 오늘날 학계에서 논쟁거리로 남아 있고, 일반적으로는 주르반교 교의에서 악의 본원을 나타내는 아흐리만을 상징하는 것으로 여겨진다.

따라서 만일 이 견해가 옳다면, BC 9600년경 세차에 의한 사자자리 시대에 아흐리만이 지상을 다스리는 권한을 받았다는 주르반교의 믿음과 완벽하게 일치되는 셈이다. 그것은 또 살아남은 이집트의 선진 문화가 근동 지방에 그들의 주거지를 세웠다는(아마도 페르시아 연대기의 처음 천년대의 시작을 일으킨) 시간 틀이기도 하다.

내가 보기에, 이집트 선대문화가 제공한 천문 신화를 계승한 사람들이 우주적 세차의 본질을 잘못 인식했기 때문에,

분점 황도와 천구상의 적도와의 교차점. 분점년이라고 하면 태양이 춘분점을 출발하여 다시 춘분점에 돌아올 때까지의 시간을 말한다.

오른쪽 사진은 사자머리의 코스모크라토르. 그는 로마의 미트라스 숭배에서 우주의 시간을 관리하는 자. 이란 주르반교의 아흐리만으로 알려진 사악한 정령과 동일시된다.

사자자리가 게자리에 자리를 비켜준 뒤에도 계속 사자를 코스모크라토르, 즉 시간의 규정자로 보지 않았을까 싶다. 그래서 그들의 신화적 정보가 세차에 의해 뒤따르는 시대의 상징에 포함되었을 것이지만, 그 자신들은 BC 1000년대에 조로아스터교가 등장할 때까지 사자자리 시대의 의미만을 간직하고 있지 않았을까 생각된다.

그 후, 사자 형상의 코스모크라토르는 본래의 역할(운명의 지배자이자 무한한 시간의 규정자)에서 강등되어 페르시아 종교에 와서는 악의 본원으로 바뀌었을 것이고, 그것을 다시 주르반교가 차지했을 것이다.

만일 그렇다면, 이집트의 선대 문화가 사자자리 시대의 세차 주기에 대해 가졌던 지식과 이란 종족의 가장 먼 조상들 간에는 직접적인 관련이 있을 것이다. 물론 사자머리의 코스모크라토르가 미트라스 숭배에 의해 보존되었다는 사실은, 그들이 BC 1000년대의 마기와 조로아스터교 승려계급이 알 수 없었던 비밀을 은밀하게 전승했음을 가리킨다.

이제 그 비밀의 지식이 어디서 왔는가를 추적하자.

여러분은 E. S. 드로워가 예지드족의 동굴(라스 알 아인)을 방문했을 때 보았다는 이상한 벽화를 기억할 것이다. 그 벽화에는 원뿔 모자를 쓰고, 티벳 전통의 연좌와 비슷한 오목한 좌상에 앉아 있는, 수염을 기른 인물상이 그려져 있었다(제12장 참조). 바로 여기에 해답이 있다고 생각된다.

우선 몇 가지 질문부터 던져 보자.

이 그림이 최초의 쿠르드족에게 지식과 지혜를 준 진정한 전수자를 묘사한 것일까. 그렇다면 그들이 BC 9500~9000년경 그 지역에 정착했던 이집트 선대문화의 직계 후손일까.

또 페르시아의 마기교와 주르반교의 창시자일 뿐 아니라 천사숭배 집단의 창시자들이기도 할까.

분명히 야레산족은 인간의 영혼이 천국을 통해 하늘의 거주지로 간다는 첫 번째와 다섯 번째 천국의 열쇠를 가진 수호자로서 사자와 용(혹은 뱀)을 숭배하고 있다. 그럼 동굴 벽화에서 원뿔 모자를 쓴 사람들은 전통적으로 마기 성직계급과 페르시아 종족을 창시했다는 페르세우스 신의 숭배자들에게 사자 형상을 한 무한한 시간의 파수꾼에 대한 상세한 지식을 제공한 것일까.

드로워는 동굴 안에서 돌 바닥에 깊은 홈이 조각되어 있던 것을 보았다. 그것은 '옆에 6이란 형태가 놓인, 12개의 작고 둥글고 움푹한 것이 있는 직사각형 판'이었다. 드로워는 그 무늬를 일종의 '도박판'이라고 생각했지만, 나의 견해는 전혀 다르다. 그 둥글고 움푹한 것은 황도 12궁黃道十二宮의 상징이며, 따라서 2만 5천9백20년의 세차주기를 나타낸다.

그렇다면 그 원뿔 모자를 쓴 사람들은 그 외딴 동굴에서 어떤 종류의 의식을 행했던 것일까. 세차주기의 움직임을 관찰했을까. 그리고 다른 문화에 영향을 끼쳤을까. 그들의 궁극적인 운명이 어떠했는지에 대해 우리는 영원히 대답할 수 없는지 모른다.

운명의 도둑질

주르반교에서는 아흐리만이 천성적으로 악하지 않다고 인식된다. 때문에 정통 조로아스터교의 악의 본질과는 사뭇 다르다. 아흐리만은 다만 악을 택했을 뿐이고, 그 사악한 힘을 본보기로 삼아 공작을 창조한다. 그렇다면 왜 다른 것도 아닌 공작을 만들고 싶어했을까.

예지드족은 공작을 가장 위대한 천사인 멜렉 타우스 또는 멜렉 엘 코우트의 상징으로 숭배하지만, 이 신앙은 13세기가 되어서야 형태를 갖추게 된다. 그러나 주르반교는 이보다 거의 6백 년 앞서서 확립된 신앙이다. 주시자들이 쿠르디스탄에 끼친 영향의 추상적인 표본이 공작천사일 가능성이 높다는 점에서 볼 때, 주르반교의 아흐리만이 공작을 맨 처음 창조했다는 이야기는 이 신앙이 엄청나게 오래 되었다는 것을 나타낸다.

사자 형상의 코스모크라토르와 쿠르디스탄 주시자간의 연관성은 시무르그의 형상에서도 볼 수 있다. 반은 사자, 반은 독수리(혹은 콘도르)라는 시무르그는 사산조 시대의 조로아스터교 문헌에서 모든 치료의 나무위에 앉은 것으로 나타난다. 그 나무는 신화적인 보우루카샤 바다의 한가운데에 있는 모든 씨앗의 나무로도 알려져 있다(제10장 참조).

문헌을 보면, 시무르그가 "그 나무의 가지 위에 내려와 앉으면 나무는 가시와 잔가지들을 꺾어 내고 씨앗을 떨어뜨린다. 그리고 그가 높이 치솟아 오르면 천 개의 나뭇가지가 나무에서 튀어나간다"고 되어 있다.

내가 보기에 이러한 상상은 특별히 시간의 경과와 우주 축 둘레를 움직이는 별의 창공을 언급한 것이라고 생각된다. 즉, 천 개의 나뭇가지는 천 년을 의미하며, 씨앗은 별을 상징하는 것이 아닐까 싶다. 다시 말하면, 이 신화적인 새를 둘러싼 전설은 사자자리 시대의 세차주기에 대한 지식을 보존하고 있는 셈이다.

메소포타미아 신화와 전설에서, 반은 사자이고 반은 독수리로 묘사되는 임두구드(혹은 안주) 또한 마찬가지이다(제15장 참조). 이 괴이한 동물은 엔릴 신으로부터 운명의 문자판을

사산조 페르시아 시대의 신화에서 시무르그가 앉았다고 전해지는 나무를 둘러싼 이야기는 세차주기와 관련되어 있는 것으로 보여진다. 오른쪽 사진은 고대 바빌로니아의 왕이 태양의 상징인 샤마시, 그리고 신성한 나무와 함께 있다. BC 2000~1900년. 이라크 수사 출토. 파리 루브르박물관 소장.

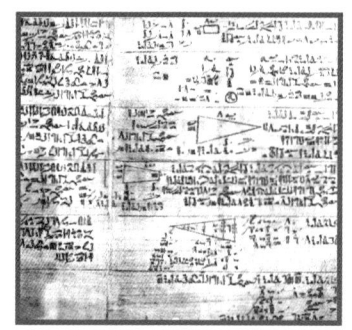

고대 이집트의 천문학, 수학 문헌. 파피루스. BC 17세기. 이집트 카이로박물관 소장.

훔쳤다고 되어 있다. 그 문자판을 갖는 자에게는 '모든 것의 운명을 좌우하는 사람으로서' 문명사회의 안정성을 위협할 수도 있는 '우주를 지배할 힘'이 주어진다고 되어 있다. 이것 역시 '운명' 또는 '운'의 지배자인 주르반과 직접 연결된다.

그렇다면, 주시자들과의 연관에 덧붙여 임두구드의 이야기는 세차 주기(주르반교도들이 그 세차 주기가 지구의 '운명'을 지배한다고 여긴)에 대한 지식의 '도둑질' 혹은 누설을 가리키는 것이 아닐까.

별들의 수

인도 신화에서 반은 거인이고 반은 독수리인 가루다는 운명의 문자판이 아니라 신들의 음료인 암브로시아 혹은 암리타가 들어 있는 달 모양의 술잔을 훔쳤다고 한다.

이 도둑질 또한 천문 신화와 어떤 연관성이 있는 것이 아닐까. 관련 있다고 답하기는 어렵지만, 인도의 브라흐만들은 수백만 년의 긴 시간을 측정하는 매우 오래된 체계를 갖고 있는 것으로 알려지고 있다. 내가 보기에 그 체계는 세차주기에 대한 근본적인 지식을 바탕으로 삼은 것 같다.

사실 브라흐만의 체계와 같은 엄청난 긴 시간 주기들은 BC 260년경의 바빌로니아 승려이자 서기관이었던 베로소스의 저작물에서 발견되며, BC 907년경 그리스의 작가 헤시오도스의 문헌 일부에서도 발견된다. 헤시오도스 문헌에서는 그 주기가 신화적인 불사조로 상징된다.

그렇다면 과연 이 모든 지식이 쿠르디스탄의 주시자들에게서 얻어진 것일까. 아니면 BC 11000~10000년의 대격변 이후에 세계의 다른 곳에 정착했을 이집트의 선대인들에게서 나온 것일까.

2만 5천9백20년의 세차주기에 대한 암시는 '영혼의 신화'라는 제목의 3세기 마니교 복음서에서도 발견된다. 예를 들어, 제11장에는 다음과 같은 내용이 적혀 있다.

> 이제 그가 모든 하늘에 높고 넓은 현관이 있는 열두 개의 문을 만들었다. 각각의 문은 그 대응 짝의 반대편에 있으며, 각각의 현관 앞에는 장사들이 있다. 그는 이어 문 현관마다 여섯 개의 상인방을 만들고, 각각의 상인방에 서른 개의 모퉁이를 만들었으며 그 모퉁이마다 열두 개의 돌을 놓았다. 그 다음에는 상인방과 모퉁이와 돌을 하늘 높이 일으켜 세워, 지상의 바닥에 있는 공기와 하늘을 연결시켰다."

12개의 문과 각 현관에 있는 6개의 상인방을 곱하면 72라는 숫자가 되는데, 이것은 세차주기에서 지구가 1도 도는 데에 걸리는 햇수이다. 이 수를 각 상인방의 모퉁이 30개와 곱하면 2,160이 나오는데, 이 숫자는 하나의 완전한 세차 시대를 이루는 햇수이다. 이 수를 각 모퉁이의 12개 돌과 곱하면 25,920이란 숫자가 되고, 이것은 하나의 완전한 세차주기를 이루는 햇수이다.

이 구절이 천상의 건축물에 대한 것이므로 이 수비학數秘學은 우연이라고만 볼 수 없다. 다시 말하면, 마니교도들은 그들의 시대에 이미 엄청나게 오래된 세차 운동에 관한 지식을 보존하고 있었던 것이다.

세차주기에 관한 명백한 지식은 예지드족의 믿음에서도 발견된다. 그들은 72명의 아담이 각각 1만 년을 살았고 그들 각각의 사이에는 세상에 아무도 살지 않는 1만 년의 기간이

1,440,000이란 수치를 10000으로 나눈 144라는 숫자는 세차 수비학에서 표준되는 숫자이다. 숫자 12의 제곱이 144이며 1440(144×10)년은 2160이라는 세차의 3분의 2가 된다. 숫자 144와 그 곱셈 값은 세차수비학에 기초를 두고 있다.

있었다고 믿고 있다. 보기에 따라서는 지극히 단순한 이야기 같지만, 72명의 아담은 별의 창공이 세차주기의 1도를 움직이는 데 걸리는 72년을 가리키며, 이 수의 합산을 암시하는 총 햇수인 1,440,000년은 세차적 수의 기준에서 볼 때 중요한 또 다른 숫자이다.

그렇다면 예지드족은 이 복잡한 체계를 어떻게 알았을까. 스스로 알아낸 것일까, 아니면 쿠르드 구릉지대에 있는 라스 알 아인 동굴 안의 벽에 묘사된 원뿔 모자를 쓴 사람들에게서 얻은 것일까.

분명히 세차 운동에 관한 고고학적 정보는 아시아 서부와 중부의 신화나 종교 전승에서만 발견되는 것이 아니다. 그것은 전세계의 신화와 전설에서도 발견되고 있다. 미국 매사추세츠 기술연구소의 과학사 죠르지오 드 산틸라나 교수는 프랑크푸르트대학의 과학사 헤르타 폰 데켄트 교수와 공저로 펴낸 책 『햄릿의 물레방아』에서, 세차 운동에 대한 이 만국 공통의 지식을 가리켜 '최초로 세상이 수와 척도, 무게에 의하여 창조된 것으로 이해한 거의 믿을 수 없이 놀라운 조상 문명'이라고 서술하고 있다.

이제 나의 깨달음은 분명해졌다.

BC 5000년경의 어느 때, 쿠르디스탄 산맥에서 세계 문명의 기원을 연 이집트의 선대인들은 '믿을 수 없이 놀라운 조상 문명'이 거의 확실하다. 그들은 분명히 『에녹서』의 천사들과 주시자들, 고대 메소포타미아의 신과 여신 및 악마들, 페르시아 전승의 빛나는 존재들, 그리스와 아르메니아 신화의 티탄족과 거인족, 그리고 소아시아의 불 정령과 카비리 등 모든 것의 뒤에 있는 진정한 근원이다.

그렇지만 여전히 불안을 떨굴 수가 없다.

272

그들은 왜 영원한 유산을 기자고원에 기호화된 신화적 정보로 남기고자 했을까. 또 지금까지 내가 살펴봤던 수많은 문화에 보존된 천문신화적 보편언어의 형태로 남기고자 고집한 것일까.

무엇보다도 그들이 우리에게 말하고자 했던 것이 무엇일까 하는 점이 궁금하다. 새로운 밀레니엄을 시작한 우리들에게 그 문화유산이 던지는 의미를 찾고 싶다.

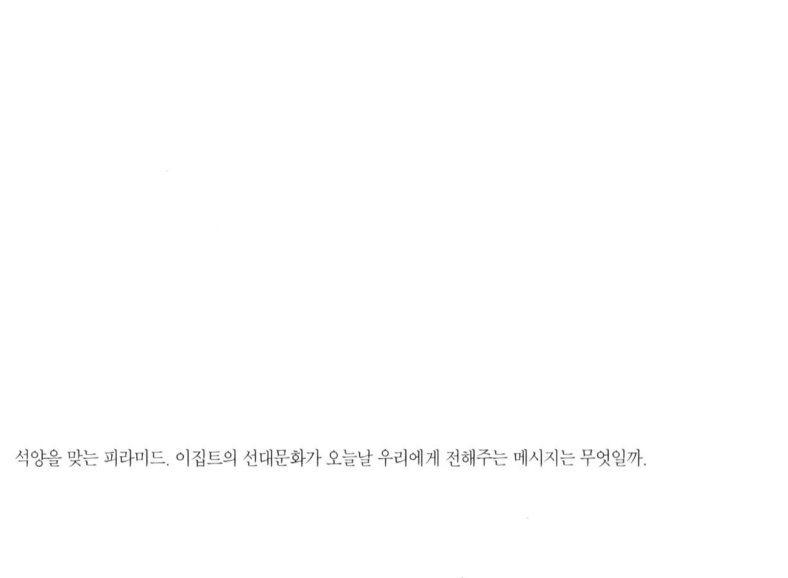

석양을 맞는 피라미드. 이집트의 선대문화가 오늘날 우리에게 전해주는 메시지는 무엇일까.

제23장
몰락의 비극

이집트의 선진문화
나는 고대의 땅에서 온 여행자를 만났다.
그는 말했다.
돌로 된 두 개의 거대한, 몸뚱이 없는 다리들이
사막에 서 있다. … 그 옆에, 모래 위에는
반이 가라앉은 산산이 흩어진 얼굴이 있다.
그 찡그리고 주름진 입술과 차가운 명령의 조소는
그것을 조각한 이가 그 열정을 잘 읽었음을 말해준다.
아직도 이 생명 없는 물체 위에 각인되어 남아 있는
그것들을 만든 손과 질려버린 마음.
받침대에는 이와 같은 말이 있다.
'나의 이름은 오지만디아스, 왕 중의 왕.
나의 업적을 보라, 너희 강한 자들아, 그리고 절망하거라!'
아무 것도 남지 않는다. 부패의 둘레에
그 거대한 파멸, 한없이 텅 빈

적막하고 평평한 모래가 멀리 뻗어있다.

셸리 영국의 낭만파 시인(1792 ~1822). 섬세한 정감을 노래한 전형적인 서정시인으로 영국 낭만파 중에서 가장 이상주의적인 비전을 그렸다.

이 글은 낭만파 시인 퍼시 비셰 셸리가 강대한 오지만디아스를 묘사한 시이지만, 멸망한 제국이 얼마나 빨리 세상에서 잊혀지는가를 단적으로 보여주는 시이기도 하다. 한때 강대했던 이 왕국의 위대함을 전혀 모르는 후세의 사람들에게는 후대를 위해 남겨진 기념비의 파편들과 비문이 무의미하고 어리석게 보일 것이다. 어느 문명이 강하든 혹은 어떤 위업을 달성했든, 그것은 어느 날 망각 속에 파묻힐 것이다.

이제 나는 보다 안정된 느낌으로 이집트 선대문화의 멸망이 오늘의 우리에게 주는 의미가 살펴볼 수 있게 되었다. 무엇보다도 문명의 기원에 대해 그 동안 학계와 학자들이 말해 온 것을 의심해 볼 수 있는 근거를 마련했다는 점이 흡족했다. 물론 인류가 야만의 상태에서 세련된 문명과 기술로 진보했다는 학계의 인식에는 이의가 없다. 그러나 먼 과거에 고도로 발달된 문명이 있었다는 증거가 옳다면, 학계는 자신뿐만 아니라 일반인들마저 현혹시키고 속이고 있는 셈이다.

지금까지 살펴본 것처럼, 이집트의 선대문화는 BC 10500년에 이미 고도의 문명을 이루었던 것으로 보인다. 이들의 업적에는 밸리 신전이나 오시레이온 신전과 같은 거대한 건축물과 세차 운동에 의한 사자자리 시대를 나타내는 스핑크스, 그리고 아마도 수만 년에 걸친 우주의 시간주기에 대한 상세한 지식 등이 포함되고 있다. 그들은 농경, 건축, 천문학, 교육, 기술, 관개, 그리고 통치권 등에 있어서 광범위한 지식을 갖고 있던 수준 높은 사회였던 것 같다.

그러나 마지막 빙하기의 휴식기에 덮친 기후 변동과 전지구적 격변은 그들의 운명을 바꿔버렸다. 내가 보기에는 대홍수나 대화재 때문만은 아닌 것 같다. 오히려 그들 종족의 분열 때문이 아니었을까 싶다. 그리고 BC 9000년경, 멀리 떨어진 쿠르디스탄에 정착한 이집트 선대인들은 주변의 구릉지대와 평원에 있던 발전도상의 다른 종족들에게 깊은 영향을 끼친 진보된 샤먼 문화로 탈바꿈했다.

   그들은 선조들이 지녔던 지식을 갖고 있었지만, 이집트의 거대한 기념물과 카파도키아 평원의 지하도시에서 볼 수 있는 과학기술적 능력의 상당 부분을 잃어버린 것 같다. 정신적인 교양이 지나치게 많았던 반면에 이전의 거주지에서 익혔던 고도의 문명을 유지하는 데 필요한 실용적 능력과 인적 자원은 충분치 못했던 것으로 보인다.

   오늘날 『에녹서』의 주시자들로 인식되는 이 살아남은 집단의 가장 큰 비극은 한때 불과 홍수, 그리고 알려지지 않은 재난 속에서도 살아남았건만, 오늘의 세계 역사에서 잊혀졌다는 점일 것이다. 신화 속에서는 살아남아 있지만, 그것은 공허한 승리일 뿐이다.

   나는 그들이 신석기 인간들의 시대로 내려오면서 느꼈을 상실감을 짐작할 수 있을 것 같았다. 지식과 업적, 그리고 생존을 위한 투쟁이 극심하게 왜곡된 민간설화로 몰락한 것을 본다는 것은 분명히 고통스러운 일일 것이다. 그들 중 일부가 자신의 발자취를 따라오는 종족과 문화들을 가르침으로써 의미를 찾게 만든 것은 어쩌면 그들의 세상이 사라져 버린 것에 대한 상실감의 발로였을지도 모른다.

   이 이집트 개척자들에 의해 신석기 문화가 일어났고, BC 5000년경 근동 지방에서 점차 문명이 나타나기 시작했음을 암시하는 증거는 많다. 내가 보기에, 그들 중 일부가 지식을 누설한 것은 신중히 계산된 행동일 것이고, 어떤 주시자들이 반역을 했는지는 추측의 문제로 남아 있다. 아마도 그들은 조상들이 가졌던 옛 가치들이 더 이상 아무 것도 의미하지 않는다는 것을 깨달았을지 모른다. 또 잃어버린 것에 대한 분노와 비통함을 가졌을지도 모른다. 어쩌면 바로 이 점 때문에 자신들이 지니고 있던 옛 지식들을 주저없이 사용해 버리기로 했는지도 모를 일이다. 그 결과, 너무나 많이, 그리고 갑작스러운 상황이 만들어졌고, 인간사회로 하여금 그들이 신중하게 균형을 맞춘 상태에서 너무 멀리 나간 결과를 빚는 단계를 가속화시키고 말았다.

원시적 창조 신화

오늘날 우월한 지식을 인간에게 누설한 그들의 행위는 우리들에게 타락천사들의 죄, 신들의 하강, 그리고 근동 지방의 여러 신앙에 나타나는 다에바, 악마, 거인들의 행위들로 기억되고 있다. 그리하여 진화의 수천 년간 지혜와 지식을 획득했던 수준 높은 문명에 대한 기억에 대해서는 전혀 흔적을 남기지 않은 채 오직 신화적인 맥락으로만 보존되어 왔다.

안타까운 일은 이 문화가 세상에 남긴 진정한 유산들이 잘못 이해되고 있다는 점이다. 무너져 버린 거대한 폐허들은 그 엄청난 고대성古代性과 신성神性을 노린 후대의 통치자들의 주장으로 인해 그들 자신의 업적으로 돌려졌으며, 천문 신화와 세차 운동의 정보, 순환적인 대참사에 대한 암시화된 지식을 담고 있는 고대 전설들과 설화들은 학계에 의해 '원시적인 창조 신화'로 치부되고 말았다.

문명은 순환적인 요인들에 의해 흥하고 망한다. 그리고 자기 자신의 종족만이 고유하다고 생각하는 것은 극도로 오만한 태도이다. 우리는 학계의 오만함으로 인해 우리의 과거 유산에 대해 거짓된 관념을 갖고 말았다.

뉴턴의 과학은 우리로 하여금 자연의 질서와 생명을 향한 진보가 우주에 있다고 믿게 했다. 그리고 우리는 과거의 그 어느 때보다도 오늘날 많은 것을 알고 있다고 생각하고, 또 그렇게 믿고 있다. 그러나 여기에 엄청난 자만심이 있다.

내가 지금까지 추적해온 사실이 보여주듯이, 우리는 자신이 어디서 왔는지 전혀 모른다. 아니, 우리의 근원에 대해 우리가 생각하고 있는 것보다 훨씬 조금밖에 모른다.

우리는 우주선으로 별을 향해 가는 우리의 문화가 기술적으로 뛰어나다고 여기지만, BC 10500년의 우리 조상들은 천문학적 세차 운동과 주기적인 대참사에 대해 우리의 상상보다 훨씬 많은 것들을 알고 있었다는 사실에 대해서는 전혀 모르고 있다.

이러한 사실을 안다면, 인류는 시간의 순환과 대화재, 홍수에 관해, 이전 문명들이 그토록 많은 신화적 단서들을 남긴 이유가 어디에 있는가를 깨달을 수 있다. 그런 참사가 언제든지 다시 일어날 수 있다는 것을 말하고자 하는 진짜 의도를 모른 채, 우리는 무턱대고 미래로만 나아가려 하고 있다. 왜 우리가 이 행성 위에 살았던 최초의 진보된 종족이 아니라는 사실을 받아들일 수 없는가. 대답은 분명하다.

우리도 역시 언젠가는 멸망할 수 있다는 것을 두려워한다.

1960년대의 컬트 무비 가운데 『원숭이들의 행성』이라는 영화가 있다. 그 영화를 본 사람이라면 누구나 맨 마지막의 으시시한 장면을 기억할 것이다. 우주비행사(찰튼 헤스톤역)가 해변을 따라 비행하다가 눈앞의 무엇인가를 보고, 이곳이 인간이 아닌 원숭이에 의해 다스려지고 있는 까닭을 알게 된다. 침몰한 자유 여신상의 머리와 팔이 모래밭 위로 드러나 있었던 것이다.

그는 자신이 수백 년 후의 지구에 와 있다는 사실을 깨닫는다. 또 원숭이들이 세상을 지배하기 전에 세워졌던 인간의 문명이 이미 오래 전에 먼지 속으로 사라졌고 그 역사와 업적 또한 기억 속에서 거의 완전히 지워져 버렸다는 것을 알게 된다. 이 영화가 주는 충격은 우리 자신의 미래일 수도 있다는 예언적 환영을 보여 준다는 점이다.

이집트의 선대문화와 쿠르디스탄의 주시자들이 우리에게 물려준 유산에도 명확한 메시지가 있다. 만일 우리가 한 종족으로서 진보하기 원한다면, 우리는 과거를 돌아보아야 하며 이제까지 학계와 종교 지도자들에 의해 부정되어온 모든 것들을 종합해야 한다고 말하고 있는 것이다. 우리는 하나의 종족으로서의 우리 자신에 대해 알아야 한다.

그러나 우리 문명의 기원에 대해 지금까지 배워온 것들을 맹목적으로 믿는다면, 그것을 결코 알 수 없을 것이다. 만일 우리가 선대문화의 의미를 깨닫지 못한다면, 우리는 그들의 운명이 우리 모두에게 주어진 경고라는 것을 부정함으로써 주시자들의 몰락 뒤의 비극을 더하게 될 것이다.

오늘의 인류는 마치 선생님이 없는 아이와 같다.

우리는 어디에 와 있는지도 모르고, 과거의 유산이나 지구 전체와의 관계에도 무책임한 채 예전과 똑같은 위기를 겪고 있다. 우리가 누구이며 어디서 왔는지 정확하게 알기 전까지, 우리는 자칫 통제할 수 없는 허무주의에 빠져들 것이며, 빛이 어느 때라도 꺼져 버릴 수 있다는 것을 깨닫지 못한 채 주위의 세계를 파괴해 갈 것이다. 우리가 눈을 뜨고 과거의 진실을 깨닫지 않는 한, 우리 역시 오지만디아스와 같은 마지막 날을 향해 나가게 될 것이다. 우리의 업적과 역사는 그저 고대의 땅에 흩어진 폐허들로 남을 것이다.

우리의 미래는 우리의 과거이다.

이 인식만이 우리로 하여금 선대문화와 그들의 자손들인 주시자들과 동일한 운명에서 벗어나도록 도와줄 수 있다. 세계 역사에서 차지하는 그들의 위치를 인정해야만, 우리는 지금은 몰락한 종족의 금지된 유산임을 깨닫게 될 것이다.

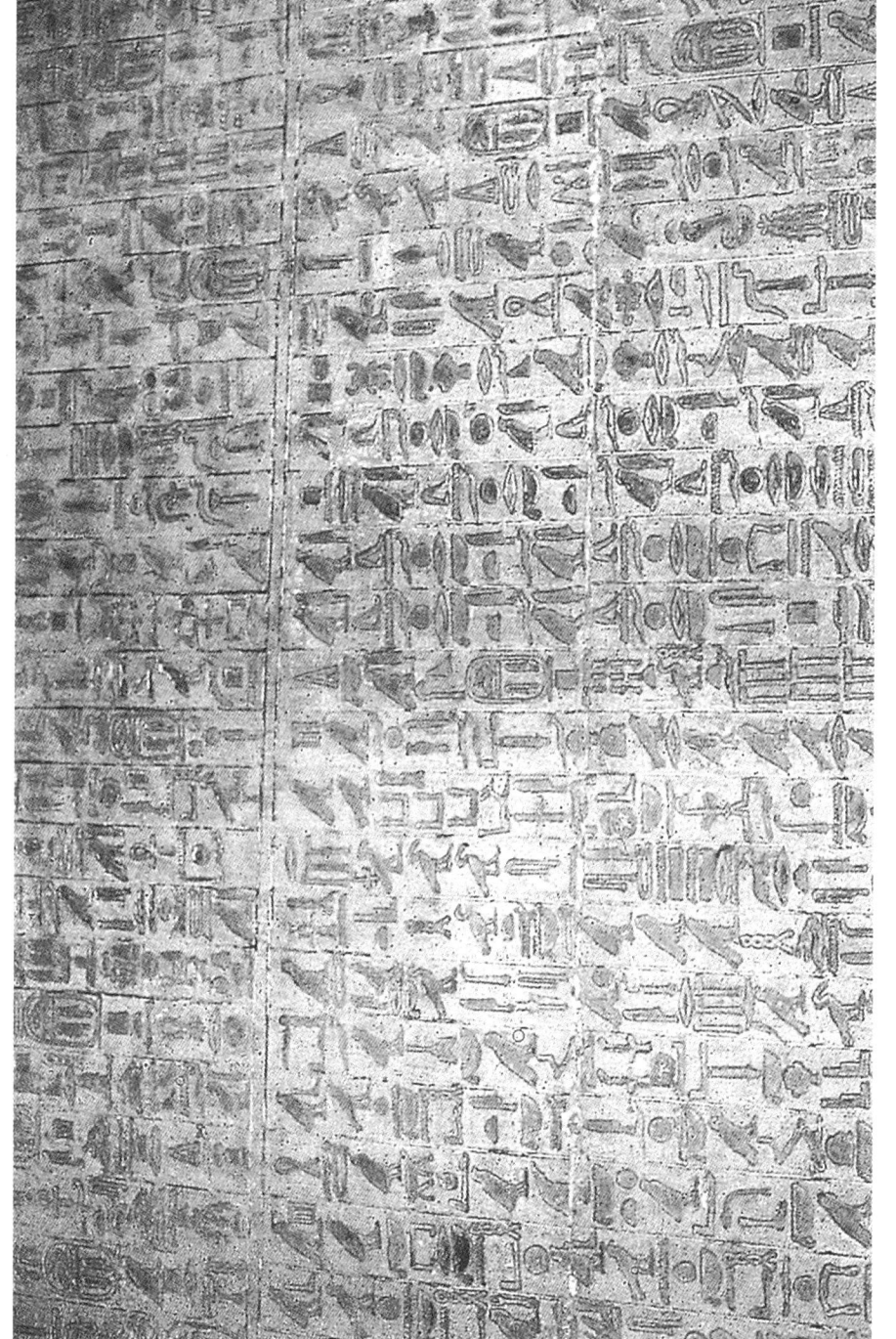

에필로그
집단적인 기억상실

신성모독과 이단

시간은 주시자들에게 치명적인 타격을 주었다.

에녹이 천상에서 보았던 진화된 선생님의 이미지는 빠르게 지하세계의 혐오스러운 악마로 퇴보해 갔다. 문명의 기원이 천사들의 흔적으로부터 비롯되었다고 생각하는 사람은 극소수에 불과했다. 『에녹서』와 같은 종교문학만이 주시자들과 인간과의 만남에 대한 왜곡된 기억을 보존할 뿐이었다. 그런 속에서도 몇몇 사람들은 이 고대문명이 이후 시대에 끼친 중요성을 자각하고 있었다.

종교 발전의 초기 단계임에도 불구하고, 이 이단적인 지식이 일반대중들에게 유포되었을 때 얼마나 위험한 일이 발생할 수 있는가를 알았던 사람들도 있었다. 그들은 만일 사람들이, 문명은 걸어다니는 뱀들과 타락천사들로부터 비롯되었다고 믿는다면, 이제까지 종교적인 경건함에 기대었던 사회 기반 자체를 위태롭게 만들 수 있다는 것을 알았던 것이

앞 페이지 사진은 사카라에 있는 데티의 피라미드 현관과 석관실에 새겨져 있는 피라미드 문헌. BC 2320~2170년. 이집트 카이로 박물관 소장.

다. 그 결과, 이 사실을 전파하는 사람들은 신성모독이라는 평가와 함께 거짓말쟁이나 사탄 숭배자로 취급되었다. 특히 그들은 사형에 처해지기 앞서서 일반인들 앞에서 비난받았는데, 이것은 일반인들이 그 사상을 멀리하게끔 만들기 위한 수단이었다.

뿐 아니라 그 사실을 암시하는 일체의 고대 문서가 공개되지 않도록 조처했다. 그러나 이 조처는 오히려 호기심 많은 사람들의 관심을 끌게 했다. 아마도 이런 이유 때문에 초기 기독교 시대의 많은 영지주의자들이 에덴동산의 뱀을 신성함의 상징으로 받아들였던 것 같다.

『에녹서』가 이 시기에 공개되어 있었던 것은 사실이지만, 영지주의자들이 주시자의 타락에 대해 얼마나 많이 알고 있었는지는 판단하기 어렵다. 영지주의자들의 이원론에 따르면, 기존의 신과 이 세계를 창조한 위대한 건축가인 또 다른 신을 구분했고, 선과 악에 똑같이 우선권을 부여했다.

인간의 어두운 과거를 가장 먼저 받아들인 인물은 예언자 마니였다. 그는 『에녹서』를 탐독한 뒤 비관론에 근거한 종교적 가르침을 설파했는데, 그 기본 교의는 아담 이래 인간은 그 뿌리까지 썩었다는 것이다.

그는 인간이 간여하는 모든 것을 어둠의 세력의 직접적인 결과물로 파악했다. 신은 그 어떤 연관성도 없었다. 주시자의 영향력은 우리가 행동하고 생각하고 만들고 파괴한 모든 것에 충만해 있다고 봤다. 주시자들의 사악함이 우리의 혈관을 흐르고 있으며, 그들의 영향에서 벗어나는 유일한 방법은 죽은 이후에 영혼을 해방시키는 것이라고 생각했다.

마니의 뒤를 이어 등장한 이원론자들도 비슷한 성향을 띠었다. 12~13세기경 프랑스 남부에서 번성한 알비즈와파(혹

『에녹서』와 사해문서 등을 바탕으로 그린 이러한 주시자의 모습은 낮은 문화 속에 살던 사람들에게는 두려움의 대상으로 다가왔을 것이다.

알비즈와파 프랑스 남부 알비를 중심으로 12세기에 나타났던 그리스도교의 한 이단. 카타리파라고도 한다.
알비즈와 십자군 알비즈와파를 토벌하기 위해 1208~1229년에 걸쳐 로마 교회가 파견한 십자군.

은 카타르파)는 마니의 종교적인 신념을 상당 부분 물려받았다. 13세기의 알비즈와 십자군전쟁 동안 카타르파에 가해진 처참한 결말은 당시 교회의 전체주의가, 이 세계는 신이 아닌 '악마'의 결과물이라는 그 어떠한 생각도 박멸하려 했다는 반증임을 단적으로 보여주고 있다.

로실린의 타락천사

그런 와중에서도 타락천사가 인간에게 세속적인 지식을 전수하는 과정에서의 진짜 역할을 간파하고 있는 것처럼 보이는 사람들이 있었다. 바로 윌리엄 클레어였는데, 15세기 말 스코틀랜드 에딘버러 근교의 미완성 교회인 로실린 교회의 건축가였다.

이 교회의 외부와 내부는 신비스러운 양각 이미지들로 가득 차 있다. 여기에 묘사된 종교적인 주제들 중의 하나는 식물과 꽃과 열매들을 모아놓은 것인데, 이것은 녹색인간의 입에서 나온 넝쿨과 상호 연결되어 있다. 전체적으로 신이 창조한 에덴동산을 석조 위에 모조한 정원으로 묘사되어 있다. 이러한 생각은 성 클레어 가문의 문장이 톱니무늬로 장식한 십자가였다는 사실이 뒷받침해주는데, 십자가는 원래 그리스도 십자가의 표상인 동시에 낙원을 흐르던 네 개의 강을 의미하는 것이기도 한다.

로실린 교회의 풍부한 조각에는 수많은 매력적인 주제들이 담겨 있다. 예를 들어, 천사들을 묘사한 수많은 입상들이 있는데, 머리에 십자가가 있는 것으로 보아 대천사를 표현한 듯하다. 지금은 없어진 성가대석의 주춧돌에는 천사들의 행렬과 함께 다른 형태의 천사 무리들이 있다.

이들은 온몸이 깃털로 둘러싸여 있고 제각기 다른 형태의

아담과 이브의 낙원 추방. 폰토르모 작. 유채. 이탈리아 피렌체 우피치미술관 소장.

사인을 손으로 만들고 있다. 그들 개개인의 포즈는 프리메이슨의 비밀스러운 사인과 놀랄 만큼 유사하다. 이는 그들이 인간에게 하늘의 비밀을 누설한 반역천사임을 암시한다. 그들 곁에는 한 천사가 거꾸로 매달려 있는데, 전신이 밧줄로 묶여 있다.

에든버러 영국 북해 포스만灣의 남안南岸에 있는 옛 스코틀랜드 왕국의 수도. 사진은 콜튼 힐에서 바라본 에든버러성.

머리 모양으로 보아 다른 천사들과 마찬가지로 남성임을 알 수 있으며 날개를 달고 있다. 그의 손은 굵은 밧줄로 묶여 있다. 길게 흐르는 옷을 입었고, 다른 천사들과는 달리 구슬 목걸이인 듯한 것이 그의 거꾸로 된 몸에 수평으로 걸쳐져 있다.

이 형상에 나타난 특별한 상징물은 의심할 여지없이 그의 신분을 표시하고 있다. 그는 사탄이나 악마 혹은 루시퍼가 아니라 타락천사 셈야자이다. 천사들의 '타락'을 허용한 벌로 오리온 성좌에 영원히 거꾸로 매달리기 전에 묶여있었던 것이다. 셈야자에 대한 이야기처럼 그 입상도 '그의 처지를 보고 더 큰 고통을 느끼도록' 하기 위해 한 쪽 눈은 감고, 한 쪽 눈은 뜨고 있다. 구슬 목걸이는 타락천사에 의해 인간에게 주어진 지혜의 진주를 상징한다.

이것은 아마도 유럽에 유일하게 남아있는 셈야자의 입상일 것이다. 그의 존재는 클레어 가문이 타락천사의 진정한 중요성을 명확하게 이해하고 있었다는 사실을 가리킨다. 그러나 거꾸로 매달린 입상으로부터 얻을 수 있는 또 하나의 사실은 우리의 잃어버린 유산에 대한 금지된 지식을 유포시키다가 붙잡힌 결과에 대해 클레어 가문이 잘 깨닫고 있다는 점이다.

클레어 가문은 14세기에서 18세기에 이르기까지 전통적으로 스코틀랜드 프리메이슨의 수호자였었다. 키나드의 제임스 브루스가 1768년 『에녹서』를 찾아 에티오피아 여행에 착수하기 전, 이름 있는 프리메이슨이었을 때가 바로 이러한 환경에서였다.

이 스코틀랜드인이 과연 타락천사와 천상의 지혜를 보존하기 위해 담당했던 에녹과 노아의 역할에 대한 클레어의 사상에 영향을 받았을까. 물론 그렇다. 그리고 내가 보기에는 이 민감한 사안에 대한 클레어의 직관적인 이해가 없었다면 세계는 오랜 세월 동안 『에녹서』를 모르고 있었을 것이다.

밀턴의 실락원

타락천사에 대해 사람들의 인식을 뒤바꾼 것은 1667년 존 밀턴의 『실락원』이었다. 밀턴은 타락천사들이 인간과 유사한 미덕과 결점을 지닌 것으로 보았으며, 이러한 혁명적인 접근법은 많은 독자들의 신경을 자극시켰다.

빅토리아 왕조의 프랑스 예술가 구스타프 도레는 밀턴 저작의 신판에 들어갈 삽화를 주문받았다. 그 결과가 처음으로 사탄과 그 무리들을 아름다운 남성으로 묘사한, 매력적인 이미지의 연작이었다. 사탄들은 대천사 미카엘 같이 날개와 빛나는 갑옷을 입고 있어서, 독자들로 하여금 하늘의 타락자들에게 훨씬 더 큰 낭만적인 생각들을 갖게끔 만들었다.

1821년 『에녹서』가 마침내 발간되었을 때, 사람들은 타락천사의 죄를 직접 읽을 수 있었다. 이것은 바이런이나 토마스 모어 같은 낭만주의자들로 하여금 천사들의 금지된 사랑에 대해 열정적인 이야기들을 쓰도록 했으며, 시므온 솔로몬 같은 라파엘 전파前派 예술가들이 캔버스 위에 '신의 아들들'을 그릴 수 있도록 영감을 불러일으켰다.

『에녹서』의 발간은 사회의 다른 영역에 더 많은 영향을 끼

실락원 구약성서를 소재로 아담과 이브의 타락과 낙원 추방을 묘사하여 인간의 '원죄'를 주제로 한 장편서사시(12권). 사진은 제6권의 삽화. 구스타프 도레 작(1866).

바이런 영국의 낭만파 시인 (1788~1824).

라파엘 전파 19세기 중엽 영국에서 일어난 예술운동. 라파엘로 이전의 면밀하고 사실적인 수법을 다시 일으키고, 진실과 자연의 영감을 중시.

친 것 같다. 예를 들어 영성靈性이나 마녀, 초자연적 존재에 대해 자유주의적 견해를 견지했던 감리교회는 비공식적으로 사탄과 타락천사에 대항하는 영원한 투쟁에서 에녹을 새로운 빛으로 받아들였다. 『에녹서』에 대해 거의 병적으로 관심을 보인 사례가 콘월주州의 리자드 반도에서 찾아볼 수 있는데, 그 지역은 18세기 존 웨슬리가 선교를 한 이래 감리교의 영향이 강한 곳이었다.

감리교 1729년 영국에서 존 웨슬리에 의해 시작된 그리스도교의 한 교파.

세찬 파도와 안개가 자욱한 이곳에서 '에녹의 바위' '헤르몬산' '낙원농장' 같은 지명을 발견할 수 있는데, 이는 콘월 지방의 '거인족'에 대한 강한 믿음을 반영한 것이다. 그 거인족은 의심할 여지없이 네피림의 후손인 아나킴으로 보여질 수 있다.

아틀란티스의 재현

19세기 타락천사에 대한 관심이 증대된 것과 때를 맞춰, 플라톤의 저서 『크리톤』과 『티마이오스』에 나오는 전설의 섬 아틀란티스를 둘러싼 신화와 전설에 관심이 모아졌다. 진보된 문명이 현재의 대서양에 한때 존재했었다는 생각은 많은 사람들에게 영향을 미쳤고, 특히 시아스의 노사제老司祭가 솔론에게 아틀란티스는 9천 년 전의 대재앙 중에 사라졌다는 사실을 알려준 이후에 더욱 심해졌다.

아틀란티스가 실제로 존재했었다고 확신하는 사람들 중에 이냐시오 도넬리(1831~1901년)라는 미국인이 있었는데, 1882년에 초판이 발간된 『아틀란티스, 태고의 세계』라는 베스트 셀러의 저자였다. 그 대중적 인기에도 불구하고 도넬리는 단순히 아틀란티스가 사실인지 허구인지에 대해 답변하는 수준에서 벗어나, 사라진 대륙을 언급하는 증거에 덧붙여

대서양 주변의 수많은 설명되지 않은 미스터리들을 고찰했다. 이것은 서로 다른 홍수신화의 비교에서부터 길다란 두개골 연구, 특이한 인공물과 피라미드의 미스터리 탐구에 이르기까지 방대한 양을 담고 있다.

이듬해, 도넬리의 다음 책이 발간되었다. 『래그나록, 불과 자갈의 시대』라는 제목의 이 책은 크게 인기를 얻지 못해 금방 기억 속에서 사라졌다. 그러나 도넬리가 아틀란티스 신화와 연계하여 집대성한 광범위한 문서 연구에 밑바탕을 둔 이 책은 그 내용의 함축성에 있어서 가히 폭발적이었으며, 일련의 대변동이 빙하기의 마지막 평온함을 흐트러 놓았다는 사실을 입증했고, 이 주제는 1950년대 찰스 햅굿 교수에 의해 설명되어졌다.

숨겨진 신

도넬리가 아틀란티스의 미스터리로 인기를 끌 무렵, 인도나 네팔에서 비롯된 동양 신비주의의 영향으로 인해 알려지지 않은 인간 종족이 예전에 존재했었다는 생각이 전파되기 시작했다. 여기에 가장 깊게 영향을 받은 사람이 러시아의 무속인 헬레나 페트로브나 블라바츠키였다.

러시아 신비주의자 블라바츠키

그녀는 마하트마 혹은 숨겨진 신이라고 스스로 묘사한 어떤 존재와 영적 교감을 나누었다고 주장했다. 그 존재는 그녀에게 현대문명이 생기기 훨씬 이전에 존재했던 최초의 '뿌리' 종족에 대한 문서를 주었다. 이 정보에 근거하여, 그녀는 1875년에 신지학회神智學會를 창설했다. 이 기구는 영국, 인도, 미국 등 많은 국가에서 환영받았으며 단시일 내에 수천 명에 이르는 회원을 확보했다.

마하트마는 블라바츠키의 마음에만 존재했고, 책도 그녀

가 직접 집필한 것이라고 그녀의 비평가들은 말한다. 결코 증명되지 않은 사실이라는 비난에도 불구하고, 그녀의 획기적인 관점은 많은 사람들로 하여금 아틀란티스뿐만 아니라 남반구에 존재했을 것이라고 추정되어지는 무*Mu*와 레무리아 같은 잃어버린 문명에 대한 연구를 촉진시켰다.

잠자는 예언자

아틀란티스에 대한 1930년대의 인기와 함께, 후대의 학술적인 연구에 큰 영향을 끼친 인물이 등장했다. '잠자는 예언자'라고 불렸던 에드가 케이스라는 미국인이다.

그는 1877년 켄터키주 홉킨스빌 근처의 농가에서 태어났다. 그는 어려서부터 초능력을 지녔으며, 최면으로 신들린 상태에서 자신에게 몰두할 수 있었다. 이러한 형태의 대체된 상태에서 환자들의 질병을 진단할 수 있었고, 그럴 때마다 환자의 전생을 이야기해주곤 했다. 케이스는 1945년 1월 3일에 죽었다. 그는 생전에 43년 동안 8천 명 이상의 사람들을 진료한 1만 4천 건 이상의 '심령치료 기록'을 남겼다.

이 기록의 상당수가 전생에 아틀란티스에서 살았다고 하는 사람들의 것이다. 또 많은 부분에서 이 사라진 대륙이 물에 잠기기 이전의 사람들과 도시와 환경에 대한 생생한 묘사를 담고 있다. 이 자연적인 대변동에서 살아남은 사람들의 흔적은 영국령 온두라스, 모로코, 피레네, 유카탄, 남미의 태평양 연안, 미시시피강 유역 등 광범위한 지역에서 발견되었다고 케이스는 적고 있다.

우리의 눈길을 끄는 것은, 이집트가 한때 비옥한 지역이었고, BC 10450년 아틀란티스의 침몰 이후 생존자들이 이집트에 공동체를 구성했다고 무의식적으로 믿는 부분이다. 이 생

피레네 프랑스와 스페인 국경에 있는 지역.
유카탄 중앙아메리카. 멕시코만과 카리브해를 갈라놓는 반도. 면적은 약 18만 km².

존자들은 BC 10490년부터 BC 10390년 사이에 기자의 피라미드를 건설한 것으로 추정하고 있다. 아틀란티스와 이집트에 관한 그의 예언 중 대부분이 최근에 들어와서 받아들여지고 있다.

고대의 우주인들

사라진 문명에 대한 연구는 1947년 6월 미국 전역을 휩쓴 비행접시 열풍에 의해 뜻하지 않은 전환기를 맞게 된다. 케네스 아놀드라는 조종사가 워싱턴주 케스케이드산 위를 비행하는 9개의 '날개 없는 비행선'을 목격했는데, 그 후 그는 그 움직임이 '물위를 가로지르는 접시'와 같다고 묘사했다. 그 말이 와전되어, 이후의 뉴스에서는 '접시 같다'는 표현이 그 움직임이 아닌 형태로서 보도되었다. 그리하여 그는 '비행접시'를 본 첫 번째 사람으로 잘못 알려지기 시작했다.

아놀드의 '목격' 이후, 전세계에서 UFO로 알려진 것을 보았다는 보도가 줄을 이었다. 이 목격담은 1950년대와 1960년대에 걸쳐 증가했으며, 심지어는 이상한 비행체의 탑승자로 추정되어지는 사람들과 만났다는 주장까지도 나왔다.

UFO를 다룬 서적들이 출간되기 시작했고, 그 저자들에게는 당연한 질문들이 던져졌다. 비행접시는 어디로부터 왔는가. 누가 탑승했는가. 그들은 왜 우리 영공에 나타났는가 등. 더욱 중요한 것은 그들의 존재가 과거의 미스터리들에 대해 중요한 단서를 제공할지 모른다는 사실에 관심을 갖기 시작했다는 점이다. 이러한 연구로부터 마침내 '고대 우주인' 가설로 알려진 문학이 등장했다.

1968년 에리히 폰 데니켄의 고전 『신의 수레』 발간과 때맞춰 '신은 우주인이었는가?' 라는 헤드라인이 전세계 신문지상을 장식했다. 이 책은 이미 데스몬드 레슬리, 폴 토마스, 브린슬리 포어 트렌치와 같은 UFO 작가들이 밝힌 바 있었던 믿음을 요약한 것인데, 외계의 존재가 문명의 탄생을 주도한 지식과 기술을 우리 선조에게 제공했다는 것이다. 그러나 데니켄과 그를 따르는 많은 고대 우주인 이론가들은 아무런 논리적 해결방법을 제시하지 않은 채, 많은 사람들에게 의혹의 씨앗을 뿌리고 있는 과거의 미스터리를 다루고 있다.

이러한 작가들의 많은 수가 UFO 현상을 배경으로 천사의 본질에 질문을 던지기 시작한 것은 피할 수 없는 일이었던 듯 했다. 그 중 몇몇은 천사들의 타락을 언급한 히브리 문서를 연구하기 시작했고, 당연히 그들은 『에녹서』까지 이르게 되었다. 그들은 이 독창적인 종교문헌의 내용을 분석했고, 그 결과 주시자들은 그들의 지식을 인간에게 누설한 외계의 종족이었다는 결론을 내렸다.

『에녹서』에 대해 진지하게 연구한 여러 가지 시도 중에 최고는 프랑스 작가 로버트 쉐록스의 1964년작 『신의 유산』과 미국 작가 레이몬드 드레이크의 1976년작 『고대 이스라엘의 신과 우주인』이었다. 이들 책이 갖는 가치는 타락천사와 고대 문명을 최초로 묶었다는 사실에 있다. 하지만 불행하게도 이들 작가들조차 변함없이 주시자들은 외계인일 수밖에 없다는 결론을 내리고 있다. 오로지 크리스천 오브린만이 1985년작 『소수의 천재들』에서 이러한 결론으로부터 물러서는 태도를 취하고 있다.

지구 식민지

1970년대 후반에 이르러, 에리히 폰 데니켄의 고대 우주인설은 그가 증거를 왜곡했다는 비난과 함께 퇴조하기 시작했다. 미국에서는 1976년에 체체리아 시친의 『12번째 행성』이란 제목의 책이 발간되었는데, 『에녹서』의 네피림은 태양계의 열두 번째 행성으로부터 지구에 도달한 외계인이었다는 이론을 전개하고 있다.

키가 큰 이 외계인은 유전기술을 이용하여 '인간'이라는 피조물을 창조한다. 그러나 인간은 반역하여 그의 주인으로부터 자유로워졌고, 그 주인들은 고대의 어느 시기에 그들의 고향 행성으로 되돌아갔다는 것이다.

그는 입증되지 않은 또다른 외계 가설을 만들어 냈지만, 이전의 저자들과는 달리 근동의 신화를 잘 이해하고 있었다. 실제로 그는 수메르의 고문헌을 읽고 번역할 수 있는 전세계의 몇 안 되는 사람들 중에 하나였다.

그는 이 책에서 특이한 증거를 독자들에게 제시하고 있다. 그에 따르면, 네피림이 한때 이집트나 수메르 같은 고대 문명과 교류를 가졌던 육체를 가진 종족이었다고 주장한다. 그러나 그 후의 저서들은 실망스런 형태로 데니켄 식의 사고체계로 전환하고 만다. 일례로 고대 미술에서 원추형의 기둥과 피라미드는 지하격납고의 로케트를 상징하는 것이라는 식이다. 그의 주장이 옳을 수도 있겠지만, 그러한 가설은 순전히 기계론적 관점에 근거하고 있으며, 고대 외계기술의 증거로써 인용될 수는 없다고 생각한다.

주시자들의 회귀

1980년대에 들어와, 타락천사에 대한 체체리아 시친의 다듬어지지 않은 이론은 젊은 세대의 문화에 영향을 끼쳤다. 대중음악은 아마도 감성적인 청중들에게 영향을 미칠 수 있는 가장 빠른 방법 중의 하나일 것이다. 만일 가수 개인이나 그룹이 특별한 주제를 가지고 나올 때 더욱 그러할 것이다. 히피 세대가 마하리쉬 마헤쉬 요기를 공식 방문한 조지 해리슨을 추종하며 동양 신비주의에 관심을 갖기 시작했다든가, 10대 소녀들 사이에 1970년대 초반 오스몬드 형제들의 성공을 좇아 모르몬교 개종자들이 급증했다는 사실은 이러한 영향의 대표적인 예라고 할 수 있다.

비슷한 방법으로, 1980년대 중반에 어둠과 고딕에 대한 관심이 영국을 중심으로 급증하면서 타락천사나 뱀파이어, 신비주의에 관한 관심을 불러 일으켰다.

비교적 진지한 자세로 이 '고딕' 운동의 선두에 나섰던 팀이 '네피림의 들판'이라는 록 그룹이었는데, 1988년 '문차일드Moonchiod 라는 싱글 앨범으로 전세계적인 성공을 거두었다. 1991년까지의 연이은 싱글과 앨범의 히트는 그들을 고딕 세상의 새로운 신으로 만들었다.

체체리아 시친의 『12번째 행성』에 나오는 네피림의 주제에 영향을 받은 맥코이는 타락천사의 개념을 '게헤나로의 회귀' '수메르의 땅' '수메르의 통곡' 같은 그의 곡에 소개했다. 이 길고 음울한 곡에서, 그는 강렬한 노랫말과 깊은 반향을 불러일으키는 작곡으로, 예전의 타락천사들이 인간 사이를 자유롭게 거닐던 시대의 어둡고 불길한 환영을 묘사해 냈다.

주시자들과 네피림에 대한 그의 관심은 전세계의 추종자들로 하여금 천사와 타락천사, 혹은 연관된 주제를 다룬 책에 관심을 갖도록 만들었다. 많은 젊은 소설가들이 뱀파이어와 같은 상투적인 주인공에서 『에녹서』에 묘사된 타락천사와 같은 주인공을 묘사했다. 그 중에서 가장 독창적인 소설이 영국의 소설가 스톰 콘스탄틴이 펴낸 『어둠을 물으며』 『조심스럽게 먹이에 다가가며』 『공허한 피 냄새를 맡으며』

히피 종래의 사회통념이나 제도, 관습 등을 부정하고 인간과 자연과의 직접적인 접촉을 표방하면서 반사회적인 행동을 하는 젊은이들. 1967년경 미국에서 시작되었다.

모르몬교 1830년 미국인 스미스가 창시한 기독교의 한 교파. 삼위일체의 교의와 신으로부터의 끊임없는 계시를 주장한다.

조각가 존 데이의 작품 케더. 히브리어로 '왕관'을 뜻한다.

등이다. 그녀는 주시자들을 그 후손들이 현재도 인간사회에 살고 있는 고대 종족으로 그리고 있다.

예술계에서는 에섹스 태생의 조각가 존 데이가 역사 속의 주시자의 혼을 작품에 담아내려고 했다. 1979년 이후, 그는 이 고대 종족을 표현하는 일련의 작품들을 만들어 냈는데, 한때 지구상에 이 종족이 살고 있었다고 확신하고 있었다. 그의 가장 뛰어난 작품은 히브리어로 '왕관'을 의미하는 '케더'라는 조각으로, 부채 모양의 나무 날개를 단 거대한 새-인간을 표현하고 있다. 데이에 의하면 이 작품은 주시자 같은 존재와 접촉한 탈육脫肉 경험에서 영감을 받았다고 한다.

신의 지문

사라진 문명을 다룬 가장 중요하고 영향력 있는 책이 최근 발간되었는데, 저널리스트이자 작가인 그레이엄 핸콕의 『신의 지문』이다. 스핑크스가 지금까지 상상했던 것보다 수천 년 더 오래되었다는 주장으로 파문을 일으키며, 이 책은 직설적인 방법으로 고대의 진화된 문명의 증거들을 한자리에 집대성시켰다. 또 BC 10000년경 마지막 빙하기를 극적으로 마감하게 했던 대변동을 설명하기 위해서는 찰스 햅굿의 지질전위설만이 유일한 해결책이라는 사실을 보여주었다.

1995년 『신의 지문』은 전세계 많은 국가에서 베스트셀러가 되었다. 그리고 1996년 로버트 보벌과 함께 쓴 후속작 『창세의 수호자』는 이집트의 기자에 초점을 맞추었다. 이 책에서, 그는 이전에 누구도 상상하지 못할 진지하고 학구적인 태도로 기자의 고대 기념물이 BC 10500년의 우주시계를 따르고 있다는 사실을 설명했다.

이제 이러한 진화된 문화가 우리의 고대 역사에 존재했었다는 사실을 받아들인다면, 도대체 그들은 누구인가. 단순히 이집트에서 발전한 것인가, 아니면 먼 곳으로부터 왔는가. 『신의 지문』에서는 그들을 단순히 키가 크고 백인이며 수염을 길렀다고만 언급하고 있다.

그러나 핸콕은 혁명적인 새 이론에 공개적으로 지원을 보냈는데, 그것은 1995년 캐나다의 랜드와 로즈 플래머스 부부가 쓴 『하늘이 떨어질 때, 아틀란티스를 찾아서』였다. 수년 동안 아틀란티스 신화와 관련한 유용한 증거들을 검토한 결과, 이 사라진 대륙이 남극 대륙과 같은 것일 수도 있다는 독특한 결론을 내렸다. 이것은 오랫동안 세상을 난처하게 만들었던 해묵은 수수께끼에 대한 분명한 답변은 아니었던 듯 하다. 그러나 플래머스 부부가 지적한 대로, 빙하기의 종식과 함께 온 BC 11000년과 BC 10000년 사이의 지각 대변동 시기에 이 대륙의 대부분은 얼음이 없었다.

핸콕의 『신의 지문』과 마찬가지로, 플래머스 부부는 초기의 많은 아틀란티스 연구자들이나 고대 우주인 이론가들이 지적해 낸 사실을 재확인하고 있다. 즉, 1513년 피리 레이스

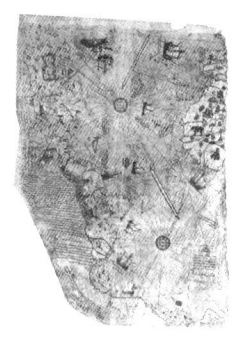

피리 레이스 오스만투르크 제국의 해군제독으로서 아래 사진과 같은 1513년 세계지도를 그렸다. 1554(1555)년 사망.

지도와 같이 고대 뱃사람들의 항해지도에는 1818년에서야 '발견된' 남극이 표기되어 있을 뿐 아니라 그 대륙에는 얼음이 없는 것으로 묘사되어 있다. 더욱 놀라운 것은 이 지도 중의 어떤 것은 남극이 두 개의 분리된 땅덩어리로 표현되어 있는데, 이러한 사실은 1958년까지 전혀 알려지지 않은 사실이었다.

이 혼란스러운 미스테리에 대해 논리적으로 가능한 유일한 설명은 그 항해지도가 그보다 더 오래 전의 지도를 필사한 것이고, 그것은 다시 그 이전 초창기의 지도를 필사한 것이고 하는 식으로 남극이 얼음이 없었던 시기까지 거슬러 올라가면 대략 6천 년 전 이전의 시기까지 거슬러 올라간다는 것이다.

선조를 찾아서

지금까지의 이론 중 어떤 것이 BC 13000년에서 BC 9000년에 이르는 기간 동안 이집트에서 고도로 발전한 선대문화의 존재를 설명할 수 있을까. 그 어떤 사소한 증거라도 잡아내어 이 사라진 종족의 진정한 기원을 정의할 수 있을까.

초기 유대문학은 선대문화의 후손들인 주시자들에게 특별한 육체적 특징을 부여했고, 그것은 인간과는 놀랄 정도의 차이점을 보이고 있다.

주시자들을 다시 한 번 정의를 내리자면, 대단히 큰 키에 하얀 피부, 덥수룩한 흰 머리카락, 빛나는 얼굴, 찌를 듯한 눈매와 뱀 같은 얼굴이었다. 근동의 다른 거인족 이야기처럼 메소포타미아 문헌은 신과 여신, 그리고 그들의 후손들이 '거대한' 형상이었음을 암시하고 있다.

중요한 점은 이집트 선왕조의 무덤과 이라크에서 발굴된

유물들의 해부학적인 특징이 공통적으로 긴 머리의 커다란 인간이 BC 4000년 초기 문화에서는 귀족계급 혹은 통치계급을 상징했다는 점이다. 이러한 점은 이집트의 선대문화 역시 그 당시 근동의 선대문화와 똑같은 특징을 지녔다는 사실을 입증하고 있다.

여기까지가 우리가 가지고 있는 증거의 전부이다. 만약 유대 문헌의 내용을 액면 그대로 받아들일 수 있다면, 그렇게 명확한 육체적 특성을 지닌 종족이 한때 존재했었다는 사실을 인정하지 못할 이유가 있을까.

사실 극소수의 사람들만이 예외적으로 키가 크고 흰 피부에 뱀과 같은 얼굴을 가졌다는 것이 더 맞는 말이다. 그러나 이 특이한 사람들은 이후 문명의 작가들에 의해 더욱 잘 보존되어졌다. 만일 이것이 옳다면, 이집트 선대 문명의 극소수만이 『에녹서』와 사해문서에서 묘사한 주시자들과 네피림의 신체적 특성을 지녔다는 것도 가능하다.

모든 것은 순전히 추론에 의한 것이다. BC 9000년 이후 쿠르드의 후손들처럼, 대홍수 이전의 선대 문화는 그들의 영광스러운 과거에 대해 우리에게 별다른 단서를 남겨놓지 않았다. 스핑크스와 다른 이집트의 거대한 기념물들은 근동의 초기 문화가 가진 고도로 발전된 기술과 마찬가지로, 이 세계에서 그들의 존재에 대해 희미한 메아리만을 남기고 있다. 우리가 이것만을 단순하게 받아들인다면, 이 책은 허무맹랑한 모험물에 불과할 것이다.

그러나 우리 모두가 이 종족이 누구였고 어디에서 왔는지를 정확히 알고 싶어한다. 그들은 단지 이집트에서 진화한 종족에 불과한가, 아니면 다른 어떤 지역으로부터 이집트로 이주해 온 것인가. 아마도 선대문명은 남아프리카에서 발전하여 BC 13000년 이전에 이집트와 같은 북쪽으로 이주했을 것이다.

최소한 BC 8만 년에서 BC 7만 년까지 거슬러 올라가는 복잡한 탄광이 아프리카 남부 스와질랜드에서 발굴되었는데, 인간 진화에서 거의 초기 단계라고 할 수 있는 이 시기에조차 원시 선조로 추정되어지는 인간들에게서 기술적 진보의 단계를 살펴볼 수 있다. 이 탄광의 공동체가 성취한 진화의 단계가 점점 증대하여, 마침내 이집트의 선대문명 탄생과 함께 절정에 이르렀다고 추정할 수 있다. 그러나 이 언급은 그 어떤 확증도 없는 상태에서는 공허한 메아리에 불과하다.

스와질랜드 아프리카 남동부 내륙에 있는 국가. 남아프리카 공화국에 둘러싸여 있다. 사진은 스와질랜드 서부의 고지.

에리히 폰 데니켄이나 체체리아 시친 같은 저자들은 선대문명과 근동의 방계 문명들, 주시자들, 네피림 등이 외계에서 기원한 것이라고 주장할 것이다. 그러나 이것 역시 예전이나 현재에 외계인이 인간과 접촉했다는 확실한 물증이 나오지 않는 한, 하나의 가설에 그칠 따름이다.

이 가설이 가까운 미래에 입증될 수 있는 가능성은 희박하다고 생각하지 않기 때문에, 나는 현재로서는 이 가설을 받아들이고 싶지 않다.

고대 우주인 이론에 완전히 반대되는 관점에서, 플래머스 부부와 그레이엄 핸콕 같은 사람들은 선대문화가 남극에서 발전되었다는 보다 신빙성있는 가설을 제시하고 있다. 내 생각에도 플라톤의 저작에 나타난 아틀란티스 이야기에 대한 가장 적절한 해답일 것 같다. 그렇다면 BC 15000년에서 BC 9500년 사이로 추정되는 지각 변동으로 인한 오랜 대재앙의 기간 동안 그 종족은 남극을 버리고 이집트와 같은 다른 지역으로 이주해 갔을 것이다.

분명히 이집트와 근동의 전승에서는 각 문명의 최고最古

선조들이 남쪽에 위치한 것으로 보이는 신화적인 땅으로부터 유래했다고 말하고 있다. 더욱이 전세계, 특히 중미에 퍼져 있던 고대 문화의 증거를 보면, 키가 크고 털이 많은 흰 피부의 사람, 심지어 의인화擬人化하여 뱀 같은 사람들이 지식과 지혜를 처음으로 그들에게 가져왔다고 말하고 있다. 이러한 점들이 마지막 빙하기가 끝난 이후에 사회를 조직한 문명의 존재에 대한 희미한 단서들이다.

이러한 주장에 무게를 실어준 것이 찰스 햅굿 교수의 발견들이었다. 그는 고대 바다 왕의 지도를 만들었던 사람들은 전세계를 바다로 연결했던 '어떤 문명'이었음에 틀림없다고 결론지었다. 이것은 조르지오 산틸라나와 헤르사 폰 데켄트가 『햄릿의 공장』에서 관찰했던 바와 통하는데, 그 책에서는 전세계의 신화와 전설에 담겨 있는 천문-신화학과 세차 운동에 대한 정보 이면의 원자료들을 다루고 있다.

19세기 신화학자 제랄드 매시와 유사하게, 그들은 이 복잡한 자료가 믿기 어려운 선대문명으로부터 비롯되었다고 결론지었다. 게다가 매시는 이 고도로 발전된 문명이 '1만 3천 년 전' 레오 시대의 스핑크스 조각과도 연관이 있다고 생각했다. 그렇다면 마지막 빙하기 이전에 세계의 각기 다른 지역에 초국가적인 도시와 항구를 가진 고도의 문명이 존재했고 이집트의 선대문명은 그 당시 많은 식민지들 중 하나였다는 사실은 상당한 신빙성을 지니게 된다.

또 다른 가능성이 하나 있다. 선대문명은 이집트 혹은 북부 아프리카에서 발생하여 BC 10000년의 대변동이 있은 후, 그 생존자의 일부가 근동에 들어가 정착했고, 또 다른 일부는 연속되는 대재앙을 피할 수 있는 안식처를 찾아 다른 지역으로 여행했다는 것이다. 이 고립되어진 식민지들 중에 어떤 것은 흔적도 없이 사라져버렸을 것이다. 그러나 일부는 쿠르드의 주시자들과 같이 문명의 부흥을 이룩했을 것이다.

나는 후자의 추론을 선호한다.

그러나 첫 번째도 무시하지는 않는다. 어떠한 가능성에서도 확신할 수 있는 것은 이집트의 고대문명이 인류의 발전, 특히 유라시아 신석기 시대 발전단계의 한 지류로 볼 수 있다는 사실이다. 대단히 크고 흰 피부에 흰 머리카락을 지닌 이 문명의 기원을 어디에 위치시켜야 할지는 한동안 미스터리로 남아있을 것이다. 아마도 우리는 그리 멀지 않은 미래에 해답을 얻게 될 것이다.

예전에는 아무도 공룡을 믿지 않았다. 처음으로 그들이 이 지구상에 남긴 증거물을 발견했을 때, 학계는 그 증거물을 조롱했다. 그러나 일단 그들의 존재에 대해 많은 사람들이 받아들이게 되면서, 그들의 존재를 입증하는 압도적인 증거들이 지구 전역에서 쏟아져 나왔다. 이제 공룡의 존재를 부인하는 사람은 거의 없다.

어쩌면 똑같은 경우가 이집트의 선대문화와 그들의 근동의 후손들인 쿠르드의 주시자들에게 적용될 것이다. 이제 준비는 끝났고, 더 이상 우리의 사라진 세계에 대한 지식이 유포되지 않을 이유가 없다. 성서의 천사들은 생명을 되찾을 것이고 그것을 막을 방법은 없다. 이제 그들은 우리의 마음에서 뿐만 아니라 인류 역사의 한 페이지에 존재할 것이기 때문이다. 그들은 우리와 함께 할 것이고, 아무도 그들의 잃어버린 유산을 부인하지 않을 것이다.

새로운 세기를 맞아서

고대의 발전된 문명에 대해, 연구자들은 피라미드에 이목을 집중시키고 있다. 유명한 예언이 암시하기를, 기자 피라미드 밑에 이중 육각형의 배열로 위치한, 각각의 방은 황도대의 세차운동의 사인을 상징하는 12개의 바위로 만든 방이 있다고 했다. 모든 방은 상호 교차된 복도를 통해 가운데의 커다란 방과 연결되어 있는데, 그 방에는 우주의 알을 상징하는 커다란 다면체의 크리스탈이 있다는 것이다.

다양한 문화로부터 보존되어 온 고대 신화와 전설은 모두 그러한 방의 존재를 암시하고 있다. 에드가 케이스는 이 방을 '기록의 방'이라고 말했다. 유대 전승에서는 이 '지하의 방'은 에녹이 대홍수 시대에 고대 과학을 담아두기 위해 그의 아들 므두셀라의 도움을 받아 건축한 것이라고 말하고 있다. 이러한 내용은 유럽의 프리메이슨 전통에도 보존되어 있다(프롤로그 참조).

이집트 기자의 대피라미드 안에 있는 3개의 빈 석실.

최근까지 어느 누구도 그러한 숨겨진 유산이 기자의 모래 밑에 발견되지 않은 채 있으리라고는 생각지 않았다. 그런데 1993년 스핑크스 구역 밑의 단단한 기반암에 대한 지진 관측은 16피트 지하에 거대한 직사각형의 방이 있음을 밝혀냈다. 이 공간은 폭 30피트, 넓이 40피트의 방으로 판명되었다. 이 발굴에 참여했었던 지질물리학자 토마스 도베키 박사는 콜로라도 탐사학회의 전직 교수였다. 그래서 그는 이 발견의 중요성에 대해 어느 정도 조심스러운 태도를 취했지만, 다음과 같은 사실만은 기꺼이 받아들였다.

이 (방의) 직사각형 형태는 자연적으로 발생한 구멍과는 차이가 있으며, 그렇기 때문에 인간이 만든 것이라고 볼 수도 있다.

만일 이 방이 레오 시대나 그 이전 이집트의 선대 문화가 건설한 지하도시의 입구였다면, 우리가 종교와 역사를 통해 파악했던 것에 대한 발견이라는 점에서 그 충격은 적지 않은 것이다. 이제 인간은 지난 1만 1천 년 이상 시달려온 집단 기억상실이 더 이상은 변명이 될 수 없다는 사실을 깨달아야만 할 것이다.

아마도 우리들 각자는 저 깊은 곳으로부터 울려오는 인간의 어두운 과거와 이집트 선대문명을 덮친 대재앙과 주시자들의 타락에 대한 진실을 알 것이다. 물론 우리들은 이러한 기억이 영원토록 제거되기를 바랄지도 모른다. 그러나 내면으로부터 우리는 알고 있다.

어쨌든 타락천사는 우리의 과거에 중요한 존재이다.

내 생각에 세 가지의 선택만이 남아 있다. 주시자들은 하느님의 거룩한 메신저인 영적인 존재였거나, 아니면 단순히 우리 선조의 깊은 심리학적 욕구와 공포가 만들어낸 산물이거나, 한때 실제로 육신을 가진 존재로서 이 땅을 걸어다녔다는 것 중 하나이다. 증거는 있다. 선택은 여러분들에게 달려 있다.

참고문헌

추천도서

Bauval, Robert, and Adrian Gilbert, *The Orion Mystery*, Heinemann, London, 1994.

Bauval, Robert, and Graham Hancock, *Keeper of Genesis*, Heinemann, London, 1996.

Book of the Secrets of Enoch, The, trans. W. R. Morfill, edit. and intro. R. H. Charles, Oxford University Press, 1896.

Charles, R. H., *The Book of Enoch or 1 Enoch*, Oxford University Press, 1912.

Constantine, Storm, *Scenting Hallowed Blood*, Creed, London, 1996.

Constantine, Storm, *Stalking Tender Prey*, intro. by Andrew Collins, Creed, London, 1995.

Fix, William R., *Pyramid Odyssey*, Jonathan-James Books, Toronto, 1978.

Flem-Ath, Rand and Rose, *When the Sky Fell-In Search of Atlantis*, Weidenfeld & Nicolson, London, 1995.

Hancock, Graham, *Fingerprints of the Gods-A Quest for the Beginning and the End*, Heinemann, London, 1995.

Hapgood, Professor Charles, *The Path of the Pole*, Chilton, New York, 1970.

Hapgood, Professor Charles, *Maps of the Ancient Sea Kings* (1966), Turnstone Books, London, 1979.

Milik, J. T., *The Books of Enoch-Aramaic Fragments of Qumrân Cave 4*, Oxford University Press, 1976.

Norvill, Roy, *Giants-The Vanished Race of Mighty Men*, Aquarian Press,

Wellingborough, 1979.

O'Brien, Christian, with Barbara Joy O'Brien, *The Genius of the Few-The Story of Those Who Founded the Garden in Eden*, Turnstone Press, Wellingborough, 1985.

Santillana, Giorgio de, and Hertha von Dechend, *Hamlet's Mill* (1969), Macmillan, London, 1970.

Tomas, Andrew, *Atlantis-From Legend to Discovery*, Robert Hale, London, 1972.

West, John Anthony, *Serpent in the Sky-The High Wisdom of Ancient Egypt*, Wildwood House, London, 1979.

Wilson, Colin, *From Atlantis to the Sphinx*, Virgin, London, 1996.

일반자료

Alexander, Philips S., 'The Targumim and Early Exegesis of "Sons of God" in Genesis 6', *Journal of Jewish Studies*, Pt 23, 1972, pp 60~71.

Arnold, K., 'How It All Began', *Proceedings of the First International UFO Congress* (1977), Warner Bros, New York, 1980.

Attar, Farid ud-Din, *The Conference of the Birds*, trans. and intro. by Afkham Darbandi and Dick Davis, Penguin Books, Harmondsworth, 1984.

Augustine, St, *De Civitate Dei* (The City of God)(AD 413~426), various editions in translation.

Avigad, Nahman, and Yigael Yadin, *A Genesis Apocryphon, A Scroll from the Wilderness of Judaea*, Hebrew University, Jerusalem, 1956.

Bacon, Edward, *Archaeology Discoveries in the 1960s*, Cassell, London, 1971.

Baigent, Michael, Richard Leigh and Henry Lincoln, *The Holy Blood and the Holy Grail*, Jonathan Cape, London, 1982.

Baigent, Michael, and Richard Leigh, *The Temple and the Lodge*, Jonathan Cape, London, 1989.

Bailey, James, *The God-Kings and the Titans*, Hodder & Stoughton, London, 1973.

Barton, George A., *Miscellaneous Babylonian Inscriptions*, Yale University Press, 1918.

Bellamy, H. S., *Moons, Myths and Man*, Faber & Faber, London, 1936.

Berlitz, Charles, *The Lost Ship of Noah-In Search of the Ark at Ararat* (1987), W. H. Allen, London, 1988.

Bibby, Geoffrey, *Looking for Dilmun*, Collins, London, 1970.

Bible, The, Revised Authorized Version(1884) Oxford University Press, 1905.

Black, Jeremy, and Anthony Green, *Gods, Demons and Symbols of Ancient Mesopotamia-An Illustrated Dictionary*, British Museum Press, London, 1992.

Blair, Edward P., *The Word Illustrated Bible Handbook* (1975), Word Publishing, Milton Keynes, 1987.

Bonwick, James, *Pyramid Facts and Fancies*, Kegan Paul, London, 1877.

Boyce, Mary, *A History of Zoroastrianism* (1975), 3 vols., E. J. Brill, Leiden, 1989.

Boz, Muzaffer, *Cappadocia*, Dönmez Offset, Ankara, Turkey, nd (c. 1985).

Braidwood, Robert J.(ed.), *Prehistoric Archaeology Along the Zagros Flanks*, The Oriental Institute of the University of Chicago, 1983.

Brown, J. A. C., in *Pears' Medical Encyclopaedia*, Book Club Associates, London, nd (c.1970).

Bruce, James, *Travels to Discover the Source of the Nile*, ed. C. F. Beckingham, Edinburgh University Press, 1964.

Budge, Sir E. A. Wallis, *The Book of the Cave of Treasures*, The Religious Tract Society, London, 1927.

Budge, Sir E. A. Wallis, *The Gods of the Egyptians*, 2 vols.(1904), Dover Publications, New York, 1969.

Budge, Sir E. A. Wallis, *The Queen of Sheba and her Only Son Menelik-being the 'Book of the Glory of Kings' (Kebra Nagast)*, Martin Hopkinson, London, 1922.

Byron, Lord, 'Heaven and Earth-A Mystery' (1821), included in *The Poetic Works of Lord Byron*, Longman, Hurst, Rees, Orme & Brown, London, 1823.

Cameron, D. O., *Symbols of Birth and of Death in the Neolithic Era*, Kenyon-Deane, London, 1981.

Campbell-Thompson, R., *Semitic Magic*, Luzac, London, 1908.

Carlyon, Richard, *A Guide to the Gods*, Quill, New York, 1982.

Casaubon, Meric, *A True and Faithful Relation of what passed for many Yeers Between Dr John Dee…and Some Spirits* (1659), Askin, London, 1974.

Cavendish, Richard, *The Black Arts* (1967), Routledge & Kegan Paul, London, 1974.

Cavendish, Richard (ed.), *Man, Myth and Magic*, 7 vols., Purnell, London, 1970.

Cayce, Edgar Evans, *Edgar Cayce on Atlantis*, ed. Hugh Lynn Cayce, Warner Books, New York, 1968.

Chahin, M., *The Kingdom of Armenia*, Croom Helm, Beckenham, 1987.

Charlesworth, James H., *The Old Testament Pseudepigrapha, Apocalyptic Literature and Testaments*, 2 vols., Darton, Longman & Todd, London, 1983.

Charroux, Robert, *Legacy of the Gods* (1964), Sphere, London, 1979.

Childe, V. Gordon, *New Light on the Most Ancient East*, Kegan Paul, Trench, Trübner, London, 1934.

Churchward, Albert, *Signs and Symbols of Primordial Man* (1910), Allen & Unwin, London, 1923.

Cole, J. H., *The Determination of the Exact Size and Orientation of the Great Pyramid of Giza*, Government Press, Cairo, 1925.

Collins, Andrew, *The Knights of Danbury*, EarthquestBooks, Wickford, 1985.

Collins, Andrew, 'Rosslyn's Fallen Angel-A Commentary on the Fallen Angel Statue in the Retro-choir of Rosslyn Chapel', in Tim Wallace-Murphy, *The Templar Legacy*, Friends of Rosslyn, Rosslyn, 1994.

Cory, Isaac Preston, *Ancient Fragments, etc.* (1832), Wizard Bookshelf, Minneapolis, 1975.

Cotterell, Arthur, *A Dictionary of World Mythology* (1979), Oxford University Press, 1986.

Cottrell, Leonard, *The Concise Encyclopedia of Archaeology* (1960), Book Club Associates, London, 1972.

Cottrell, Leonard, *The Land of Shinar*, Souvenir Press, London, 1965.

Curtis, John (ed.), *Early Mesopotamia and Iran-Contact and Conflict 3500~1600 BC.*, British Museum Press, London, 1993.

Curtis, Vesta Sarkhosh, *Persian Myths*, British Museum Press, London, 1993.

Dalley, Stephanie, *Myths from Mesopotamia-Creation, the Flood, Gilgamesh and Others* (1989), Oxford University Press, 1990.

Däniken, Erich von, *According to the Evidence*, Souvenir Press, London, 1977.

Däniken, Erich von, *In Search of Ancient Gods-My Pictorial Evidence for the*

Impossible,(1973), Book Club Associates, London, 1974.

Davidson, Gustav, *A Dictionary of Angels* (1967), The Free Press, New York, 1971.

Delitzsch, Franz, *A New Commentary on Genesis*, trans. Sophia Taylor, 2 vols., T. & T. Clark, Edinburgh, 1888.

Demir, Ömer, *Cappadocia-Cradle of History*, International Society for the Investigation of Ancient Civilizations, Derinkuyu, Turkey, 1986.

Devereux, Paul, *Earth Lights Revelation*, Blandford, London, 1989.

Devereux, Paul, *Shamanism and the Mystery Lines*, Quantum, Slough, Berks., 1992.

Donnelly, Ignatius, *Atlantis:The Antediluvian World*, Harper & Brothers, New York and London, 1882.

Donnelly, Ignatius, *Ragnarok:The Age of Fire and Gravel*, Sampson Low, Marston, Searle & Rivington, London, 1888.

Drake, W. Raymond, *Gods and Spacemen in Ancient Israel*, Sphere Books, London, 1976.

Drower, E. S., *Peacock Angel-Being some Account of Votaries of a Secret Cult and Their Sanctuaries*, John Murray, London, 1941.

Drower, E. S., *The Mandaeans of Iraq and Iran*, Oxford University Press, 1937.

Easton, M. G., *The Illustrated Bible Dictionary* (1894), Bracken Books, London, 1989.

Eisenman, Robert H., *Maccabees, Zadokites, Christians and Qumrân*, E. J. Brill., Leiden, 1983.

Eisenman, Robert H., and Michael Wise, *The Dead Sea Scrolls Uncovered*, Element Books, Shaftesbury, Dorset, 1992.

Emery, Walter Bryan, *Archaic Egypt*, Penguin Books, Harmondsworth, 1961.

Empson, R. H. W., *The Cult of the Peacock Angel-A Short Account of the Yezĭdĭ Tribes of Kurdistân*, H. F. & G. Witherby, London, 1928.

Fabricius, J. A., *Codex Pseudepigraphus Veteris Testamenti, collectus, castigatus, testimoniisque, censuris et animadversionibus illustratus*, Hamburg, 1722.

Fakhry, Ahmed, *The Pyramids* (1961), University of Chicago Press, 1970.

Ferdowsi[also Firdowsi], *The Epic of the Kings-Shah-Nama*, trans. Reuben Levy(1967), Arkana, London, 1990.

Field, Henry, 'The Antiquity of Man in Southwestern Asia', *American Anthropologist*, No. 35, 1933, pp. 51~62.

Field, Henry, 'The Cradle of Homo Sapiens', *American Journal of Archaeology*, V, xxxvi, The Archaeological Institute of America, 1932, pp. 426~430.

Firdowsi [also Ferdowsi], *The Shah Nameh of the Persian Poet Firdausi*, trans. James Atkinson, Frederick Warne, London, 1886.

Foakes-Jackson, F. J., *The Biblical History of the Hebrews*, Heffer, London, 1909.

Frye, Richard N., *The Heritage of Persia* (1963), Mentor, New York, 1966.

Gardiner, Sir Alan, *Egypt of the Pharaohs*, Oxford University Press, 1961.

Gilbert, Adrian, and Maurice M. Cotterell, *The Mayan Prophecies*, Element Books, Shaftesbury, Dorset, 1995.

Gimbutas, Marija, *The Civilization of the Goddess*, Harper, San Francisco, 1991.

Graves, Robert (ed.), *New Larousse Encyclopaedia of Mythology* (1959), Hamlyn, London, 1983.

Graves, Robert, and Raphael Patai, *Hebrew Myths - the Book of Genesis*, Cassell, London, 1964.

Greenlees, Duncan, *The Gospel of the Prophet Mani*, Theosophical Publishing House, Adyar, Madras, 1956.

Griffiths, J. Gwyn, 'Atlantis and Egypt', *Atlantis and Egypt with Other Selected Essays*, University of Wales Press, 1991, pp.3~30.

Guest, John S., *The Yezidis-A Study in Survival*, KPI, London and New York, 1987.

Haigh, T., in *Psychic News*, 20 August 1994, No. 3245.

Hall, Manly P., *An Encyclopedic Outline of Masonic, Hermetic, Qabbalistic and Rosicrucian Symbolic Philosophy* (1901), Philosophical Research Society, Los Angeles, 1977.

Hall, Mark A., 'Giant Bones', *Wonders-Seeking the Truth in a Universe of Mysteries*, vol. 2, No. 1, Bloomington, Maryland, March 1993.

Hamze'ee, M. Reza, *The Yaresan-A Sociological, Historical and Religio-Historical Study of a Kurdish Community*, Klaus Schwarz, Berlin, 1990.

Hancock, Graham, *The Sign and the Seal-A Quest for the Lost Ark of the Covenant*, Heinemann, London, 1992.

Harnack, Curtis, *Persian Lions, Persian Lambs*, Gollancz, London, 1965.

Hassan, Selim, *The Sphinx-Its History in Light of Recent Excavations*, Government Press, Cairo, 1949.

Hastings, James(ed.), *Encyclopaedia of Religion and Ethics*, 13 vols.(1915), T. & T. Clark, Edinburgh, 1930.

Haug, M., *Essays on the Sacred Language, Writings and Religion of the Parsis*, Kegan Paul, Trench, Trübner, London, nd(c. 1880).

Heinberg, Richard, *Memories and Visions of Paradise* (1989), Aquarian Press, Wellingborough, Northants, 1990.

Henning, W. B., 'The Book of the Giants', *Bulletin of the School of Oriental and African Studies*, vol. 11. Pt 1, 1943, pp. 52~74.

Herodotus, *Histories*, trans. George Rawlinson, 2 vols.(1858), J. M. Dent, London, 1940.

Hibben, Frank C., *The Lost Americans*, Crowell, New York, 1946.

Hoffman, Michael A., *Egypt before the Pharaohs* (1979), Ark, London, 1984.

Holy Scriptures of the Old Testament-Hebrew and English, The British and Foreign Bible Society, London, 1925.

Hooke, S. H., *Middle Eastern Mythology*, Penguin, Harmondsworth, 1963.

Hope, Murray, *Atlantis-Myth or Reality?*, Arkana, London, 1991.

Horne, Alex, *King Solomon's Temple in the Masonic Tradition* (1972), Aquarian Press, Wellingborough, Northants, 1975.

Inman, Thomas, *Ancient Faiths Embodied in Ancient Names*, 2 vols., privately published, London and Liverpool, 1869.

Izady, Mehrdad R., *The Kurds-A Concise Handbook*, Crane Russak, London, 1992.

Jackson, Keith B., *Beyond the Craft* (1980), Lewis Masonic, London, 1982.

Jackson, Nigel, 'Birds Way and Cow-Lane-the Starry Path of the Spirits', *The Ley Hunter*, No. 121, Summer 1994, p.30.

Jackson Coleman, S., 'Treasures of an Archangel' in 'Folklore of Wiltshire', *Treasury of Folklore*, No. 23, nd(c. 1920).

Jacobsen, Thorkild, *The Treasures of Darkness-A History of Mesopotamian Religion*, Yale University Press, 1976.

Jean Chrysostom, 'Homelies sur la Genèse', *Saint Jean Chrysostome Oeuvres*

Complètes, trans. M. Jeannin, ed. L. Guerin, Paris, 1865.

Jerome, St, 'Homily 45 on Psalm 132(133)', trans. Marie Liguori Ewald, in *Fathers of the Church*, 48, 1964, pp. 338~339.

Jochmans, Joseph, *The Hall of Records, Part One: Revelations of the Great Pyramid and Sphinx*, Chapter II, 'A Glimmer at Giza-The Lost Hall and its Secret Brotherhood', privately published, 1985.

Jones, B. E., *Freemason's Book of the Royal Arch* (1957), Harrap, London, 1986.

Josephus, Flavius, *Antiquities of the Jews and Wars of the Jews, in the Works of Flavius Josephus*, trans. William Whiston, W. P. Nimmo, Edinburgh, nd (c. 1870).

Katrak, Sohrab K. H., *Who are the Parsees?*, Herald Press, Karachi, 1958.

Kramer, S. N., *Sumerian Mythology*, Philadelphia, 1944.

Lambert, W. G., and A. R. Millard, *Atra-Hasis-The Babylonian Story of the Flood*, Oxford University Press, 1969.

Laurence, Richard, *The Book of Enoch the Prophet-An Apocryphal Production, etc., from an Ethiopic MS. in the Bodleian Library* (1821), John Henry Parker, Oxford, 1838.

Layard, Sir Austen Henry, *Nineveh and Its Remains* (1851), John Murray, London, 1891.

Leatherdale, Clive, *Dracula-the Novel and the Legend*, Desert Island Books, Brighton, Sussex, 1993.

Legge, F., *Forerunners and Rivals of Christianity, being Studies in Religious History from 330 BC to 330 AD*, 2 vols., Cambridge University Press, 1915.

Lehner, Mark, *The Egyptian Heritage* (1974), ARE Press, Virginia Beach, Va., 1976.

Lempriere, J., *A Classical Dictionary*, Routledge, London, 1919.

Lenormant, François, *Chaldean Magic-Its Origin and Development*, Samuel Bagster, London, 1877.

Mackenzie, Donald A., *Indian Myth and Legend*, Gresham Publishing, London, 1913.

Mackenzie, Donald A., *Myths of Babylonia and Assyria*, Gresham Publishing, London, nd (c. 1910).

Mackenzie, Kenneth, *The Royal Masonic Cyclopaedia* (1877), Aquarian Press,

Wellingborough, Northants, 1987.

Mango, Andrew, *Discovering Turkey*, B. T. Batsford, London, 1971.

Manson, T. W.(ed.), *A Companion to the Bible*, T. & T. Clark, Edinburgh, 1956.

Maspero, Gaston, *The Dawn of Civilization, Egypt and Chaldea*, Society for Promoting Christian Knowledge, London, 1896.

Massey, Gerald, *Ancient Egypt the Light of the World*, 2 vols., T. Fisher Unwin, London, 1907.

Massey, Gerald, *The Natural Genesis*, 2 vols., Williams & Norgate, London, 1883.

Matheson, Sylvia A., *Persia-An Archaeological Guide*, 1972, Faber & Faber, London, 1979.

Mehr, Farhang, *The Zoroastrian Tradition-An Introduction to the Ancient Wisdom of Zarathustra*, Element Books, Shaftesbury, Dorset, 1991.

Mellaart, James,*Çoatal Hüyük-A Neolithic Town in Anatolia*, Thames & Hudson, London, 1967.

Michell, John, *The City of Revelation*, Garnstone Press, London, 1972.

Moore, A. M. T., 'A Pre-Neolithic Farmer's Village on the Euphrates', *Scientific American*, No. 241, August 1979, pp. 62~70.

Moore, Thomas, *The Loves of the Angels-A Poem, with Memoir*, Frederick Warne, London, 1823.

Morgenstern, Julian, 'The Mythological Background of Psalm 82', *Hebrew Union College Annual*, vol. 16, 1939, pp. 29~126.

Morse, J. J.(ed.), *News from the Invisible World-From the Pen of Rev. John Wesley, with the Letters of the Wesley Family and the Diary of Mr Samuel Wesley, Sr.,with Added Proof of John Wesley's Spiritualism*, Rev. E. W. Sprague, privately published, 1928.

Moses Khorenasts'i, *History of the Armenians*, trans. and comm. Robert W. Thomson, Harvard University Press, 1978.

Mundkur, Balaji, *The Cult of the Serpent-An Interdisciplinary Survey of Its Manifestations and Origins*, State University of New York Press, Albany, NY, 1983.

Nagel's Encyclopedia Guide-Turkey, Nagel Publishers, Geneva, 1974.

Nigosian, Solomon A., *Judaism-The Way of Holiness*, Crucible, Wellingborough,

Northants, 1986.

Odelain, O., and R. Séguineau, *Dictionary of Proper Names and Places in the Bible* (1978), Robert Hale, London, 1991.

Oesterley, W. O. E., and Theodore H. Robinson, *Hebrew Religion-Its Origin and Development*, Society for Promoting Christian Knowledge, London, 1952.

Parker, Derek and Julia, *A History of Astrology*, André Deutsch, London, 1983.

Plato's *Timaeus*, various editions.

Plutarch, *Lives*, ed. John and William Langhorne, William Tegg, London, 1865.

Politeyan, Rev. J., *Biblical Discoveries in Egypt, Palestine and Mesopotamia*, Elliot Stock, London, 1915.

Prophet, Elizabeth Clara, *Forbidden Mysteries of Enoch-Fallen Angels and the Origins of Evil* (1983), Summit University Press, Livingston, Mont., 1992.

Ring, Kenneth, *Heading toward Omega*, Morrow, New York, 1985.

Roberts, James, and James Donaldson(eds.), *Ante-Nicene Christian Library-Translations of the Writings of the Fathers down to AD 325*, vol. xviii: *The Writings of Tertullian*, 3 vols., T. & T. Clark, London, 1870.

Roux, Georges, *Ancient Iraq* (1966), Penguin Books, Harmondsworth, 1980.

Rundle Clark, R. T., *Myths and Symbols in Ancient Egypt* (1958), Thames & Hudson, London, 1978.

Sabar, Yona, *The Folk Literature of the Kurdistani Jews-An Anthology*, Yale University Press, New Haven, 1982.

Scaliger, J. J., *Chronicus Canon of Eusebius*, Amsterdam, 1658.

Schneweis, Emil, *Angels and Demons According to Lactantius*, Catholic University of America Press, Washington, DC, 1944.

Schoch, Dr Robert M., 'Redating the Great Sphinx of Giza', *KMT, A Modern Journal of Ancient Egypt*, San Francisco, 3:2, Summer 1992, pp. 52~59, 66~70.

Schwaller de Lubicz, R. A., *Sacred Science*, Inner Traditions, Rochester, Vermont, 1961.

Scott, D. A., 'Zoroastrian Traces along the Upper Amu Darya(Oxus)', *Journal of the Royal Asiatic Society*, No. 2, 1984.

Sellers, Jane B., *The Death of Gods in Ancient Egypt*, Penguin Books, Harmondsworth, 1992.

Sinclair, Andrew, *The Sword and the Grail* (1992), Century, London, 1993.
Sitchin, Zecharia, *The 12th Planet*, Avon Books, New York, 1976.
Sitchin, Zecharia, *The Stairway to Heaven* (1980), Avon Books, New York, 1983.
Smith, George, *The Chaldean Account of Genesis*, Sampson Low, Marston, Searle & Rivington, London, 1876.
Smyth, Professor Charles Piazzi, *Our Inheritance in the Great Pyramid*, Alexander Strahan, London, 1864.
Solecki, Ralph S., *Shanidar – The Humanity of Neanderthal Man*, Allen Lane The Penguin Press, London, 1972.
Solecki, Rose L., 'Predatory Bird Rituals at Zawi Chemi Shanidar', *Sumer*, xxxiii, Pt 1, 1977, pp. 42~47.
Solecki, Rose L., and Thomas H. McGovern, 'Predatory Birds and Prehistoric Man', *Theory and Practice-Essays Presented to Gene Weltfish Studies in Anthropology*, 1980, pp.89~95.
Spence, Lewis, *Myths and Legends of Babylonia and Assyria*, Harrap, London, 1916.
Spencer, John, *The UFO Encyclopaedia*, Headline, London, 1991.
Staniland Wake, C., *Serpent-Worship and Other Essays, with a Chapter on Totemism* (1888), Banton Press, Largs, 1990.
Strugnell, J., 'The Angelic Liturgy', in *Congress Volume Oxford*, Supplements to Vetus Testamentum, vii, Leiden, 1960.
Summers, Montague, *The Vampire-His Kith and Kin* (1928), University Books, New York, 1960.
Suster, Gerald, *John Dee Essential Readings*, Crucible, Wellingborough, Northants, 1986.
Syncellus, *Chronographia*, in Fabricius, *Codex Pseudepigraphus Veteris Testamenti*, vol. 1, Paris, 1652.
Trowbridge, Stephen Van Rensselaer, 'The Alevis, or Deifiers of Ali', *Harvard Theological Review*, 1909, pp. 340~353.
Trubshaw, Robert, 'Bronze Age Rituals in Trukmenistan', *Mercian Mysteries*, No. 22, February 1995, pp.30~32.
Turner, Ann Warren, *Vultures*, David McKay, New York, 1973.

Turner, Robert(ed.), *The Heptarchia Mystica of John Dee*, Aquarian, Wellingborough, Northants, 1986.

Ulansey, David, *The Origins of the Mithraic Mysteries-Cosmology and Salvation in the Ancient World*, Oxford University Press, 1989.

Van Den Broek, R., *The Myth of the Phoenix-According to Classical and Early Christian Traditions*, E. J. Brill, Leiden, 1972.

Vermes, Geza, *The Dead Sea Scrolls in English* (1962), Penguin Books, Harmondsworth, 1990.

Warren, William F., *Paradise Found-The Cradle of the Human Race at the North Pole*, Sampson Low, Marston, Searle & Rivington, London, 1885.

Wendorf, Fred, and Romuald Schild, *Prehistory of the Nile Valley*, Academic Press, New York, 1976.

Westwood, Jennifer, *The Atlas of Mysterious Places*, Weidenfeld & Nicolson, London, 1987.

Wigram, Rev. W. A., and Edgar T. A. Wigram, *The Cardle of Mankind-Life in Eastern Kurdistan*, Adam & Charles Black, London, 1914.

Williams Jackson, A. V., *Zoroaster-The Prophet of Ancient Iran*, Macmillan, London, 1899.

Wood, Edward J., *Giants and Dwarves*, Richard Bentley, London, 1868.

Woolley, Sir Leonard, *Excavations at Ur*, Ernest Benn, London, 1954.

Wright, William(ed.), *The Illustrated Bible Treasury*, Thomas Nelson, London, 1897.

Zaehner, R. C., *The Dawn and Twilight of Zoroatrianism*, Weidenfeld & Nicolson, London, 1961.

TV 도큐멘타리

Mysteries of the Sphinx, Timewatch, British edition, screened in UK, November 1994.

Mysteries of the Sphinx, American edition, 1994.

Wildlife on One with David Attenborough, BBC, screened in UK, 18 May 1995.

금지된 신의 문명 2

앤드류 콜린스 지음 | 오정학 옮김

펴낸곳 | 도서출판 사람과 사람
펴낸이 | 김성호

제1쇄 발행 | 2000년 6월 1일
제4쇄 발행 | 2002년 6월 1일

등록번호 | 제1-1224호
등록일자 | 1991년 5월 29일
주소 | 서울 마포구 연남동 228-20 3F(우 121-865)
대표전화 | (02)335-3905~6 팩스 | (02)335-3919

값은 표지 뒷면에 있습니다

ⓒ Andrew Collins, 2000, Printed in Korea
판권 본사소유/잘못된 책은 바꿔 드립니다.
ISBN 89-85541-57-9 03900
ISBN 89-85541-55-2 03900(전2권 세트)